断易文法

天玄賦通解

付 断易あらかると／鷲尾流　五行易（断易）占例

鷲尾明蘊
愛佳央梨

東洋書院

推薦の言葉

今回、断易界の大家であられた、故鷲尾明蘊先生の高弟で、長い間先生の元で断易を研鑽された、愛佳央梨先生が、御家族の承諾を得て、断易愛好家の間でも入手が難しかった「天玄賦通解」と、一般には殆ど流布されなかった先生の占例である、「断易あらかると」まで補遺。更に愛先生の占例まで付いていると言う、なんとも嬉しい復刊です。

鷲尾先生は、教室の生徒さんとは別個に、これと思ったお弟子さんに別メニューで特別な講義をされていたと聞き及んでいます。勿論、愛先生は別格のお弟子さんとして8年間勉強されたそうです。

断易は一般的に、「火珠林法」の納支法が多く流布されていますが、鷲尾先生は、「胡煦納支法」も活用されておりました。愛先生が勉強された貴重なノートを拝見させて頂いたところ、鷲尾先生の超越したテクニックが満載された秘伝の宝庫でした。

本書は断易を愛する術士の方には座右の書となるのは間違いありません。

著述の内容は一端ですが、いつの日か愛佳央梨先生に、それを土台にした占例集を上梓してもらえるように今後とも激励する所存です。

２０１９年　５月吉日

東海林　秀樹

まえがき

鷲尾明蘊先生は、断易希代の天才、大家と言われた、断易の名人です。私は平成元年より東京八丁堀の鷲尾明蘊断易教室に通い、八年間師事し、先生が倒られる前週まで講義と個人レッスンを受け、断易の基礎から応用を教えていただきました。厳しいけれど温かく、器の大きな立派な先生でした。二十年も昔の話になりますが、鷲尾先生の『断易文法　天玄賦通解』の編集作業を傍らでながめ、平成五年の出版記念パーティーでは一緒にお祝いもしました。その後、鷲尾先生から「もう、教える事は何もないですよ」というお言葉をかけていただき、「後進のために役立てるように」と、教材である断易教室ノートを賜りました。それから私は先生から受けた教えとノートをもとに東京池袋の『占い館愛』において鷲尾流断易教室を続けています。

先生がお亡くなりになられてから、鷲尾先生の名前を知る人も少なくなり、本物の鷲尾流断易を学ぶ機会も減ってきているのが現実です。鷲尾先生の正統派断易を世に広め、先生の名前を後世に残すことが私の役目と思い、本書の作成・出版を決めました。本書は、鷲尾先生が東京八丁堀・秋葉原の教室で実際に使用されていた占験の書き込まれたノートを基に、筆者のいくつかの占験を加えてまとめた講義録です。

鷲尾明蘊先生にこの本を献じ、改めて鷲尾先生への感謝の心を表させていただきたいと思います。

以前、鷲尾先生の奥様には、お世話になった御礼をさせていただいた際、本書の出版許可をいただきました。しかし、それからずいぶんと年月が過ぎてしまい、八方手を尽くしたものの、奥様やご子息との連絡を取れずにおり、出版のご報告ができておりません。鷲尾先生のご子息様、本書はご尊父の神髄ともいえるものです。ご覧になりましたら、筆者（愛　佳央梨）までご連絡をいただけますと幸甚に存じます。本書の作成・出版では、鷲尾明蘊先生の奥様とのご縁をつないでくださった巣鴨・仙石足ふみ庵の山田様、出版のためにご尽力いただいた東京世田谷断易教室の東海林秀樹先生には大変お世話になりました。これらの方々に厚く御礼を申し上げます。

二〇一九年　四月

愛 佳央梨

はじめに

菊地靖典先生の講義を受講なさった萩原孝堂先生のノートを基礎にして、今は故人となられた横倉弘明先生が五年の歳月を掛けて編纂なさったものに『断易講義草案』『黄金策總断千金賦通解』『天玄賦（通玄賦、碎金賦）通解』『応期断則』『参考占断例』その他がありますが、横倉弘明先生は昭和五十三年十二月に御卒去されて、これらの苦心の御労作は遂に世に出ることはなかったのであります。

本書は弘明先生の『天玄賦通解』の概略を基に構成、加筆したものでありまして、文章の一切の責任は鷲尾にあります。

また、前掲した『黄金策總断千金賦通解』については、次の機会に出版したいと考えております。

最後に長い年月の間、御指導いただき、本稿についても御助言を賜りました萩原孝堂先生に、また、出版に際してお手数を煩わせた同友館の菊地公平氏に衷心より御礼を申し上げたいと思います。

断易研究会
鷲尾　明蘊

断易文法 天玄賦通解◆総目次

推薦の言葉　東海林 秀樹

はじめに　愛 佳央梨

《断易文法　天玄賦通解》

第1部　天玄賦通解――7

1　総論　9

2　父母用論　27

占身／30　占婚／31　占産／31　占官／32　占訟／35　占失脱／37　求財／39

出行／40　行人／41　占家宅／41　占国／42　征戦／43　占疾病／45

3　兄弟用論　47

占身命／50　占婚姻／52　占産孕／53　求官／54　占訟／54　占失脱／56　求財／57

出行、行人／60　家宅／61　占国／62　征戦／64　疾病／64

4　子孫用論　67

占身命／70　占婚姻／72　占産／74　占官／74　占訟／76　占失脱／78　求財／79
出行／80　行人／80　家宅／81　占田蚕／82　占国／83　占病／84　占小口及奴僕／86
占墳墓／87

5　妻財用論　89

運命占／91　占身命／94　占婚姻／95　占孕産／96　占求官／97　占訟／97　失脱／98
求財／100　出行／103　行人／103　家宅／104　農田、育蚕／105　占国／107　占戦闘／108
占妻妾、占父母／108

6　官鬼用論　109

占身命／112　占婚姻／113　占産／117　占官／118　占訟／120　占失脱／121　占求財／123
出行／124　占家宅／124　占行人／126　占移居／127　占田蚕／128　占国／128
疾病妻占夫／129　疾病占兄弟／129　占風水／131

第2部　通玄賦通解――133

第3部　碎金賦通解　151
付録『断易のＵＦＯ』作成のおすすめ　161
《断易あらかると》　165
《鷲尾流　五行易（断易）占例》愛佳央梨　251
《胡煦納支　断易納甲表》　257
《火珠林　断易納甲表・万年暦》　281

第1部
天玄賦通解

1
総　論

若人問卜必因動静吉凶学者推占要識浅深高下

〔若シ人、トヲ問ハバ必ズ動静吉凶ニ因ル。学ブ者ハ占ヲ推シ、深浅高下ヲ知ルヲ要ス〕

凡そ卦を得れば必ず爻に動静がある。動静の爻中に吉凶は自ら現れる。故に占の目的に応じて、まず用神を定め、日月動爻等の干渉する所を見て、冲、合、破、空、伏、生尅、制化、旺衰等の関係を察すれば成敗吉凶等の浅深高下の情勢、自ら判断することができる。

①　ある商人の運勢

丁亥年壬寅月丁卯日（戌亥）離

孫丑 ━ 世
父卯 --
兄巳 ━
孫未 ━ 応
才酉 --
官亥 ━

（この人、現在区会議員。仏教信者で信仰あつし）

世爻丑子孫、青竜を持す。日辰卦に入り五爻の卯木である。世爻の忌神となる。世爻に青竜あり、人間は正しい。しかも上爻にいる。商人には向かない人とする。子孫を持すも日辰、月建より尅あり。特に日辰の尅は強い。まして六冲卦である。商品が切れて商売に困しむとか、手違いが多いとか、とにかく、商売は楽ではない。

二爻の酉金妻財、日辰より冲される。日破なり。金銭に不自由することがあるとする。

また、五爻の卯の父母を家と見る。父母よりの尅あり。この尅は生活が楽でないと見る。

しかし初爻の亥官鬼、空亡して力がない。官鬼は悩み、阻滞の星であるから、この力が無いということは病気や災難が無いことを意味する。

得卦は六冲卦である。故に救いは合のときのみとする。幸いに来年は子年であるから世爻と、子—丑の合。子は官鬼であるから自分が権威の星と合する。来年は何かの資格とか位とか力を持つようになる。世爻が子孫で官鬼と合するのであるから悪くなるはずはない。

しかし、現在は日辰月建に尅されていて、積極的に進むことはできない（日月の尅は、それほど強い。大変である）。

◇日辰卦に入る——事の重大性を意味する。

青竜は好人物であるが神経質な人物が多い。商人には向かないと見ることもある。

②　右の人、本年、立候補して当選するか

寅月丁卯日（戌亥）蹇

- - 子孫
— 戌父
- - 申兄
世
— 申兄
- - 午官
- - 辰父
応

世爻、四爻にあって申金兄弟を持す。月破で白虎である。金はなく学問も無い（白虎）。選挙占では父母、官鬼を帯びるは良く、子孫は落選、兄弟爻はその中間とする。応爻を選挙民とする。応爻辰父母、世爻の申兄弟を生ず。選挙民は我れを応援するとする。

五爻に戌父母あり。この隣爻も吾れを生ずるが空亡である。五爻にある故、有力なる後援者とするも、その人は何かの事情で余り力を出してくれないとする。そこで腹の中では、この有力者を当てにせず、真面目に運動して、選挙民を把握する以外に方法は無い。

（判定。応爻吾れを生ずる故にヤヤ当選の確率が多いとするか）

（卦中、用神、子孫爻を持ち、子孫爻旺ずればマズ当選の見込みは無い。この卦、子孫爻、休囚している。ガンバラなくてはということになるのである）

秘旨雖伝於人口奥妙実出乎天然事有万殊理無二致

〔秘旨、人口ニ伝フト雖モ奥妙ハ実ニ、天然ニ出ズ。事ニ万殊有リ。理ニ二致無シ〕

易理の秘妙は古来より多くの聖賢によって教伝されたものであるが、その本源は悉く天地陰陽五行の活機すなわち自然律にある。人事の諸般は複雑多端で、窮りないようであるが、皆一ツのルールによって存するから、易占をもって其道を失うことなければ一理の中に究明し得られるものである。

須識静中有動当明吉処蔵凶静者動之機吉者凶之本如逢卦静専尋暗動及空亡若見爻重交便察吉凶分造化

〔須ク静中動有ルヲ識ルベシ。当ニ吉処ニ凶ヲ蔵スルヲ明ラカニスベシ。静ナルハ動ノ機ナリ。吉者ハ凶ノ本ナリ。如シ卦、静ニ逢ハバ専ラ暗動及空亡ヲ尋ヌベシ。若シ爻ノ重交ヲ見レバ便チ吉凶ヲ察シ造化ヲ分カツベシ〕

安静とは不変の卦を云う。然して日辰、その静爻を冲するときは、これを暗動と称して動爻に似た動きをする。もし卦の大象、吉の場合に暗動により用爻を尅する場合、また卦安静であっても用神空亡に落ちるときは、これを吉処凶を蔵すると云う。さらに占卦のとき、安静であっても、日月の値日には自ら活動力を生ず。故にこれを静なるものは動の機と云う。

また、現在旺相していて時を過ぎ、さらに休囚あるいは月破に逢うとき、今吉であっても後凶兆を含んでいることを察しとらなければならない。重は陽爻の動。交は陰爻の動。いずれも変爻を云う。変爻あれば、あるいは吉に化し、あるいは凶に化する所ある故に、その回頭の生尅、冲、合、等を察すれば吉凶自ら知ることができる。

諸爻並吉更防吉処蔵凶大象皆凶須識凶中有吉

〔諸爻並ビ吉ナルモ更ニ吉処ニ凶ヲ蔵スルヲ防グ。大象皆凶ナルモ須ク凶中ニ吉有ルヲ識ルベシ〕

用神旺相し、さらに動爻元神となって之を生ずるは、大吉である。もし用神発動して自ら回頭の冲または尅に化し、しかも日辰、その化爻を生扶する場合は吉処に凶を蔵すると云える。また、これに反して大象凶なるとき、これと反対の現象を呈するときは凶処に吉あり。または絶処生に逢う場合も凶中にまた吉がある象である。

①　身上占

寅月丁卯日（戌亥）屯^{6}─益

×子兄─卯孫
━戌官
応
--申父
--辰官
--寅孫
世
━子兄

世爻寅孫を持し月建に臨み日辰と比和する。上爻は青竜のつく子兄弟発動して世爻を生ず。上爻を遠方とする。遠方の兄弟または友人が世爻（本人）を援助するとする。世爻はますます力が附く。

◇上爻を遠方とする他に、現在の仕事関係以外のことと考えることあり。

②　国運占　昭和20年1月

世爻、卯木妻財酉金に化す。二爻の巳の官鬼、亥水に化す。共に回頭の剋、かつ冲、即反吟である。すこぶる凶象。三爻に化出する酉金は歳星を帯びてその化爻の勢大なり。非常に悪い。内卦は国内と見ることもできる。官破れ、財破れである。太平洋戦争に負けた年のことである。

酉年　否（23）―姤

━戌父
応
━申兄
━午官
×卯才―酉兄
世
×巳官―亥孫
--未父

③　財運占

師（56）―渙

×酉父―卯孫
応
×亥兄―巳才
--丑官
--午才
世
━辰官
--寅孫

世爻午火妻財を持す。いま五爻六爻動き、接続して世爻を尅そうとする。非常なる凶と見るべきも忌神、仇神ともに冲に化し外卦、反吟となる。各動爻は自ら傷つき世爻を尅し得ず。

◇損失、または停滞していたことが良いほうに変化し（忌神、仇神の来尅しない意味の解釈のひとつ）、悪いことが来るはずが良くなるのであるから自分の思う通り良くなるとする。凶中吉に変わる意味の例である。

④　身上占

寅月丁卯日（戌亥）蠱13―損

━寅兄
応
╍子父
╍戌才
〓酉官―巳孫
世
━亥父
✕丑才―酉官

世爻酉官、月建の絶に入る。日辰より冲されて日破である。日辰、月建ともに兄弟、破財を主る。いま初三爻発動し初爻は酉官鬼を世爻は巳孫を化出し、世爻酉官鬼に三合する。これ絶処逢生である。非常に苦しい処を切り抜け得るとする。世爻の官鬼も子孫に変わり、災い転じて福と為すことができる。

若逢乱動先見用爻用爻有彼我之分得失従衰旺而決

〔若シ乱動ニ逢ハバ先ヅ用爻を見ヨ。用爻ニ彼我ノ分アリ。得失ハ衰旺ニ従ッテ決ス〕

得卦中、三爻以上の動爻があるのを乱動という。彼我の分とは、例えば世爻を我とし応爻を彼とする。そして乱動の爻中、我を助けるものが多いか、彼を助けるものが多いかを見て、次に占得のときの旺衰を見てその関係を見きわめ、得失、吉凶の行方を定むべきである。

①　身上占

泰 ― 解 134

--戌才
--申官
応 〓午孫―丑才
×午孫―辰才
━辰才
世 ×寅兄―子父

初爻寅木動き動爻の午火を扶け、さらに午火は力を大にして世爻を生ず。世爻は辰土妻財爻である。午火子孫はまた応爻申官を尅す。したがって結局、災いなく福徳ありと判ずるのである。

初爻のみ動くときは世爻は尅されるが、三、四爻ともに動いたために各動爻は皆世爻に有利となった。運勢すこぶる吉と断ず。

② 身上占

震24－臨

- - 戌才　世
- - 申官
〓午孫－丑才
- - 辰才　応
×寅兄－未才
━子父

動爻、接続して世爻を生じ、かつ寅午戌三合する。得卦は六冲卦であるから冲中合である。かえって良くなると解釈する。これ吉例。

③ 身上占

随146－観

×亥父－卯兄　応
━丑才
〓卯兄－未才
- - 辰才　世
- - 寅兄
〓子父－未才

世爻辰土、妻財を持す。忌神は兄弟である。今四爻卯木兄弟、未を化出し上爻亥と三合。三合の強い力で世爻辰才を剋す。初爻発動して二爻四爻の忌神を扶ける。これ三つの動爻が皆、世爻にとって凶となる例。

○三合形成する場合、一支は必ず墓で、それは土爻である。
○三合形成されても弱いのは剋のあるとき、すなわち、月破、日剋、空亡のあるときである。

六爻上下吉凶全係乎日辰一卦中間主宰莫非乎世応細察生旺墓絶精詳剋害刑衝吉凶由此而生禍福従茲而定

〔六爻上下吉凶全ク日辰ニ係ル。一卦中主宰ヲ問ハバ世応ニ非ラザルナシ。生旺墓絶を細察シ、剋害刑衝ヲ精詳セバ吉凶此ニヨリテ生ズ。禍福ココニ従ッテ定マル〕

日辰、月建は六爻の主権者である。故に日辰、月建の生扶を受ける爻はすこぶる吉である。これに反して制剋を蒙るときは、たとえ空伏にあってもその凶を遁れられない。得卦中最も重要なるものは世爻である。毎占、世応が関係しないことはない。故に主宰と云う。

しかしながら自占でないかぎり別に用神があるから、それぞれその関係ある日、月、動爻等の生剋、冲、合、生旺墓絶の関係を詳にすれば吉凶禍福皆、これによって決定することができる。

◇如何なる占においても世、応、は必ず注目する習慣をつける事！

貴人乗禄馬縦非吉慶也無凶天喜会青竜雖遇悲哀終有喜白虎動本無佳兆惟孕育反作吉神

〔貴人、禄馬ニ乗ズレバ、タトエ喜慶ニ非ザルモ凶無シ。天喜、青竜ニ会スレバ悲哀ニ遇フト雖ドモ終ニ喜アリ。白虎動ケバ本ト佳兆ナク惟ダ孕（ヨウ）育、反ッテ吉神トナル〕

貴人とは、天乙貴人を云う。禄は十干禄。馬は駅馬である。共に吉神であるが故に相重なるときは用爻他の大凶なき限り絶対、吉象を以て決することができぬまでも、また凶の判断をしてはいけない。天喜、青竜もまた共に吉神であるから、併せ附するときはこれまた大抵の悲哀は免れるを云う。白虎は凶神で死喪（しそう）を司る凶星であるが生産の占に限り安産のサインになる。即白虎は血神であるからである。

◇以上、いずれも神煞が及ぼす吉凶の働きを概示したものであるが、本易占の尚ぶ所は五行の生尅制化にあるから神煞の活用には習熟するを要す。

子孫興総曰禎祥問利名偏為悪客官鬼不宜持世求名嫁娶両相宜妻財倶喜扶身父母文書偏畏忌兄弟雖破星為用則不定凶也

〔子孫興ラバスベテ禎祥ヲ云フ。利名ヲ問ハバ偏ニ悪客トナル。官鬼ハ世ヲ持スルニ宜シカラザルモ名ヲ求ムルト嫁娶（ヨメイリ。ヨメトリ）ハ両ツナガラ相宜シ。妻財ハ倶ニ身ヲ扶ルヲ喜ブモ父母、文章ノミハ偏ニ畏レ忌ム。兄弟ハ破星ト雖モ用ト為スニハ則チ凶ト定メザル也〕

この節は五類に吉凶両用あるを示すもので、子孫用神に臨めば諸占皆吉祥といえ、ただ功名、官職を占うときは、その主星を剋するから悪客となる。官鬼は憂愁阻滞の凶星であるが、もし仕官、功名を占うときは、その主星であるから吉兆とし、また娶嫁には夫星であるから世爻に附くのが宜しとし、嫁婚には旺相して、傷のないのを吉とす。

妻財は財禄の吉星故に世、身と生合するを吉とする。しかし、父母を占うときは忌煞となり、また、文書の害爻であるから、文事上の占には世、用の冲剋するを忌むのである。

兄弟は破財の神といっても、もし兄弟、朋友の身上を占うには用神とするから凶を以て断ずべきではない。出現、旺相するを可とする。

○子孫あるいは妻財を世爻が帯びるとき選挙占には不利とする。これは父母、官鬼の如き選挙の主星を害するとする。試験のときなども成績悪いとする。学問の星、父母に対し妻財は忌神となるからである。

○功名占、官吏、名誉職、選挙には官鬼は吉とする。官鬼持世は権威をもつと見る。兄弟は破財星であるが友人兄弟の占には用神である。旺相を吉とする。即、友人兄弟力ありと見る。

娶（シュ）　婦ヲ娶ル
嫁（カ、ケ）　女ヲ人ニ嫁スル
婚（コン）　婦ヲ娶ルヲ曰ク

玄武陰私兼失脱螣蛇怪異及虚驚朱雀本主官在仕官当生喜美勾陳職専田土行人終見遅留

〔玄武ハ陰私ト失脱ヲ兼ネ螣蛇ハ怪異及ビ虚驚。朱雀ハ本ト官ヲ主ル。仕官ニ在リテハ当ニ喜美ヲ生ズ。勾陳ハ職トシテ田土ヲ専ラニス、行人ハ終ニ遅留ヲ見ル〕

玄武は陰暗私情の神である。故に転じて失物等の主機とする。もし官鬼を併附するときは盗難を考えなければならない。螣蛇は怪異のこと、不時の訛伝（デマ）または虚説等に驚くことを主る星とし、朱雀は官事に関する星とす。故に仕官には吉兆とし、また口舌の神とする。勾陳は田土の神であるが、艮止（ごんし）止《と》めるの意があるから、行人遅留して帰らぬ主機と見ることもあり。

◆六獣の補足的説明

青竜　正しい人。やさしい情深い人。

朱雀　手筋よく器用である。手芸に上達す。人に優れた美点あり。

勾陳　行人早く帰らぬ。旅立ちはできない。転勤を見れば無いと見る。これ勾陳の特性なり。才能なく愚直。馬鹿正直な人。

螣蛇　二面性あり。表面おとなしく他面大胆な事をする。試験の答案を見た場合、出来不出来のバラツキがあると見たりする。

白虎　粗忽の星。おおざっぱ。短気、凶暴の人もある。

玄武　良い意味で智力の星。故に子孫に玄武が附いて旺相していれば智慧のある人と見る。

◎父親が来て小学生の男の子の将来を問う

申月甲午日（辰巳）復

孫	酉	--	
才	亥	--	
兄	丑	--	応
兄	辰	--	
官	寅	--	
才	子	—	世

得卦は六合卦。誠に優秀な子供である。上爻の酉の子孫が用神である。金生水と世爻を生ずる。親思いの子供であろう。

上爻にある。遠国に往くかも知れない。玄武を持つ。旺相の玄武は知恵の星である。眼に特徴のある頭の良い子である。また早熟であろう。親はその点に留意して育てる必要がある。

＊　　＊　　＊

これは二十余年ほど前の占であります。この少年は麻布中学に首席でパスしました。また、アメリカの東海岸にある大学を首席で卒業しましたし、現在もアメリカ、ヨーロッパとグローバルに活動しておりますから遠国に往ったことになります。

断易はピストルのように時間的に近い標的を射るものと云う声も聞きますが、良く遠い先も見ることができることをご理解いただけると思います。

『八純頑劣蚕食我狼子野心』すなわち、八純ナルハ頑劣（ガンレツ）デアリ我レヲ蚕食（サンショク）シ狼子ノ野心トナル。

八純の卦は六爻が相冲するのである。小児に之を見れば、必ず頑劣で性は悍であり、我が心を蚕食し、野に馴れずとも尤に豺や狼の子の如きとなるを主どるのである。

（八純の卦とは六冲卦のこと。）

『六合聰明唐季白錦心繡口』すなわち、六合ナルハ聰明デアリ唐ノ季白ノ錦心繡口ナルヲイフ。

六合卦は必然と陰陽が相半ばするのである。小児が之に遇えば、聰明で智慧く、他日に文章は必ず地に擲する金声の妙なるものがあり。季白の文才の如きである、とあります。

2 父母用論

父母者生我者謂之父母也能為凶能為吉各有所用遇財則有傷本体逢鬼則増長光輝発動則尅傷子孫生扶兄弟審其動静衰旺各有所宜

〔父母ハ我レガ生レルモノ之ヲ父母ト謂フ也。能ク凶ヲ為シ吉ヲ為ス。各々用フル処アリ。財ニ遇ヘバ本体ヲ傷ツクル有リ。鬼ニ遇ヘバ則チ増長シテ光輝アリ。発動セバ子孫ヲ尅傷シ兄弟ヲ生扶スル。其ノ動静旺衰ヲ審ラカニセバ各々宜シキ所アリ〕

我とは卦の五行を云う。父母は五類中の頭領である。しかも文教、印綬の星。故に能く吉を為す。また辛労の神で破星の元神である。故にまた能く凶を為す。妻財発動すれば尅を受けてその本体を傷つけ、官鬼は元神であるから発動生扶に遇えばその勢いを増進し、もし自ら発動すれば子孫を尅傷し兄弟を生扶する。しかも何れの占卦といえども父母の爻出現しなければ、事に体頭なしと見る。その動静、旺相、休囚等を審らかにし、その用を深察して事を判断すべきである。

◇父母爻、卦中に無いものは浮わついた問占なりと考えて良い（ただし、病占を除く）。占っても良し、占わなくても可と云ったような意味である。

父母とは、我《ワレ》を生ずるもの。
子孫とは、我から生ずるもの。

兄弟とは、我と同じもの。
官鬼とは、我を剋するもの。
妻財とは、我から剋するもの。
○この我《ワレ》は卦の宮で決める。すなわち卦の五行が我です。

乾宮、兌宮の卦では、金が我れ。
震宮、巽宮の卦では、木が我れ。
坤宮、艮宮の卦では、土が我れ。
離宮の卦では、　　　火が我れ。
坎宮の卦では、　　　水が我れになります。
○例をあげれば、乾宮、兌宮の兄弟爻は金爻の申か酉です。

占身

為父母動則難為子孫

身命占では、その人の父母の用神となし、その旺衰、動静、日月および他爻との関因を見て父母の吉凶禍福を察する。一家のことを見る占で父母、発動するは子孫を剋す。子供の身の上について心配事ありとする。父母は兄弟の元神ゆえに才運にはまた凶とする。父母爻出現しないときは中心になるものが無い。親玉がなく、事に締め括りが無いとも見る。

占婚

為主婚人空則必無主者及無聘礼

婚を司る人とする。空亡していれば必ず婚を主る者なく礼なき婚とする。
父母爻、空亡または伏蔵すれば多くは恋愛結婚でなければ必ず儀礼ない嫁娶と見てよい。

◇既に決まっている結婚の場合は間爻を仲人と見ることが多い。

占産

為傷児動則子難生養

児を傷つくとなす。父母が動けば生児は生育し難い象と見る。

占官

為印綬文書旺相帯貴人功名必可就空亡兼墓絶雖吏亦難成

任官、官職の占には辞令、免許等の文書、課題、答案とする。もし世に臨んで旺相して貴人等を帯びれば必ず顕位高官にすすむ。もし空亡して墓絶も兼ねれば功名を得られないのみならず、小役人にも成り難い象である。

◎官途運

亥年寅月戊辰日（戌亥）

家人235―損

━卯兄
〓巳孫―子父　応
- -未才
〓未才―巳孫
×酉官―未才　世
━亥父

世爻に酉官が附く。忌神、応爻にあるも回頭剋を受ける。世爻は三爻より生じられ、また動いて回頭生に化す。父母また無事である。思ったように行動して良しとする。官鬼は権威の星である。

◎同日占。他県の知事に転出する事の可否（当時の知事は中央よりの任命制度であった）

未済[1]—睽

━丑孫
応
--卯父
━巳兄
--午兄
世
━辰孫
✕寅父—酉才

初爻寅父母は世爻の元神である。今動いて回頭剋。元神がつぶれるのは、他県の知事になってもすぐ止めるようになる象である。四月に止めるようになる。何故なれば初爻化出の酉金は日辰を持つ二爻の辰孫と合している。子孫は官鬼の忌神である。

父母は頭領、文教、印綬の星で世爻の元神であることは大吉であるが回頭剋でつぶれてしまう。凶占である。これは、時いまだ到らずとして副知事くらいで時を待つほうが無事とする。

◇前記の二ツの占例を関連して考えて、応爻を新任地と見ると、その応爻が回頭剋に化す。応爻に出掛けるのは良くない。現状に留まるほうが良いとする見方、考え方もできる。

◎官途運

寅月辛未日（戌亥）大過

--亥父
—丑才
—卯兄 世
—酉官
—亥父
--丑才 応

上爻亥父母、空亡し日辰より剋される。世爻卯兄、朱雀を持するも日墓に入る。この人、官吏には不向きであって、恐らく試験の答案もできないであろう。三爻酉官鬼より世爻冲となる。ここにも官吏に成り得ない兆あり。

◎官途運の将来

寅月辛未日（戌亥）大壮

--戌兄
--申孫
—午父 世
—辰兄
—寅官
—子才 応

世爻午父母を持ち朱雀を附す。月建に長生で旺相する。かつ日辰の合起にも逢う。応爻子才あるも休囚、日剋。二爻にある寅の官鬼（父母の元神）旺相するも今、日辰の墓にいる。世爻も原神も旺相している。恐らくこの人、墓を冲開するとき、一躍進級するであろう（寅を冲するは申、八月）。官吏の忌神申金子孫は五爻にあるも休囚月破。世爻より尅すため、官途運の障害にはならない。大壮は六冲卦で途中で駄目になる意味があるが、幸い世爻は日辰と合、即、冲中合になり、前途有望の断が下せるのである。

◇官途にある人の占、財爻発動は凶である。父母を尅するからである。世爻に父母がつき官鬼動く。これが官公職にある人には吉象で栄転その他を現す。

占訟

為状詞案験動則事意難息若我興詞宜旺他訴我要衰旺則事大衰則事軽空亡無気皆難成

〔訴訟状、証書トスル。動ケバ則チ事態止ミ難シ。若シ我訴ヘヲ起サバ旺ニヨロシク彼、我ヲ訴フニハ衰ヲ要ス。旺ナレバ事ハ大キク衰ナレバ事ハ軽シ。空亡、無気皆成リ難シ〕

訴訟の占には父母爻を以て訴状、告発書、または証書とする。発動すれば止み難き事情あって訴訟を起こしたものである。我れが原告のときは父母、世に臨み旺相すれば我意貫徹し、また被告であるときは応爻父母を持し休囚すれば必ず我れに利あり。

訴訟の大小軽重等は卦中の父母の旺相休囚を以て決める。もし空亡、無気ならば訴事にならぬ象、なっても事が軽い意あり。

① 自分が被告のとき

応爻に旺相の父母が附し、世爻は子孫でこれに剋される。先方の主張通り、我れの負けとする。

寅月占　　蒙

━寅父
╍子官
╍戌孫　世
╍午兄
━辰孫
╍寅父　応

② 訴訟の勝負（訴訟を受けたとき）

寅月辛未日（戌亥）否

━戌父　応
━申兄
━午官
╍卯才　世
╍巳官
╍未父

世爻卯木妻財、青竜を持し旺相するも、日辰の墓に入る。六合卦である。長びくとする。官鬼両現、恐らく一審では決まらない。世爻旺相して応爻を剋す。応爻は無気、螣蛇で空亡。原告は支離滅裂、嘘偽なりとする（空亡螣蛇）。世爻青竜。正しい。ツマラヌことで訴えられた。しかして我れに負け無しとする。

◇官鬼二現した場合、マズ一審で終らない。

占失脱

為窩蔵発動則賊已隠匿不可追尋

いわゆる貴重品、宝石類は妻財用神とするのが普通である。

これが父母爻の下に伏するときは、深く隠されていて知れ難いか、故意に隠匿されているものとする。もし父母爻発動して官鬼と合するか、また官鬼と共に動く、あるいは父母爻玄武を帯びるときは必ず盗難に逢ったもので、尋ねても知れ難い象とす。

○失物占の場合、父母爻を物品として見るときは、衣類、文書、箱、リヤカー、車輌等とする。

◎**失物占**

中孚

━卯官
才子━巳父
--未兄
世
--巳父
━未兄
━酉孫
応

中孚、漸いずれも五爻巳父母の下に子才が伏す。このようなとき、貴重品、宝石の類の失物占であったら探し難いとする。

その理由は、子孫が安心の星、物を見つける星である。その子孫の忌神父母の下に才が伏するからである。

漸

━卯官
応
才子━巳父
--未兄
━申孫
世
--午父
--辰兄

◎ 某事務所に於ける書類と金の失物占

履

━戌兄
才子━申孫
世
━午父
--巳父
━未兄
応
━酉孫

世爻五爻にあって申金子孫。子財はその下に伏す。不変の卦であるから金は動かず、三爻の巳父母と世爻は合する。父母は書類である。五爻を高い処とする。後日、書類も金も棚の上からそのまま出てきた。

◇失物占のとき、
世爻に子孫――大概見つかる。

世爻子孫。日辰父母――苦労して見つかる。

世爻兄弟。日辰父母――見つからぬ。損失となる。
◇重要書類等で、
世爻に妻財。日辰父母――出ないこと多し。妻爻は書類の忌神である。

時計や貴重品――結局は見つかる。骨を折れば出てくる。

世爻官鬼。日辰父母――自分の不注意で失った。

官鬼は災危の星。これが自分に就く――かかるときは探し難い。しかし、書類のときは探しやすく発見されやすい。官鬼は父母の原神だからである。

求財

発動為絶源殺只許一度再難求亦主艱辛

〔発動スレバ絶源ノ悪煞トナス。只一度許スモ再ビ求メ難シ。マタ艱辛ヲ主ル〕

金銭財貨を求むる占には父母発動を忌む。もし発動すれば財爻の元神である子孫を尅傷する故に、その財源を涸らす凶星とする。しかし兄弟安静のときに限り一度は尋ね得たとしても、さらに求むるは決して成り難き象とする。

◇父母爻発動するときは成らずと判断して間違いない。他にもよほどの吉象がない限りムズカしい。

◇商売占で世爻に父母附くは凶。商売の用神は子孫である。その子孫の忌神を世爻に持つ。よいはずがない。

この場合の父母は絶元殺と云うことになる。

【参考】 風地観の卦、世応共に未の父母あり。元借金あったか現に借金ありとする見方もできる。

出行

為行李旺相多休囚少空亡無

旅行商旅等の占には、この爻を以て行李、荷物とする。旺相は多く休囚は少なし。空亡なればナシ。

行人

為書信帯吉神為安書加凶神為凶信発動尅世必有信至空亡墓絶杳無音信

父母は文書の星故行人の書信となす。もし十干禄、天喜等の吉神を帯びれば行人安全の報信とし、父母爻に白虎、劫煞、往亡等の凶星を帯びれば凶事の書信とす。

もし動いて世爻を剋せば物来就我の理で信書、すみやかに来る。世を生ずればゆっくり来る。父母爻、空亡、墓絶、休囚、伏蔵するものは居処不明で音信絶えてない象とす。

◇旅行者の占にて父母動くは手紙が来る。世爻子孫のときは早く来る。世爻兄弟のときは緩り来る。

★行人占とは、故郷を離れた人の消息を知ろうとすることと理解してよい。

占家宅

為屋宇旺相深沈広闊帯竜貴人乃新創整斉無気乃窄狭低小逢衝必崩摧破敗加青竜亦是新屋帯白虎必是旧居

父母は家宅の用神。故に旺相すれば規模宏大で深く、かつ広い邸宅なり。日、月、貴人を帯びれば新築の家屋で、日、月動爻の冲破に逢えば傾壊破損し、空亡なれば借宅、または借地の象である。青竜を帯びれば新築の家。白虎は旧弊の宅舎である。

［一つの例］

休囚　青竜　小さな家だが新しく整っている。
旺相　白虎　大きいが雑な家。
旺相　朱雀　日当たり良い。格好良い。キレイな家。見映えのする家。
旺相　螣蛇　大きな変わった建て方の家。
玄武　暗い家。陰気な家。気学にコッた人が建てた窓の無い家などにこの玄武が附く。

占国

為城池有気則城池堅固

国防の占。父母を城壁と見る。日、月臨む等は、防備堅固の不落の鉄城とす。父母を以て軍艦、飛行機、要塞と見ることあり。

征戦

為旌旗宜静不宜動動則有興師

〔旌旗ト為ス。静ニ宜シク動ニ宜シカラズ。動ケバ必ズ師ヲ興スコトアリ〕

父母爻動けば旌旗の用神であるから戦火必ず興り、戦争を始める象とする。開戦の有無はこの爻をもって決す。

旌（セイ、ショウ）飾り旗の一種
旗（キ、ギ）ハタ、シルシ
旌旗　旗の総称、ここでは戦旗、軍旗とする。

① 中東地区、開戦するか。平成2年11月9日占

亥月戊寅日（申酉）姤1―乾

━戌父
━申兄
━午官
応━酉兄
━亥孫
世×丑父―子孫

父母爻独発して水尅火と応爻を尅冲し乾為天、六冲に化す。やる気である。丑月開戦か？

② 中東地区、開戦するか。平成2年11月20日占

亥月己丑日（午未）泰13―師

--酉孫　応
--亥才
--丑兄
＝辰兄―午父　世
―寅官
＝子才―寅官

世爻が米軍、応爻がイラクである。伏神の父母爻、世爻の飛神に現れて火尅金と応爻を尅す。父母爻、出現するは、戦旗現ることである。

午父母は桃花煞プラス玄武を附し大歳をもつ。之卦は地水師になる。正しくアメリカより戦を仕掛ける象である。卦身を持つ原神の寅官鬼は劫煞を附す。劫煞とは劫盗、強奪、殺傷等の悪星である。シカモ螣蛇と白虎の劫煞である。アメリカは文字通りギャングのような連中で隠密裏に事を準備して、一気に力ずくで石油の権益を抑える意志と見える。応爻、フセイン君は勾陳の子孫である。本気になって戦争をする意志はないようである。

化出爻三合する寅午戌の戌日、開戦となる（一九九一年一月十六日）。

占疾病

為双親之用爻宜旺不宜空空則必危

病気の占には父母の用神とする。旺相に宜しく空亡に逢うに宜しからず。真空に逢い援けが無ければ必ず危うい。

占子孫疾病為悪煞宜静不宜動動則必死

子孫用神のとき父母発動は子供の病気は危うし。兄弟爻力無きときは、その子必死の兆とする。父母を占したとき、官鬼に力ないときも同じ。妻の身上占のとき、父母動くも子孫の力が強ければ絶対凶とは云えない。要は元神の力にある。元神に力があれば案外、粘り強く、弱いときは案外、脆い。元神は根源であるからである。

3 兄弟用論

兄弟者比和者為兄弟也大抵不能為福亦不能為大凶無非破財尅剝阻滞之神也発動則受制怕逢官鬼発動喜遇父母興隆則有依発動則傷尅妻財扶持福徳

〔兄弟ハ比和スル者ヲ兄弟ト為スナリ。大抵福ヲ為ス能ハズ。マタ大凶モ為ス能ハザルモ破財尅剝阻滞ノ神ニアラザルナキナリ。官鬼発動ニ逢フヲ怕ル。発動セバ則チ制ヲ受ク。父母ノ興隆ニ遇フヲ喜ブハ則、依ル有リ。発動セバ則、妻財ヲ傷尅シ福徳ヲ扶持ス〕

兄弟は財を破り、事を妨げ、物を阻滞する神で、発動すれば福徳（子孫爻）を扶けるも、自らの働きとしては福を為さず。官鬼の如く峻烈で凶禍を施すことはないが、産を破り門を折り事を争い不和を来たす等、皆この星の特性である。

その怕るるものは官鬼の発動来尅で、その喜ぶものは父母興隆の生扶である。また自ら発動すれば妻財を尅傷し子孫を扶ける。

『商売、金儲け、作物の豊凶は兄弟の発動を忌む。しかし官鬼発動の如き災いはない。世爻に兄弟つくは産を成し得ず、また、口舌の星である（特に兄＋朱雀のとき）。故に争い、不和の事あり』

『財運占に世爻、兄弟つくは利なし。兄弟、官鬼共に動くときは官鬼、兄弟を尅する故害なし。損失なしとする』

『兄弟の身上占、または会社（兄弟用神）を占うとき、父母動くは有力なる援助者有りとする。目上の引立てにより発展する。しかし世爻に兄弟がつき、会社の財運を占するときは父母動くも利益なし。また世爻用神にて財運を占するとき、世爻に兄弟がつき発動すれば損は免れない』
『世爻兄弟発動は自分が金を投げ出して商売を維持して行くと見る』

占身命

在内象為兄弟在外象為朋友与世相生相合則内和兄弟外信朋友与世相尅相衝必破耗多端難為妻妾

〔内象ニアリテハ兄弟ト為ス。外象ニアリテハ朋友ト為ス。世ト相生シ相合スレバ即チ内ハ兄弟ト和シ朋友ト信義アリ。世ト相尅相衝セバ必破耗多端。妻妾ヲ為シ難シ〕

身命占において兄弟内卦にあれば兄弟姉妹、外卦にあれば朋友の象とし、自らの占には世爻と生合すれば必ず兄弟姉妹と親和し朋友と信義あり。これに反して世爻と相尅冲すれば必ず財貨を破耗し両者睦まじからず。また妻妾に害をなす象とする。

◎夫が二号を持ち子供あり。主人は彼女と別れるか

寅月辛巳日（申酉）家人123―渙

━卯兄
━巳孫
応
--未才
〓未才―午孫
✕酉官―辰才
世
〓亥父―寅兄

世爻に酉官鬼がつく。これを夫とする。夫が自分につく。ただし、内卦離が坎に変わる。卦の反吟である。妻は夫の妾のことで非常に苦しむとする。

四爻に卦身の附く未財あり。これを妾とする（この二号サンの取り方に注目。世爻は内卦にあるので外卦の財爻を妾に取ったのである）朱雀を附す。美人で頭も良いであろう。夫はこの女性から生じられているのだ。

応爻に日辰をもつ子孫あり。これを妾児とする。旺相して日辰を持す。良い子供であると見る。陽爻である。男子であろうか？

上爻の卯兄弟が発動すれば六冲に化すから別れるとも見られるが発動していない。別れないと見て良い。

二爻の酉官鬼は空亡である。妻には冷たい夫と見るか、あるいは妻は病気か？

内卦は合に化す。これも夫は妻女と別れない。妾とも別れない意味にとる。もし別れるとすれば亥卯未に三合する卯年、その長生の月、すなわち亥月あたりか。

占婚姻

為費財為脆譎為虚妄若大象可成発動不過破財耳如不可成臨世発動必主他日傷妻若当間爻発動必是媒人脆詐虚妄

〔財ヲ費ストナス、脆譎（キキツ）トナス。虚妄トナス。若シ大象可成クシテ発動スルハ破財ニ過ギザルノミ。成ルベカラズシテ世ニ臨ミテ発動スルハ必ズ他日ニ妻ヲ傷ルコトヲ主ル。若シ間爻ニ当リ動カバ必ズ是レ媒人ノ脆詐虚妄ナリ〕

婚姻の占には、兄弟発動すれば種々意外の出費多い象で、また嫁娶ともに双方誠意を欠き虚妄、掛け引きの言辞の多い象とす。

また占卦の大象成立すべきものにあっては、この爻動くとも単に財貨を多費するのみ。大象、凶象なるときは、この爻発動すれば甚だ障事多く、もし世爻に臨むときは後日必ず妻妾を傷つけ、あるいは多病、あるいは困厄の事を生じ一家の円満を期し難い。もしまた間爻に兄弟があって発動すれば、その媒酌人、譎詐、虚言多く、まったく信用できない

◇縁談占で、

○一般に兄弟爻発動するは金を費やし口舌多き象と見る。

○男が来て世に兄弟　発動するしないにかかわらず、縁ナシとする。財を剋す故、結んで

も結局ダメになる。
○女が来て世に兄弟　縁を結ぶことに気が進まない。財を尅す星を自ら帯びるため、この縁談をキラウ象。
○間爻に兄弟発動　仲介者のために金を使うと見る。

占産孕

為傷児殺更加大殺発動妻命必危無気稍得

〔傷児殺ト為ス。更ニ大殺ヲ加ヘ発動スレバ妻命必危シ。無気ナレバ稍ニ得ン〕

生産の占には、この爻発動すれば産母は出産に悩み、さらに凶煞をプラスすれば発病あるいは難産で死傷に至ることあり。もし静にして休囚すれば稍かに安きを得るの象とす。

◇この処は夫から妻を見てである。
○夫からり見て兄弟発動するは難産である。
○親から娘の生産を見て兄弟発動は安産である。何となれば娘の用神は子孫で兄弟はその原神であるから。

○一般に兄＋白虎、発動は安産である。すなわち兄弟爻は破析（ハセキ）の星、白虎は血神であるためである。

求官

為阻神為費財為嫉妬旺相発動事必有阻広費銭財若加劫殺玄武須防小人嫉妬

〔阻神ト為ス、費財ト為ス、嫉妬ト為ス。旺相発動スレバ事必阻有リ。広ク銭財ヲ費ス。若シ劫煞玄武ヲ加フレバ須ラク小人ノ嫉妬ヲ防グベシ〕

自分の官途運を占して兄弟発動のときは事成り難し。兄弟発動するか世に兄弟附くときは官途への就職は凶占とする。兄弟は官鬼に剋されるためである。

◇世爻に何の五類がついても卦中の兄発動するときは金を使うこと多く、口舌、破財、損失は免れない

占訟

為耗神為于衆為虚誉発動尅世我必廃財尅応他必破耗旺臨朱雀事必于衆若加玄武劫殺事体不実恐係脆詐虚偽

〔耗神ト為ス。衆ニカカワルト為ス。虚誉ト為ス。発動シテ世ヲ尅セバ我レ必ズ財ヲ廃ス。応ヲ尅セバ彼必ズ破耗ス。旺ジテ朱雀ニ臨マバ事必ズ衆ニカカワル。若シ玄武劫煞ヲ加フレバ事体実ナラズ。恐ラク脆詐虚偽ニ係ワラン〕

訴訟占には大いに費用を費すの象とし、また事件は、相対でなく大衆または相手は複数の者に関係あることとし（兄弟爻は多くの人とも見る）共に虚誉を貧る象とす。

もし発動して世、あるいは用神を尅せば資材を損耗することが多い。応爻を尅すれば相手方また破財の象。旺相して朱雀を帯びれば必ずこと多人数に関与する紛乱多しとする。玄武または劫煞を帯びれば脆詐虚偽のことが多い。

○五爻に兄弟あって発動するは大勢の人に関係ある重大問題で、大金を使い紛乱多き象とす。

○世爻に子孫爻がつき、応爻に財爻がつくとき、間爻に兄弟爻ありて発動する。この場合は先方が金を使い当方有利。味方も多く（証人と見ることもある）吉象とする。

◎**訴訟占**

需3—節

--子才
—戌兄
--申孫
世
〓辰兄—巳父
—寅官
—子才
応

辰兄動き世爻を授け応を尅す。この間爻を証人とする。我れに見方するから我れ有利なり。ただし、申子辰の三合の意味あり。あるいは和解を考慮すべきか？

ただし、応爻休囚するときは尅を強く見て応爻、すなわち相手を徹底的にタタケと云うことになる。
○朱雀の兄弟＝紛乱多し。ヨタ、マギラワシイ、等々。
○玄武、劫殺＝上手に虚偽をすると見る。

占失脱

為散財若逢発動財物已経変化四散難以追尋

〔散財ト為ス。若シ発動ニ逢ヘバ財物已ニ変化ヲ経テ四散シ以テ追尋シ難シ〕

妻財を用神としない物品はこの断をなすべきではない。

○例えば株券は妻財用神であるが、証券は父母を用神に取るのが普通である。換金の難易によるわけである。

求財

為悪客在世発動財必難求旁爻発動与人同求則可不然非全美之利

〔悪客ト為ス。世ニ在リテ発動セバ財必難求。旁爻発動セバ人ト同ジクシテ求ムルハ則チ可ナリ。然ラズンバ全美ノ利ナシ〕

求財の占には、この爻は根っからの悪煞で、もし世爻に臨むが如きは財の入るを拒む象であり、さらに発動する場合は絶対に財を求め難き象とす。しかしこれは兄弟爻のみが発動した場合で、ともに子孫爻の発動に逢えば別の解釈になる。

◇また、官鬼の発動するをヨロコブ。

◎自分の仕事に対して出資者ありや

寅月辛巳日（申酉）渙6―坎

〓卯父―子官
━巳兄
世
--未孫
--午兄
酉才━辰孫
応
--寅父

世爻に巳兄弟附す。金を出してくれる人無しとする。応爻辰子孫があるも休囚。その下に酉妻財伏するも休囚空亡。商売の忌神上爻にあって動く。父動剋子なり。この仕事は成り難いと見る。之卦は六冲卦に化す。これも凶象。

○父動剋子――絶元煞（ゼツゲンサツ）発動して財の原神を剋す意。

◎商売の資金を友人とともに奔走している。その成否如何

寅月辛巳日（申酉）豊

--戌官
--申父
世
━午才
━未官
--酉父
応
━亥兄

世に申父母がつき日辰と合。ただし、休囚、月破、空亡。寅巳申の三刑。良いのは日辰の合があるのみ。悪条件が多すぎて、できそうでできない。

資金は四爻の午財である。旺相して日辰と比和し良い財であるが三爻の未官と合してしまう。友人は応爻でとる。この良い財は友人に附かない（この場合、吾れと彼で資金を探しているのであるから応爻を友人とする）。

世応ともに真空であって資金調達はできないと見る。不変卦も良ろしからず。進展ナシとする。

もし、申酉空亡の旬中でなければ日辰巳財であるから骨を折った後にできるとも見る。

◎商店主が来て当月の売上げの良否を問う。

酉月庚申日（子丑）　賁4 ―離

━寅官
--子才
×戌兄━巳父　応
━未兄
--酉孫
━亥才　世

世爻旺相の亥財爻を持ち、日辰、月建ともに子孫を作して、これを生ずる。宅爻には、月建を持し日辰を拱扶する酉子孫まで入っていて世爻を生ずる。誠に吉兆と見て可である。

五爻に卦身を持つ子の財爻あり。勾陳をもつ故、不動産収入もありと見るか。また別に大口の注文があると見ても良い。

応爻は世間である。兄弟爻を持って独発する。兄弟爻は破財星であるから、この独発を見れば世爻の亥財爻を剋すると見るのが普通であるが、この得卦の場合は逆である。

日辰、月建子孫を作して卦中の兄弟爻独発すれば、兄弟爻、子孫を生じ、子孫また妻財を生ずると考えてよい。

また、この場合の応爻の兄弟爻は大衆とも見る。大勢の顧客が来店すると見て商店としては最も望ましい状態である。

結果。各月平均を上回る好成績をあげることができた。

出行　行人

皆為伴侶旺則侶多衰則侶少不宜発動動則増費盤纏

〔皆伴侶ト為ス。旺則侶多。衰則侶少。発動ニ宜シカラズ。動ケバ則チ盤纏ヲ増費ス〕

盤纏　旅費、路用

出行および行人の占、この爻を以て同行者道伴れとする。卦中の兄弟爻多きか旺相すればその伴侶多く、休囚すれば少ない象とす。

発動すれば必ず道中出費多く、旅費に窮乏する象とす。

○兄弟爻多いとき（日辰月建を含めて）あるいは旺相するとき旅行の同行者多し。
待人占も同じである。

家宅

為破敗旺相当権発動必田蚕為虚労勤苦備歴財利軽微

〔破敗ト為ス。旺相権ニ当タリテ発動スレバ必ズ田蚕虚労勤苦備歴スルモ財利軽微ト為ス〕

家相の吉凶を見て兄弟爻発動するときは破産の家と見るのである。

○戸障子、出入口が沢山ある家は卦中、兄弟爻二ツ附くことあり。また財を保ち難いとする（逆に、この場合はその戸、その他を閉塞すれば可なりとする）。

占国

若在世上動須防聚斂之臣覆国事

〔若シ世上ニ在リテ動カバ須ク聚斂之臣、国事ヲ覆スヲ防グベシ〕

国家の占において、この爻もし世上にあり、あるいは要路の大臣の爻に附し発動すれば、必ず政府の役人の汚職、収賄多く、あるいは私慾に耽って国家を危うくするの兆とす。

◇国の運命占で世爻に兄弟附くは、その歳中国家の財政支出多く、もし発動すれば作物は不作となり国民は大いに苦しむとする。

◎**占領下の東京都の安否如何**

昭和21年

丑月乙巳日（寅卯）巽[1]―小畜

世爻用神

玄━卯兄
　世
白━巳孫
螣╍未才
勾━酉官
　応
朱━亥父
青✕丑才―子父

①　五爻の巳火子孫、日辰を持す。初爻の丑土妻財動いて応爻酉官鬼、忌神に会局する。悪い意味での冲中逢合なり。応爻の忌神を米国占領軍とする。世爻卯木兄弟は空亡している。世爻は応爻に冲尅されていて手も足も出ない。

②　初爻丑土妻財は化出の子と合化。青竜を持しているが世爻とは関係ない。応爻は勾陳を帯びて動かない。日辰巳は子孫を作し、禍いを払ってくれる星となっている。五爻にある巳子孫、日辰を持つ。大きな禍いは無いとする。世爻の元神は二爻の亥水なり。休囚。日冲を受けて日破となり、冲散されてしまう。

③　二爻の亥、四爻の未、上爻の卯世爻に三合するも二爻は冲散され四爻未は月破、世爻は空亡。したがって、この三合は全然力がない。応爻は三合して強力である。我を制圧しているが大きな変事はないとする。それは忌神が不動のためである。また二辰子孫となり強力に忌神を制しているからである。しかも応爻は勾陳、恐らく頑として動かないであろう。初爻の動爻は青竜の財爻で忌神（応爻）はこれに生じられ楽々としている。世爻は兄弟がついてオマケに全然力が無い。破滅寸前とする。

④　この場合、大きな災いがあるとすれば官鬼が発動する。静爻故に静かに世爻を圧している。彼は強力に三合している。ますます図に乗り、徐々に我を圧迫するであろう。救は官鬼が静なること。日辰が卦身を帯び子孫が臨んでいることである。

このように、六冲卦に三合会局（巳酉丑）を見るのは、冲中逢合である。

征戦

為伏兵安静逢衝名為暗動其計必中

〔伏兵ト為ス。安静シテ衝ニ逢ヘバ暗動トナス。其計必中〕

征戦軍旅の占には、この爻を以て伏兵とする。旺相安静して日冲に逢えば、これを暗動と云う。ひそかに事を謀るによろしく、その計画は必ず成功する。

疾病

占兄弟朋友為用爻占妻妾為尅殺旺相発動妻必有傷此理宏深自宜推測

〔兄弟朋友ヲ占シテ用爻ト為ス。妻妾ヲ占シテ尅殺ト為ス。旺相発動スレバ妻必ズ傷アリ。此理宏深ナレバ自カラ宜シク推測スベシ〕

疾病の占には兄弟朋友の用爻となす。その旺衰、生尅、冲合を以て吉凶を察すること。妻妾の病占には尅傷の神なるを以て旺相発動するときは妻妾の身必ず尅害を受ける。

◇兄弟朋友の病気のとき、または妻妾の病気のとき、兄弟爻発動は凶。
○本人を占して、その人の病気を占う――世爻に兄弟附くは身体を粗末にして疲労したものとする。あるいは兄弟爻は人に使役される星ゆえ、過労で疲れたものとする。
○父母世爻に附く――苦労して頭を痛めて病気になったもの。
○官鬼世爻に附く――なかなか治し難い。あるいは持病となる。
○子孫世爻に附く――必ず治る。子孫爻の発動も同じ。
○財爻世爻に附く――食慾あり。大体において、心配ないと見る。

4
子孫用論

子孫者我生者為子孫也卦中至吉之神也逢之者無不為佳背之者莫能為福卦無父母則無尅爻有兄弟則有依動則生財尅傷官鬼

〔子孫ハ我ガ生ズルモノ子孫ト為スナリ。卦中至吉ノ神ナリ。之ニ逢フテ佳ト為サザルナシ。之ニ背ク者ハ能ク福ヲ為ス莫シ。卦ニ父母爻無ケレバ則チ尅爻ナシ。兄弟爻有レバ則チ依ル有リ。動ケバ財ヲ生ジ官鬼ヲ尅傷ス〕

卦の五行より生ずる者を子孫という。凡そ占卦において功名、軍事を除いて、万事この爻に逢って吉でないものはない。故にすべて福徳と称するのは、この子孫の爻を云う。

卦中父母爻発動なければ制を受けるものなし。兄弟はわれを生扶する元神であるから、動けば勢を増進する。

もし、この子孫爻が発動すれば妻財を生じ、財産の源泉となり、官鬼を尅制して災禍を除くことになる。

◇子孫用神のときは父母爻の動きに注意すること。

占身命

為福徳若持世上一生衣禄盈余見険無危逢凶勿咎

〔福徳トナス。若シ世上ニ臨マバ一生衣禄盈余、険ヲ見ルモ危ウキコト無シ。凶ニ逢フモ咎ナシ〕

身上占には、この爻を福徳の吉神となす。もし世爻に臨んで旺相すれば一生衣食足り、安楽に世を渡る象とす。たとえ危険に臨み、あるいは凶事に逢っても事なきを得る。

◎ある人の一生の運勢

辰年癸卯月丁亥日（午未）需236—益

×子才━卯官
━戌兄
╍申孫
世
〓辰兄━辰兄
〓寅官━寅官
━子才
応

世爻申金子孫を持す。白虎を帯びる。休囚しているが世爻、子孫を持すは悪くない。安楽にして衣食足りるとするも遊魂卦なれば時おり何事につけても迷うことがある。また白虎が付いているから短気を起こすことのないよう世渡りをする腹構えが必要である。

世爻、応爻、辰で三合する。辰年より酉年の間に運が開けるとする。巳年は世爻の長生の年、酉年は帝旺の年である。故にこの間に運が開けると見るのである。
而して二爻の寅官、旺相して日辰の生合を受け、勢を強めて世爻を冲する。そのため世爻は多少の困難、難み等はある。内爻は伏吟、上爻は卯官を化出。すなわち昨年と一昨年は良くなかったとする。特に寅年は冲の関係（歳破）だから特に悪かったか。応爻は内卦にあり。これが伏吟。本人の相手方、取引先、あるいは世間等が本人にとって都合が悪く、これがために困難ありとする。

―意見あり―
この占は内卦伏吟、すなわち応爻の世間が悪いのであって、世爻には凶を及ぼさないとするは如何。

―回答―
世間を相手にする商売であれば、やはり本人にも影響ありと見るのが妥当であろう。初上爻の妻財、桃花煞が付く。それこれを見ると、目下事業等で困難していることが明らかである。

〈桃花煞の別の見方の例〉
○この人は申の子孫ゆえ、金属関係の仕事に良し。白虎を附すゆえ、短期間の仕事、キワモノに向くとも見る（株占で世爻に白虎付く、あるいは財爻に白虎付くは短期決戦に良しと見ることもある）。
○この卦で世爻申孫の忌神は巳と午である。そして午は空亡。巳は世爻と合。この人なかなか運勢強い。

占婚姻

為子息卦中無子必無児但不宜動動則異日傷夫

〔子息トナス。卦中子孫ナケレバ必ズ児ナシ。但シ、動クニ宜シカラズ、動ケバ則チ異日夫星ヲ傷フコトアリ〕

婚姻の占には子孫の爻をもって子女とする。もし卦中にこの爻出現なく、あるいは空亡に逢えば生涯子無き象とする。

また、この爻発動するときは他日その夫星を傷う兆しとする。

子孫発動はその夫、短命のこともあり。

◇女の依頼の縁談占でこの男はどうかの占。

世爻子孫は――孤児を擁して空閨を守る象、とする。身持ちは良い。

◇男の依頼の場合――世に孫は良くない。

◎母よりの依頼、某男に娘を嫁がせたい

寅月甲申日（午未）訟126－随

〓戌孫―亥官
━申才
━午兄
世
‐‐午兄
〓辰孫―寅父
×寅父―子官
応

応爻の寅父母、動いて子官鬼を化出。この官鬼を相手の男性とする。青竜を帯びシッカリしている。二爻の辰孫、寅の父母を化出。宅爻に父母、この男は家を建てることを意味する。したがって仕事も良い。（父母発動して子孫を化出し、子孫発動して父母を化出するはキズの無い限り不動産は売れる。売って吉。買える。買って吉。家を建てられる。建てて吉と見ることは再三説明したところである。今これが宅爻に出てきたのである。）

用神とする申の妻財は五爻にあって白虎を持す。白虎は気の強い女性またはわがまま娘とも見る。上爻発動して亥官を化出する。申財は子官鬼を化出する応爻の寅父母を冲し、上爻の亥官を生ず。五爻と応爻の冲（本人と相手との冲）。隣爻に官鬼が出てきた。某男より隣爻の男に好意を持つとする。

卦中の子孫爻二ツ発動する。夫星の忌神であるからこの縁談はマトマラヌとする。二爻の子孫爻は回頭尅でツブレ、上爻の子孫（玄武）は楽しみ嬉びを持つ。恋愛の相手か。

応爻青竜を持つは良い人だが、世爻に兄弟爻で空亡。卦中の子孫動くはまとまらぬ。寅午戌の三合あるも空亡の兄弟に三合。やはり不成立である。

化出爻は生尅を及ぼさずの意あるが、隣爻だから多少その意味をとる。この場合、五爻と応爻の冲（本人と相手の爻）の外に隣爻に官鬼が出てきた。そのため、この判断が生まれた。

占産

為用爻属陽旺相必生男属陰休囚定生女若落空亡子難養

◇この男女の別は参考程度に止めるが可である。

○もし生産占で五カ月、八カ月、臨月と出産前に何度か占しても、子孫、伏神にあるときは、その子供はウマクない。生まれても生育を期し難い。一例として十八歳まで生育した例があるが、結局、若死した。

○出産してから、何度、立筮しても伏神から出られない赤チャン、父親より輸血したら、初めて飛神に出た例がある。

占官

為傷官為玷剥為代官始謀逢発動其事決難成在任発動剥官退爵若帯貴人青竜天喜動者小有玷剥不過有代官至

〔官ヲ傷ツクトナス。玷剝トナス。官ヲ代ルトナス。発動スレバ始メニ事謀リテモ其事決シ難シ。任ニ在リテ発動スレバ官ヲ剝シ爵ヲ退ク。若シ貴人青竜天喜ヲ帯ビテ動クハ少シク玷剝アリト雖モ官ヲ代ルニ至ル事有ルニ過ギズ〕

玷（テン）玉ノ缺ケタルトコロ。凡そ缺点あるをみな玷という。

剝（ハク）削ナリ、落ナリ。

◇一般に官途占には子孫発動、あるいは世爻に子孫附すを忌む。

◎官占

辛巳年辰月　　睽2―噬嗑

━丑兄
--卯官
━巳父
世
--巳父
〓未兄―寅官
━酉孫
応

世爻に巳父母を持す。旺相の官鬼より生じられる。二爻の未の兄弟、回尅に化す。兄弟爻を同僚とする。

同僚は退くも我れに傷なし。官鬼より生じられて官進むとする。この人、後日、侍従長になった。

占訟

為解神為勧和人旺相発動事情必散若世応比和更得此神発動必然得人允和

〔解神トナス。和ヲ勧ムル人トナス。旺相発動セバ事情必散。若シ世応比和サラニ此ノ神ノ発動ヲ得バ必然人ヲ得テ和ヲユルス〕

もし世応比和あるとき、子孫が日辰またはその拱扶に遇えば必ず調停の労を取る人があって、和解するの象とす。

◎訴訟占

震4

‐‐	戌才 世
‐‐	申官
〓	午孫―丑才
‐‐	辰才 応
‐‐	寅兄
―	子父

世応ともに土爻をもつ。午孫発動してともに生を受く。中間に人があって動いてくれると見る。午孫に傷がなければ訴訟は和解に至るとする。

◎訴訟占

師1

--酉父
応
--亥兄
--丑官
--午才
世
━辰官
✕寅孫━酉父

寅子孫動く。酉金を化出、すなわち回頭尅である。二爻の官鬼と合。
内卦の子孫動く。当方は和解しようとしたが、気が変わって戦うようになる。

◎訴訟占

漸3

━卯官
応
━巳父
--未兄
〓申孫━卯官
世
--午父
--辰兄

世爻申子孫発動して卯官を化出。当方は和解しようとして動くが、かえって喧嘩をする気になった。

子孫爻が回頭生ならば和解するようになると見る。

◎訴訟占

升

--酉官
--亥父
孫午--丑才 世
—酉官
—亥父
--丑才 応

世応比和するとき、午日ならば（伏神の提抜でもある）人来たりて調停すると見る。タダシ巳日ならば（子孫ではあるが）酉官鬼に三合、問題はますます大事に発展すると見る。

占失脱

為捉獲当権発動必然捉獲若占小可失脱若逢発動其神旺日可知踪跡亦恐偷時曾被人見

（捉獲トナス。権ニ当タリテ発動スレバ必然トシテ捉獲ス。若シ発動ニ逢ヘバ其ノ神旺ノ日踪跡ヲ知ル可シ。亦恐ラクハ偸時カツテ人ニ見ラル）

まず遺失か盗難かの区別を見きわめること大切なり。

◇世に孫附す——盗難ではない。品物返る。

◎失物占

履

	━戌兄
才子	━申孫
世	
	━午父
	╍巳父
	━未兄
応	
	━酉孫

必ず見つかると断じて可。ただし、傷なきこと。

求財

為主顧又為財源旺相発動経営可久綿綿不絶或落空亡及不上卦及無主顧也妻財縦旺只許一度再難成就譬如水之無源

財を求むる占には、この爻を商人は好得意先とし、事業家にあっては財源となす。旺相して発動するときは総て営業久遠にわたって栄える象とする。もし空亡に落ち、あるいは伏蔵して卦に出ないときは、商人においてはよき得意先の無い象とする。タトエ妻財旺相してもその根基堅からざる象で、一時は機に投じ大利を得ることができて間もなく損失するが如く、決して永続しない象である。よって水源無きに喩える。

出行

為好侶為銭神得地発動路逢好侶財本無虞

出行占にはよき伴侶となし、また旅費となす。もし地を得て発動すれば好友を得、百事好便を得て旅費等の不足なき象とす。

○子孫爻旺相すれば旅中無事なり。
○発動すれば凶事無しとする。

行人

為吉回発動尅世帰期已近当得称意而回

行人の占には吉利を得て帰るとする。発動して世爻を尅せば必ず近い内に無事帰るとする（子孫用神のときに限る）。しかも諸事望みをとげて帰るとする。

家宅

為少丁旺相則人丁旺盛帯青竜貴人必有跨竈之子加白虎羊刃玄武者必有凶頑不律之児又為宅神若持世其家清安獲福官災不染盗賊潜消

跨竈（コソウ）子が父に勝るをいう。竈には必ず釜あり。釜と父と音相近し。故にこの隠語あり。

一家の安否を占うには家族中の少年子弟となす（使用人は財爻用神）。旺相して青竜、貴人を帯びれば必ずその子弟、家門にすぐる俊秀の者が出る。白虎玄武等が付けば必ず凶頑で出来の悪い児あり。

また家宅に附するときは、宅を守護する神となす。もし世爻に臨むときは、その家は安静で病災、火難、盗難等の憂いなき象とす。

◎家宅占

屯

- -子兄
━戌官　応
- -申父
- -辰官
- -寅孫　世
━子兄

子孫爻が世爻あるいは宅爻に附くのがよい。屯の如き理想的なり。無事で災危ない象とす。

◇工場店舗を子孫爻でとることあり。仕事をする場所と考えるからである。ただし、時により父母でとり、妻財でとる。固執することナカレ。

占田蚕

為有成旺相発動田蚕倍収

〔成ル有リトナス。旺相シテ発動スレバ田蚕倍収〕

◎今年の作物占

酉日　復

- - 酉孫
- - 亥才
- - 丑兄　応
- - 辰兄
- - 寅官
— 子才　世

農作物その他、文句なしに豊作とす。

占国

為国嗣安静臨吉神建立已定若加凶殺須防扶蘇中趙氏之謀又為弾劾之臣旺相動則朝廷無奸佞有忠良

〇子孫旺相して発動すれば国内平安なりと見る。

この爻を以て皇太子となす。安静で日月の生助あるか吉神が臨めば、聡明の質で妃既に定まるの象とする。もし凶煞臨むか、あるいは他の尅制あるときは、悪相のため難に遭うこと多い。恰かも秦の皇太子扶蘇が趙高のため謀られ、身を喪う如き象とする。また奸邪を弾劾する臣とす。旺相発動すれば廟堂忠良の相将多く、邪曲の者がいない象とす。

◎本年のわが国の国運占

昭和二十二年一月二日

子月辛巳日（申酉）晋

父丑━━
才卯‐‐
官巳━━世
才卯‐‐
官巳‐‐
父未‐‐応

世爻に日辰の官鬼附し難み多き年とする。子の子孫旺相するも伏蔵、子孫の元神申兄弟も空亡して伏蔵する。応爻を一般国民とする。父母をもつ。上爻父母を政府とする。相冲す。政府と大衆反目するところ有りとする。二爻（宅爻）に玄武の官鬼あり。国内に盗賊多き象とす。遊魂卦である。人心落ちつかず、子孫伏蔵で不安多し。

占病

為医薬当権発動其病即安卦中無其神服薬無効

疾病の占には、この爻を以て薬とし、また良医ともする。旺相し発動して世爻と生合すれば、その薬効神の如く、病必ず癒る。卦中もしこの爻出現しなければ服薬効しても効がない。

◇病占の判断の手引き

官鬼伏するは医者も病名不祥のこと多し
三爻に伏せば、婦人科、泌尿科
四爻に伏せば、胃腸、肝臓
五爻に伏せば、心肺系
六爻に伏せば、頭から上

◎妻の病占

卯月辛卯日（午未）離246―泰

═丑孫―酉才　世
--卯父
═巳兄―丑孫
━未孫　応
×酉才―寅父
━亥官

顔色の悪い職人らしい人が来た。妻財爻を用神にする。

二爻酉の才爻、玄武を附し日、月の破に逢い、さらに動いて化絶する。応爻の未子孫、青竜を帯びるが、休囚、日、月の尅を受く。即、子孫傷つき力弱し。良く効く薬無しとする。

高熱あり。本人はマラリアと云っている。いずれにしても非常に危険な状態にあることを示している（妻財化絶）。

初爻の亥官鬼が病である。白虎の官鬼である。あるいは黴毒か、あるいは腎臓系統の病気か（夫である本人は南方に往っていたと云っている）。

◇水爻の官鬼は花柳病または泌尿器関係の病気のことが多い

離が泰に之く。冲中合である。病気がくっついて離れない。良く手当てして四月の節までもてば治ることありとするも、次の旬中は辰巳空亡。辰が空亡に入るとき非常に危険である。

このような酉財を救えるのは辰の子孫だけであるから、合爻の空亡に入るときは危険とする。辰巳空亡の旬中を過ぎて寅卯空亡の旬に入れば用神酉を冲する卯が休むことになり、病も静かになる。そして辰月を迎えれば危機を脱するとみたい。

◇空亡の前後の空亡を見る習慣をつけること。
○近病に六冲卦は安全。合に変わるを凶とする。
○長病人には合の卦が良く、冲を悪しとする。

占小口及奴僕

為用爻不落空亡終無大害

また、家中の小児、奴僕の用爻と為す。他の尅制を受けないか空亡に入らなければ大害を受くることなし。

○子供、二、三日の病気のとき（大病ではないとき）、子孫空亡、スグ治る。空亡をカエッテ吉象にとることあり。長病のときは用いない。

占墳墓

為祭祀卦無子孫春秋二時無人祀也

墳墓の占には、この爻を以て祖考等の霊をまつる主とする。もし卦中子孫爻、破空伏墓絶等であれば、四時これを祭祀し、あるいは仏事供養する人が無い象である。

5 妻財用論

妻財者我尅者謂之妻財也諸事逢之無不為吉惟占父母文書不宜見之遇兄弟則有損遇福徳則愈佳逢官鬼則泄我之気也動静皆吉

〔妻財ハ我ガ尅スル者、之ヲ妻財ト謂フ也。諸事之ニ逢ハバ吉ト為サザル無シ。唯、父母、文書ヲ占フニ之ヲ見ルニ宜シカラズ。兄弟ニ遇ヘバ財損アリ。福徳ニ遇ヘバ則チ佳（ヨロコビ）有り。官鬼ニ逢ハバ則チ我ガ気ヲ泄ス。動静皆吉〕

卦の五行より尅される爻を妻財という。妻財は財貨の神、また我れより使役するものに対する用神。故に凡そ占の何たるを問わず、皆、この爻が出現し、用爻と生合するを吉とする。しかしながら、父母の身および文書に関する占は父母爻を尅傷するので不吉とする。

兄弟の発動に逢えば財を破り産を傾け、子孫発動に逢えば生扶を受け百事大吉の兆である。

官鬼出現し妻財発動するときは気を泄して我れに損失があり。総て妻財の爻発動すれば恰も通貨の活動利殖して停滞することないように、吉兆である。静爻も空亡に落ちなければ安寧を保ち得て吉象である。

運命占

財爻、子孫爻の伏蔵は宜しくない。すなわち卦に現われないのは吉象不足である。これは吉神が卦に現われないのは吉象少なく、卦に現われれば吉象多大なる理である。占の何であるかを問わず財爻出現して用爻と合するのは吉である。しかし、例外あるを忘れてはならない。

◎ある会社を合併して良ろしきや（自分のところと同程度の会社である）

卯月丙戌日（午未）小過

- - 戌父
- - 申兄
— 午官　世
— 申兄
- - 午官
- - 辰父　応

財爻、子孫爻ともに伏す。世爻午官鬼白虎を附す。日辰に墓に入り、さらに空亡。遊魂卦でもある。今、合併しても有名無実である（世爻旺相しているが日墓、さらに空亡するためである）。

応爻は辰土父母、休囚して月剋日冲。今、世応を比較して見ると、世爻は空亡と雖も相手方より権威ありとする。

世爻の下に月建を持す卯財あり。すなわち世爻は伏蔵の財より生じられる。応爻より有利とする。故に相手に儲けられる心配は無い。ただし、子孫、妻財ともに伏するは金儲けにつながらないと見る。

◎母親の病気を占す

卯月乙酉日（午未）蠱4―鼎

━寅兄
応
--子父
×戌才―巳孫
━酉官
世
━亥父
--丑才

用神は父母爻である。二爻と五爻にあるが、月建と子―卯の刑を作す五爻の子父母をとり母親とする。官鬼は世爻にあり。勾陳を附す。三爻を腰と見る（病人は腰より胃腸が痛むと云う）。今、酉官鬼は上爻の寅兄弟を尅す。これは頭が痛む兆。

今、四爻発動する。動く処に病ありとするのが通例であるが（病気は官鬼を持する爻、および、発動の爻にありとするのが普通である）、四爻は巳の子孫を化出する。子孫爻は病を尅する治癒の星であるから、この爻をとらずに、三爻の官鬼のみをとって腰、股等に病ありと見るのである。

用神の子父母は、月建の卯と刑を作し動爻の尅を受ける。あまり軽く考えてはイケナイ。

日辰官鬼、世爻に臨む。日辰の官鬼は障（サワリ）ありと見ることがある。仏の供養も必要か。

○財運占に兄弟発動は財を破る。世爻に財爻あって子孫の発動は大吉である。世爻に妻財附して発動する。官鬼卦中にあれば泄気となって我れ不利である。財事については財爻動かずといえども空亡でなければ生活には苦しまないと見て良い。

占身命

為一生之財禄若在本卦内三爻如逢生旺中年決然発福発財必有成家之象

〔一生ノ才禄ト為ス。若シ本卦三爻ノ内ニ在リテ生旺ニ逢フガ如キハ中年決然福ヲ発シ、財ヲ発シ、必ズ家ヲ成ス象ナリ〕

身命占においては一生の財禄とも考えられる。もし出現旺相し、あるいは動爻、日月等の生合を受ければ（内卦の三爻の文字に捉われる必要はない）必ず富を発し家を成すの象とする。総て人の財禄如何は、この爻と世爻または用爻との交渉にある。もし出現し、かつ旺相するか、あるいは日月動爻の生合を受け、または自ら回頭の生に化す如きは必ず後日富裕の身となり、一家興隆の基を開くとする。

○山天大畜で大金持ちの客が来ることあり。大畜は世爻に官鬼、初応に財爻があり。旺相するときは大利あり。すなわち初爻は家内、家に財利あり、応爻は世間、それからも利得ある意味である。

○財爻があってもその財爻の生を受けるか、世爻子孫で財爻と生合するときは吉。世、用神に無関係の財爻は富に縁のない象とする。

○世爻財爻で回頭生を受けるは後年大富を得る。升[4]―恒、困[12]―随の如きはその例である。

占婚姻

為婦旺相臨青竜吉星必主女貌端正不宜動動則傷尅公姑

〔婦ト為ス。旺相シテ青竜吉星ニ臨マバ女ノ貌端正ヲ主トス。動クニ宜シカラズ。動ケバ則チ公姑ヲ傷尅ス〕

婚姻の占において男子より占うときは総てこの妻財爻を以て婦人とする。もし旺相し青竜吉神等を帯びれば、その女性は必ず容貌美しく、かつ温良の性質です。発動すれば舅姑を尅するので、後日不和を来たすことになりかねない。

◇一家がこの女のために如何なるかと見たときに限り強く見るのであって、他の場合は財爻の発動を強く見てはイケナイ。

○縁談占で男が来て女を占するとき、用神は妻財爻であるし（占財）、応爻は普通、先方の家である。世爻に財が附く。別の女があることを表わすことがある。前後の事情を良く聞くこと。他に女がいないときは世の財を用神にとる。結婚できるとする。

○前述の注意の如く嫁取りのとき、この娘さんが来て家の内が平和に行くかと見る場合（もちろん、親がいるとして）財爻発動は嫁姑の同居では不和になると見る。

占孕産

為産婦旺相不受制臨産必平安

〔産婦ト為ス。旺相シテ制ヲ受ケザレバ産ニ臨ミ必ズ平安〕

ただし、産婦の自占の場合は、もちろん世爻用神である。

◎予定日の来た婦人の生産占

寅月戊寅日（申酉）豊56—同人

×戌官—戌官
×申父—申父
世 ━午才
（白）━未官
╍酉父
応 ━亥兄

その日、未の刻、女児を産む。安産とする。白虎をもつ時刻が応期となる。しかし午—未の合、ちょっと長びくか。伏吟は悪い伏吟にとらない。

占求官

為俸禄空亡及無未得俸禄不宜発動動則文書難成無気止是費力終可成就

〔俸禄ト為ス。空亡伏蔵スレバ未ダ俸禄ヲ得ズ。発動ニ宜シカラズ、動ケバ則チ文書成リ難シ。無気、空ハタダ是レ力ヲ費セバ終ニハ成就ス可シ〕

妻財爻発動すれば事務能力は無し。仕官し難いとする。すなわち頭も悪い、試験もパスしないと云うことである。

占訟

為解神在世発動我必有理事易調停文書不致見尾

〔解神ト為ス。世ニ在リテ発動セバ我レ必ズ理有リ。事調停シ易ク文書ハ尾ヲ見ルヲ致サズ〕

訴訟占には、この爻を以て事理、または証拠物件とする。もし世爻に附して発動すれば我れに利あり。証拠また具備する。さらに旺相すれば我れに有利。

尾を見るを致さずとは訴訟を終えないことを云う。ナントカなる。相手がアヤマル、和解することである。応爻に附し発動すれば凡て、世爻不利である。

◎理はいずれにありや

坎

兄子 ╍╍
世　官戌 ━━
父申 ╍╍
才午 ╍╍
応　官辰 ━━
孫寅 ╍╍

水尅火と世爻は応爻に負けないようであるが、応爻財爻を持つ。相手に理あり。相手が正しいとする。もちろん、日月動爻により一概には結論できないが――。

失脱

為所失之物若安静不空其物可尋

失物占には財貨あるいは貴重品とする。ただし、財爻を用いないもの、すなわち衣類等は父母を推すこと。安静で空亡に落ちなければ、その物は止まって他に移らない。ゆえにその失った所をさがせば良い。

◎ネズミはだれか？

卯月甲申日（午未）比26―渙

×子才―卯官　応
━戌兄
--申孫
--卯官　世
×巳父―辰兄
--未兄

嫁に行った娘があるアパートを借りている。その娘の財布から、ときどき金が少し抜かれている。十二月より隣室に夫婦者が移り住んでからのことである。
応爻玄武、財爻がついて発動し、官鬼を化出する。世爻に卯官鬼が附く。世爻の官鬼は不注意である（いつも留守がちとか）。

―考え方―

Ⓐ 動爻は二爻、上爻。動爻はその情勢を現わす。二爻を階下の人とする。巳火父母動いて辰を化出。日辰の申と上爻子と三合。財爻に三合し世爻の原神となる。盗むような人ではない。
宅爻の父母動く。父母爻の泄気である。家を軽くする。留守がち。巳申の合あり、子孫は遊びの星である。
上爻子財は卯の官鬼を化出。子は十二月。隣に引っ越して来た人か？　鍵を開けて、小銭を持ち去るなどのことは考えられない。

Ⓑ 親の質問である。娘を見るには子孫用神。日辰は申孫、卦に入り卦身を持って四爻に入る。盗難では

ない。

上爻に妻財あり、官鬼に変わる。あるいは娘の夫が彼女を作り、小遣い銭欲しさに金を引き出しているか。子財は日辰に長生、まことに強い。夫は彼女に熱を上げている。

娘の夫の動静を聞かないと難しいが、犯人は夫の公算大である。

求財

為用爻一卦之主宰宜生世尅世大吉空亡無気必難求

〔用爻一卦ノ主宰ト為ス。世ト生合ニ宜シ。世ヲ尅スルモ大吉ナリ。空亡無気ハ求メ難シ〕

空亡でも旺相空亡のときは出空塡実のとき事成るとする。

◎**夫のことについて妻よりの求占**

夫が出勤したまま帰宅せず。大酒のみの夫である。近くに大川あり。転落でもしてないだろうかと心配している。

卯月己巳日（戌亥）　小過134―復

- -戌父
- -申兄
才卯〓午官━丑父　世
〓申兄━辰父
- -午官
×辰父━子孫　応

動いた午官鬼を用神とする。世爻（妻）に夫の用神の午官鬼が附くのは吉であり、夫は無事と見る。世爻に伏す卯の妻財は卦身あり。青竜を附す。午官鬼は青竜の他に桃花殺も附く。応爻化出の子、子孫とは子―卯の刑。遊んでいることは間違いない。

応爻化出の子、子孫と午官鬼化出の丑父母とは子―丑合。女サンの処に居続けているものと見える。ただし、この子の子孫は日辰に絶になる（申子辰三合して絶である）。そろそろ遊びにも飽きたころである。子―卯の刑のトケル明日、午日には帰宅するであろう。

妻は夫の女のことには全く気が附いていない。心配無いから明日まで待つように話をして帰宅させる。

結果、午日、午前の二時ごろ帰宅したと云う。

★子―丑合に附いて見ると、子の子孫は応爻から化出されている。また化出爻同志の合である。したがって、昔からの付き合いのある女性ではない。最近知り合った仲であろう。

★四爻に注目。青竜、桃花（ともに好色の星）の午官鬼。卦身青竜の卯財（伏神）、化出の丑父母が横に一線になっている処がこの卦の特色である。

◎商店主が来ての求占である

一週間ほど前、銀行に支払ったはずの小切手が一枚行方不明になってしまった。銀行側は受け取っていないという。この件、如何なるか。

亥月辛未日（戌亥）　艮

官寅 ━━ 世
才子 ━ ━
兄戌 ━ ━
孫申 ━━ 応
父午 ━ ━
兄辰 ━ ━

不変卦である。お金に動きが無い。したがって、他人の手に渡っていない。

五爻の子の妻財が用神である。

① この子の財爻は外卦にある。小切手は銀行側にある。

② 艮為山は机を二つ重ねた象である。上を書類箱と考えて上から二番目に入っている。

世爻は寅の官鬼を持す。悩み多き象とするが、明日は申の子孫の日である。金剋木と悩みを解決し、また、子水の妻財爻の長生に入る。明日、銀行に行き、机上を探せば必ず発見されるであろう。

結果。全く、その通りになった。

出行

為銭本盤纏旺相多墓絶少空亡無若値青竜其財穏実如逢劫殺須防被人劫騙

出行の占には、この爻を資本および旅費とする。旺相すれば多く、墓絶に入れば少なく、空亡ならば全くない。もし青竜その他の吉星を帯びれば旅費多く無事。劫殺玄武を帯びれば途中人のために旅費を詐取されるか盗難等を防ぐこと。

○これは世爻に劫殺玄武が附く場合も同様に考えて良いであろう。

行人

為財利旺相帯吉神必満載而回縦非経商亦主一路安逸不欠盤纏

〔財利ト為ス。旺相シテ吉神ヲ帯ブレバ必ズ満載シテ帰ル。タトエ経商ニアラザルモ亦一路安逸ヲ主トス。盤纏ヲ欠カズ〕

行人の占には、この爻をもって商売の利害、財事のための旅行の成否を見る用神とする。旺相して他の生を受け、あるいは吉神を帯びれば必ず大利を得て帰郷できる。もし商人でなくても途中無事で旅費に不自由ない象とする。

家宅

為財宝卦若無財財不多若是金財旺相其家必多金帛土財是五穀田地火財其家宜蚕木財家多離産水財必得魚塩酒醋之利

〔財宝トナス。卦中若シ財無ケレバ財多カラズ。若シ是レ金財旺相セバ其ノ家必ズ金帛多シ。土財是レ五穀田地。火財其ノ家蚕ニ宜ロシ。木財家ニ離産、水財必魚塩酒醋之利ヲ得ン〕

家宅の占には妻財を以てその家の財宝とする。卦中もし財爻無ければその家貧困の象とする。もし金の財爻世に附せば、その家富有にして金銀玉帛、多き象。土爻を帯びれば田地多く、五穀の収利余りあるの象とし、火爻を帯びれば蚕育多く、木爻附けば果実の産豊かなる象とし、水爻臨めば水産造酒醋等の利ある象とす（蚕は火爻で見たようである）。

このところ、現代流に解釈する必要あるは当然のことである。例えば火財は燃料、ガス、電気等と見、火気の業と見るが如し。

◇家相占の雑録

家相占で日常最も多く用いる室は財爻をとり、一番良い室は官鬼爻でとる。

農田　育蚕

為財穀為繭糸旺相帯吉神蚕必多而稲必熟

①　北海道の本年の米作の豊凶を占す

丑月己亥日（辰巳）无妄２－履

━戌才
━申官
━午孫
世
- -辰才
×寅兄－未才
━子父
応

米作の豊凶は妻財爻を主とす。冷害の有無に重点を置く。応爻子水父母用神。二爻の寅木兄弟発動して未を化出する。墓に化す。日辰亥水父母、動爻と生合し墓化をやわらぐ。日辰父母は雨多く冷気が早く来る。兄弟発動は稔り悪し（木剋土）。なお、兄弟は風の意もあり、風にも遇うとする。初爻父母螣蛇をもって日辰とともに子孫を剋す。本年は雨多く冷害不作の年とする。

②　青森県の米作如何

丑月己亥日（辰巳）否6―萃

＝戌父―亥孫　応
━申兄
━午官
--卯才　世
--巳官
--未父

日辰子孫なり。上爻戌父母発動して亥水を化出、父母動くは雨多しとするも子孫化出するゆえヤヤ良いとする。雨の多いのは免れない。不作ながらやや良い程度と見るか。

③　岩手県の米作如何

丑月己亥日（辰巳）益1―観

━卯兄　応
━巳孫
--未才
--辰才　世
--寅兄
＝子父―未才

日辰父母なり。動爻また父母、応爻の兄弟を生ず。日辰は兄弟の長生。風水害のために凶作とする。なお、初爻の子、父母は未を化出。回頭剋となる。土用には晴れがあるとするが三爻辰才、五爻巳孫ともに空亡、さらに子孫は日冲されるので真空。マッタク悪い。大凶作。

④　秋田県の米作如何

丑月己亥日（辰巳）訟6―困

＝＝戌孫―亥官
━申才
━午兄　世
--午兄
━辰孫
--寅父　応

日辰官鬼、応爻の寅木父母を生合する。伏する亥官鬼とも合。すなわち雨の多き象。二爻の辰子孫は空亡。上爻子孫、妻財を生ずるも妻財は不旺であり、日辰と生合する父母のほうが強い。

実収少なしとする。凶作の部類に属するか。

占国

為国儲旺相安静必倉廩実府庫充無気則倉廩虚空

国家の経済とする。旺相安静ならば国の食貨足り国庫実するの象、無気空亡ならば国庫はカラの象。

占戦闘

為粮食在内旺相我之食足在外休囚則彼之粮空

物資糧食となす。世に臨み旺相すれば我れ必ず糧食余りあり、また応爻に附して休囚すれば彼の食糧不足の象。世応地を代われば反対である。軍需物資と見るも可である。

占妻妾　占父母

為用爻為忌曜其余推占亦不宜動動則生鬼也

疾病占においては妻妾の用神とし、父母を占うときに発動すれば尅傷する故、大凶となる。その他いずれの病占にてもこの爻発動するのは宜しくない。動けば即ち官鬼を助けるために病勢を増す。

忌曜とは忌神のこと。

6
官鬼用論

官鬼者尅我者為鬼也大抵為凶処多為福処少所畏者福徳所恃者妻財動則傷尅兄弟生扶父母然卦中雖凶而不可無但宜静不宜動

〔官鬼ハ我レヲ尅スル者ヲ鬼ト為ス也。大抵、凶ヲ為ス処多ク福ヲ為ス処少ナシ。畏ルル所ノ者ハ福徳デ、タノム所ノ者ハ妻財ナリ。動ケバ則チ兄弟ヲ傷尅シ父母ヲ生扶ス。然シテ卦中、凶ト雖モ無カル可カラズ。但、静ニ宜シク動ニ宜シカラズ〕

本宮の五行を尅する者を鬼とする。官鬼は百事災禍、阻滞（ソタイ）の神であるから普通の人事の占にあっては吉少く凶多しとみる。福徳とは子孫の爻であり、もし子孫の爻発動すれば能く官鬼を制尅する。故に一面災厄を除去するものの、もし功名、仕官の占にはその職を剝がれ、あるいは弾劾される畏れがある。妻財は官鬼の原神であり発動すればその勢を増す。また官鬼発動すれば兄弟を尅傷し父母を生扶する。しかしながら占卦中この爻が無いと甚だ不吉の兆とする。何となればこの爻、官鬼は権威の神であって、もしこの爻がなければ、破財神である兄弟爻はその勢いを擅（ホシイママ）にする。これを制するものが無いためである。故に静かで卦中に在るのを喜ぶ。

○商売、開業等如何と見るとき、世爻に官鬼附く。兄弟を尅する星をもつ故、見方によっては損はないと見るも、商売が思う通りに運ばない、諸事齟齬多く動きがとれないと見る。自由に行動できなかったり、刑罰に逢う心配もある。また商売を途中で止めるようになる。

○功名、仕官の占においては全くこの反対で吉占である。

占身命

帯貴人当為貴用加凶殺仍作鬼推遇吉必進禄加官逢凶亦喪亡疾病

〔貴人ヲ帯ブレバ當ニ貴トナスベシ、用イテ凶煞ヲ加フレバ即、鬼トナシテ推ス、吉ニ遇ヘバ必ズ禄ヲ進メ官ヲ加ウ、凶ニ遇ヘバ必ズ喪亡疾病トス〕

身命占には、この爻に天乙貴人を兼ねれば顕位に進む兆とし、また官職の上位にある人と見ることあり。用神に凶煞が附けば凶悪の人とし、または疾病がまつわるの身とする。生扶拱合あれば官禄をすすめ、あるいは官職につく象とする。尅制に逢えば必ず夭死するか、または病災の除き難い命の人といえる。尅制とは世爻に兄弟爻が附いて、官鬼発動して来尅の場合をいう。

○用神に官鬼つき天乙貴人つくときは身分の高い人、または将来顕位にすすむ人と見て間違いない。普通の人で応爻用神として白虎、官鬼がつき、または桃花殺が附いたときは凶人、悪人と見て間違いはない。

○身命占において世爻官鬼は持病ありとする。病気が離れない病身の人と見る。官鬼と生合拱扶有るときは、如何なる場合でも身上占でも官公庁に関係ある人か官公吏とする。

○世爻に兄弟つき発動する官鬼の尅に逢うのは凶である。

占婚姻

為夫旺相帯青竜吉神必聡明俊雅之人物加貴人必有勾当不然亦是官家子弟若在胎養沐浴爻上今雖未任地他日必貴最宜持世或臨陽象皆名得地

〔夫トナス。旺相シテ青竜、吉神ヲ帯ブレバ必ズ聡明俊雅ナル人物ナリ。貴人ヲ加フレバ必ズ勾當アリ、然ラザルモ又官家ノ子弟。若シ胎、養、沐浴爻上ニアラバ今ハ未ダ任地アラズト雖ド他日必貴。最も持世或ハ陽象ニ臨ムヲ宜シトス。皆、地ヲ得ルト名ズク。〕

○勾當　その任務を処理することをいう。辨事に同じ。

婚姻の占には官鬼を夫星とする。

もし旺相して青竜または他の吉神がつけば、その人必ず聡明で心事必ず高雅なる人物とする。白虎、その他の凶星を併附すれば無学で凶暴野卑の人とみる。天乙貴人が加われば必ず官人、官女とみ、さもなくば、官人の子弟と見られ、用爻と関連すれば今は官人でなくても他日官職に就く人とする。凡そ婚姻の占には官星陽爻で世を持し、妻財陰爻で応に臨むもの正順とする。これを称して地を得ると云う。ともに吉兆である。

○山天大畜の卦を縁談占で得たときは世爻に官鬼、応爻に妻財を持し「地を得る」と称して吉占である。「地を得る」（お誂らえむき）の意。

○女性が相談に来ての占官で官鬼に青、朱、貴人、干禄附せば夫星として吉である。

◎妻と彼女の三角関係

食堂経営者、若い女性と出来て、それが妻に知られてしまった。この女を世話して自分の運命を損ずることはないか（女とは切れたくない。問題は起こしたくないということである）。

寅月甲戌日（申酉）大畜16—升

〓寅官—酉孫
--子才
応
--戌兄
—辰兄
父午—寅官
世
〓子才—丑兄

初爻の子財発動して丑に化す。

合化したのであるが休囚しているから尅合である。この場合、回頭の尅の意のほうが強い（身を捨て、男に尽くすと見たい）。上爻寅木官鬼動いて酉金子孫の空亡に変わる。女性から見たとき、旦那の星は父母爻である（要注意、官鬼ではない）。世爻は陽にして官鬼を帯び、月建之に臨み旺相し、かつ旦那の星である父母が世爻に伏している。この女性は旦那に良く尽くす女とする。

応爻の子水妻財を妻とする。白虎を帯びている。怒っているのだ。

◇㋑　不変卦であれば、もちろん初爻が妻である。

㋺　卦身を見るとすれば、無卦身の卦に卦身が現れ、丑の卦身は移動があって初爻、青竜の子財に卦身があることになる。

サテ運命を損ねることはないだろうか。

女は世爻を生じ助けている。世爻は旺相して夫星の官鬼を持ち、干禄を持っている。上爻に寅木官鬼があり。妻の隣爻である。動いて空に化すのは、この妻、浮気を為す恐れ無しとする。この男性にとって運命を損ねること無しとする。四爻に騰蛇の日辰を持つ兄弟爻あり。子財を剋す。中間に焼き餅をやく人があるか！　目出タシ、目出タシ!!

◎参考占例

学校の先生の縁談占。同僚四人の女性中、誰を妻とすれば可なりや（本来なれば別占すべきであるが）。

寅月癸酉日（戌亥）剝

白			━	寅才
騰	兄申	世	‐‐	子孫
勾			‐‐	戌父
朱			‐‐	卯才
青		応	‐‐	巳官
玄			‐‐	未父

財爻、三爻と上爻にあり。三爻の卯才、日冲を受けて暗動、四爻の戌（空亡）と合する。これを一人の女

性とする。世爻に申兄伏す。同僚の先生故これも一人の女性とする。

三爻の女性は朱雀をもつ。旺相する故美人、体格も良く頭も良い。器用でもある。ただし、暗動して二爻の巳官を生ず。その男性と近々結婚することになるであろう。

上爻の女性は白虎を持す。上爻は遠方を意味するから田舎者？　雑な人、不器用、旺相する故、体格は良いのだが器量は良くない。世爻の隣爻にあり、世爻より生じられている。この女性が嫌いでないはず。(白虎の官鬼、白虎の妻財は縁談占においては健康に問題があることあり)(双方眼が弱い。すなわち視力が弱いので遺伝が心配とか)

次にこの男性に好意を寄せている女性として伏神の兄弟爻がある。その人と地位が同じか、受け持ちが同じか、あるいは同じような人とする。表面、温順で行動は目立たないが、内気で(伏神)、大胆な処あり(螣蛇の特性)。妻としては良くない。

さらにもう一人の女性を求めるとすれば、三爻卯財と合した四爻の戌父母より他にはない。勾陳で休囚、空亡。体格悪く頭も良くない。器量も落ちる。世爻を尅す処から世爻から愛されない。

上爻の女性を一番気に入る。しかし、世爻に子孫。すなわち官鬼の悪煞がつくゆえ、この四人のいずれとも結婚しないと見る。

世爻の子孫は夫になれないとするのである。

占産

為鬼六爻遇之皆不吉也若臨初爻産婦常災在二爻胞胎不安穏二爻帯鬼空亡因病堕胎

〔鬼ト為ス。六爻、之ニ遇ヘバ皆不吉ナリ。若シ初爻ニ臨メバ産婦、常ニ災アリ。二爻ニ在レバ胞胎安穏ナラズ。二爻、帯鬼、空亡ナレバ病ニ因リ堕胎〕

六爻中官鬼爻、どこにあって発動しても皆凶兆とする。もし初爻にあれば初爻は産母の爻位なので母体に災あり。二爻に附せば二爻は胎爻の位なれば胞胎安らかでない象。さらに二爻の官鬼、空亡にあれば病のため堕胎するの象である。

○この処は原則論として理解すれば可である。お産の占で官鬼爻の発動は必ず悪いとする。初爻にあれば母体に災を受けるとするも、また二爻にあれば必ずこのようになると判断しては早計である。原則ぐらいに覚えれば可である。ただし、官鬼の発動は、いずれにしても悩みありとする。

占官

為用爻旺相発動生扶父母文書易成其職必顕

〔用爻ト為ス。旺相発動スレバ父母、文書ヲ生扶シテ成リ易シ。其ノ職、必ズ顕ル〕

公務、官職の占には官鬼を以て用神とする。もし旺相して発動すれば文書の爻（父母爻）を生扶するから官試の如きは優秀なる成績でパスし、在官の人ならばその名顕揚します。

○官公吏の場合、世爻官鬼を帯びるか、または父母を帯びて官鬼爻の発動、生扶を受けるときは大いに吉とする。

○一般に就職占においては官鬼を重視し、財爻に特に注意。空亡を忌む。

◎ある人の官運

家人235―損

━卯兄
〓巳孫―子父　応
╍未才
〓未才―巳孫
×酉官―未才　世
━亥父

世爻、酉官鬼を帯び接続の生を受け、また世爻自身も回頭の生になる。この卦のようなときを最良とする。

◎将来の自分の教員としての運命

亥年寅月癸酉日（戌亥）帰妹

孫亥 --戌父 応
--申兄
才卯 —午官
--巳官 世
—未父
—酉兄

世爻巳官鬼をもち旺相して朱雀を持つ。上爻に亥子孫、四爻に卯財伏す。官途運は子孫を嫌う。亥の子孫は空亡。四爻に伏する卯妻財は旺相し日冲を受け暗動し飛神を生じている。これは直ぐ良くなると云えぬが逐次、昇進すると見て差し支えない（徐々に変化することも不変卦の特長であることも考慮して卦を読むこと）。

本年は亥年で世爻は歳破、来年子年は歳星より尅され、次の次の年、寅年は長生に入る。この年より逐次地位が上がると見る。五爻の申兄弟はライバルである。卦身をもつ。この人競争心があり。三刑あり。この人、世爻より地位の昇進は遅れそう。また将来、世爻とは疎遠になるかもしれない。

占訟

為官吏発動尅世官司不順我我必有輸名交重尅応他必遭責罰

〔官吏ト為ス。発動シテ世ヲ尅スレバ官司、我レニ順ナラズ。我必ズ輸名アリ交重応ヲ尅セバ必ズ責罰ニ遭フ〕

輸（ユ）　送る。ハコブ、致す、ツクス。負ける。

輸家　負けた人。

輸の反対語は贏（エイ）である。俗に勝負を謂って輸贏という。

訴訟占においては官鬼をもって裁判官とする。もし発動して、世、用神を尅せば裁判官、我れに対して良ろしくない。敗訴となる。また応爻が尅を受ければ彼、必ず敗訴あるいは責罰等に逢うことになる。

○発動しなくても官鬼より生じられるときは我れ有利なり。

○世、応五分五分のときあり。かかるときは日、月、動爻、間爻（証人）の向背を特に注意して見る必要がある。

占失脱

為賊在初爻為家賊二三爻皆隣里在外是外賊在六爻是遠処賊帯羊刃劫殺懸針強劫賊

〔賊ト為ス。初爻ニ在レバ家賊ト為ス。二、三爻ハ皆隣里。外ニ在レバ是外賊。六爻ニ在レバ是レ遠処ノ賊。羊刃、劫殺ヲ帯ブレバ懸針強劫ノ賊〕

失物の占には官鬼を以て盗賊となす。初爻にあれば家の中に賊ありとし、二、三爻にあれば隣家・近隣の人と為る。その情を審らかにして之を決するのがよい。

外卦にあれば、すべて外来の賊とし上爻にあれば遠方より来た賊とする。

羊刃、劫殺等を併附すれば凶器をもった凶賊とし、官鬼の爻をもってその相貌を察し（六獣）、旺衰を以て年配を定める。

○凶器をもった強盗は羊刃。劫殺よりも白虎を以て判断するのが可と云う意見あり。

◎相当量の衣類が盗まれた。誰が盗ったか

寅月癸酉日（戌亥）恒12―豊

--戌才
応
--申官
―午孫
―酉官
世
兄寅〓亥父―酉官
×丑才―亥父

世爻にある酉官鬼、これを盗人とする。また二爻に酉官鬼化出する。世爻に官鬼つくは多くは不注意により盗まれたものとする。

日辰の官鬼世爻に臨むは内部のものとする。

初爻の丑の妻財動いて亥父母を化出する。二爻の亥父母は空亡だが動爻であるから空亡としない。この賊は亥の方角にある空亡である父母（二爻は宅爻であるから家とする）すなわち借家（空亡）あり。青竜であるから体裁の良い家。これに住む人か、その家に家族同様に出入りしている人と見る（間借りか下宿か）。

この男日辰をもつ。悪知恵あり。休囚して日辰を持つ故、壮年の人とする。初爻を足とする。空亡の亥を化出する。空亡、あるいは多少足の不自由な人か？。

盗品はすべて金に換えたものと見る（初爻の丑財動く。財爻発動すれば必ず父母を剋す）。

二爻に寅兄伏す。亥父母と合するは多少はこの兄弟の処に換金せずに残してあるか。内卦故に近い処とする。

妻財爻と父母が動く。家の中の誰かと組んでやったもの（女）と思われる。
盗品には玄武が附くこと多し。故に丑財を盗品とする。

◇年齢判断について――休囚の爻では老齢になるが、日辰が附き発動したため壮年と見たのである。

占求財

為牙人若落空亡及不上卦必無説合之人

〔牙人ト為ス。若空亡ニ落ルカ卦ニ上ラザレバ必ズ説合ノ人無シ〕

牙人　仲買人、口入人、世話人、仲介者。

求財、商売等の占には、この爻を以て仲継人とする。もし空亡に落ちるか伏蔵休囚するときは仲介者なしとする。出資金を求める占においてもまた同じ。

出行

為阻滞若持世在上衰則卒難起脚旺相多是去不成

〔阻滞ト為ス。若シ世ヲ持シ上ニ在リテ衰フレバ則チ卒ニ起脚シ難シ。旺相ハ多クハ是レ去ルモ成ラズ〕

旅行、商用の旅の占には官鬼は憂疑阻滞の神である。もし卦中にあって世に附せば支障を生じて旅行に上り難き象とする。この爻旺相しても他に吉象が無ければ不吉とし、旅行に出ても多くは目的を達し難い。世爻に官鬼を帯ぶれば必ず行かれないと見る。また、出発しても目的地に達することが絶対にできないとする。タトエ日辰子孫であっても充分に旅行の目的を果たせないものと見て良い。

占家宅

帯貴人青竜者為銭神旺相得地必主銭財堆積如白虎喪門弔客病符者須防疾病喪亡帯朱雀官符者必有官災口舌非横之事若臨玄武必有盗賊侵入亡失財畜若併螣蛇発動必有怪異虚驚

〔貴人、青竜ヲ帯ビル者ハ銭神ト為ス。旺相シテ地ヲ得レバ必ズ銭財ノ堆積ヲ主トス。如シ白虎、喪門、弔客、病等ノ如キ者ハ須ラク疾病、喪亡ヲ防グベク、朱雀、官符ヲ帯スル者ヘ必ズ官災、口舌、非

横ノ事アリ。若シ玄武臨マバ必ズ盗賊ノ侵入アリテ財蓄ノ亡失アリ。若シ螣蛇ノ発動ヲ併スレバ必ズ怪異虚驚有リ〕

家宅の占には貴人青竜の如き吉星を附すれば之を銭神となす。地を得るとは官鬼世爻に附し、妻財応爻に附くを云う（前掲の山天大畜の卦を参照）。両爻旺相すれば財貨来たりて聚畜する象。白虎、官鬼に附けば主人病気、あるいは不幸がある象となる。

（喪門、弔客、病符、官符等の神煞は占験無し、用いては不可である）。

朱雀が附いて動けば官災、口舌のことがあるか予想外の椿事起こることがある。

玄武が附いて動けば盗賊を防ぐこと。

螣蛇が附けば怪異、虚驚のことがある象とす。

○あの家は如何と見るとき、官鬼が何処にあったなら良いのか。世爻に官鬼、応上に妻財あるを最上とするのである。応爻が旺相していれば銭財ある象とし、世応ともに旺ずれば最上、そのうえ青竜貴人が附けば財宝無限なりと見る。

○白虎がつく。身分卑しくも資産家なり。金の蓄まる家相なり。

○家相を占して官鬼に白虎が附す。夫が必ず死ぬとは限らない。病気がちと見る程度。傷あれば死も考慮しなければならない。

◇家宅占と家相占とは、はじめの設問に違いあり。同一にしてはよくない。
朱雀の官鬼発動―官災口舌あり
玄武の〃　〃―盗難に注意
螣蛇の〃　〃―驚き事デマあり
○タトエ発動しなくとも官鬼旺相のときに起きることあり。注意すべし。

占行人

為鬼若刑害用爻在路非官即病兼防失脱

〔鬼ト為ス。若シ用爻ヲ刑害スレバ路ニ在リテ官ニ非ラザレバ即病ナリ兼ネテ失脱ヲ防グベシ〕

行人、商売の占には官鬼爻を以て災禍の爻とする。

もし三刑六害等を併附して世爻あるいは用爻を剋するときは、途中必ず官災に逢うか、また病に罹る。あるいは失物、盗難に遇うを防ぐこと。

◎旅行している人の安否占

観²—渙

━卯才
━巳官
--未父　世
--卯才
×巳官—辰父
--未父　応

応爻用神として父母を帯び官鬼発動すれば官鬼は応爻を助ける。このようなときは先方に行っている人は無事であるが、先方に災害（この場合は火難か？）あり、帰りが遅れるとする。

○その人に被害は無いが、何かあるとするのである。

○官鬼動く。必ずその人に災あり。

占移居

為悪客若逢発動移後必見災殃終無吉利

〔悪客ト為ス。若シ発動ニ逢ハバ、移後必ズ災殃ヲ見ル。終ニ吉利無シ〕

官鬼は本来災禍の神である。移転の占には悪煞となる。この爻が発動すれば移転後、必ず何らかの災殃があることが予想される。移居はよくない。

占田蚕

為禍害六爻逢之皆主不吉

〔禍害ト為ス。六爻之ニ逢ヘバ皆不吉を主ドル〕

占国

為乱臣賊子帯殺加刃須防兵革之興

〔乱臣賊子ト為ス。殺ヲ帯ビ刃ヲ加フレバ須ラク兵革ノ興ルヲ防グベシ〕

官鬼は乱臣賊子の爻である。国家の占において、この爻が権を帯びて発動し、さらに劫殺羊刃等が加われば必ず乱動、クーデター等の起こる象とする。

○殊に世爻を剋されるのは良ろしくない。応爻に臨み外卦にあれば必ず外国に兵乱が起きる。我れに利害を及ぼす所を察するには世爻に対するその生剋冲合を見ること。

疾病妻占夫

為用爻

〔疾病ニテ妻が夫ヲ占フ。用爻ト為ス〕

妻が夫の疾病を占するには官鬼用神とする。

疾病占兄弟

為剋殺其爻旺相疾病必危

〔剋殺ト為ス。其ノ爻旺相ナレバ疾病必ズ危ナリ〕

兄弟を占するには尅殺となる。

官鬼爻旺相すれば疾病必ず重い。

総て疾病占には、この爻を病症とする。旺相すればその病は必ず重く、休囚すれば軽し。伏すればその病症知り難い象とする。


◉妻より夫を占するには、この爻（官鬼）を用神とする。この場合は病爻と見てはいけない。兄弟の病占には（官鬼は）忌神なるが故に発動して他の生助がなければ必ずその身危うい象とする。

病人の占に官鬼、旺相は病気が重い。伏するときは病症、原因知れず（コレ特ニ験多シ）。また官鬼、子孫ともに伏するときは病名わからず、薬の用い方もわからない。


◉夫の占、官鬼旺相は体力ありと見る。元神の妻財に傷ありや否やが大切になる。妻財が化絶、化尅するときは官鬼旺するも夫の病は治らず死ぬと見る。妻財力あって子孫発動するときは夫の病、軽しと見る。妻財力なく子孫発動するは凶である。

あくまで妻財爻の力の有無がポイントになるのである。


◉兄弟の占、官鬼弱く兄弟爻力あるときは病は治りやすい。その反対のときは治りにくいと見れば良い。

占風水

為伏屍看臨何神便知落在処已葬来占亡者帯青竜吉神不動亡者安而獲福加凶殺白虎逢空者亡者不安生人有禍

〔伏屍トナス何神ニ臨ムカヲ看ル。便チ何処ニ在リ已ニ葬サレ来ルヲ知ル。亡者ヲ占フニハ青竜吉神ヲ帯ビ動カザレバ亡者安クシテ福ヲ得。凶煞ト白虎ヲ加ヘ空亡ニ逢ハバ安カラズ。生人必禍アリ〕

○風水＝方位、観相、マタ墳墓ノ地ヲ相スル術

墳墓、亡者の霊等を占うには官鬼の爻を屍体または亡霊とする。その死、何処においてであろうか。また死因等を察するには五行六獣を使う（これは用神によって見るほうがよい）。

官鬼動かず、青竜、吉神を帯びれば、その霊安らかにして、その遺族、家人等の幸福を冥護し、白虎、凶煞を帯びるか、また空亡に入るときはその霊は浮かばれないで生者に災祟を為す。

官鬼――青竜、吉神が旺相する〈霊界において子孫の幸福を祈っている。安らかに永眠〉

官鬼――白虎、螣蛇、凶煞、空亡、絶〈霊魂が迷う〉

墓相祟り

官鬼が青竜、貴人、旺相して傷なければ吉。

空亡、凶煞、日、月、動爻の冲尅は凶。世に及ぼす影響を見て、何の祟りかを見る。

戦死、何処で死んだか。

兄弟、子孫、官鬼（夫）各用神を見る。内卦で官鬼発動は内地に近い処、間爻にあって動いて墓絶に変わるときは途中、あるいは退却のとき。あるいは赴任の途中、帰途。

第2部

通玄賦通解

易爻不妄成神爻豈乱発体象或既成無者形憂色

〔易爻妄成セズ。神爻アニ乱発セン。体象或ハ既ニ成ル、無キ者ハ憂色ヲ形ス〕

易の卦爻は理の自然より出る。故に卦中の五類の動静は皆神明の感格で干支五行の原則を以て示されたものである。故に得卦の中には必ず占的に応じて天機が表示されるものである。用神は最も主要なる主体であるから卦中第一に究めることを要す。伏蔵して現れないもの、あるいは出現しても空亡、月破、墓、絶に逢うものは皆、あっても無いに等しい。よって諸占皆不吉である。故に無いものは憂色を形すと云う。

始須論用神次必看元神三合会用吉禄馬最為良

〔始メ須カラク用神ヲ論ジ次ニ必ズ元神ヲ看ル。三合用ニ会スレバ吉。禄馬ヲ最モ良シトス〕

占に当たって、まず用神を定めること。用神が決まれば、その旺衰を見、次いで元神の動静および日、月他爻の干渉を精察する。もし卦中、三合があって用神の局に会局し、また発動の元神に会局すれば諸事大吉の象である。

禄馬のような吉神も用神に附し、あるいは元神に附くときはもちろん吉象であるが、冲剋等の爻に臨めば反って凶である。

◇神煞は、

①　占日の十二支で見るものに駅馬、劫殺、咸池殺（桃花）があり

②　占日の干で見るものに貴人、禄官（十干禄）、羊刃があり

③　占月の支で見るものに天医、往亡がある。

神は吉神と見、煞（殺も同じ）は凶神と見る。それぞれ用い方がある。以下、神殺を活用した占例を挙げる。

◎男性が来ての質問

女サンを手離したくない。事務を手伝わせて傍に置く。または親元へ返す。何れが良いか。

①　事務員とする

卯月丙申日（辰巳）蹇4―咸

⚋子孫
⚊戌父
✕申兄―卯才　世
⚊申兄
⚋午官
⚋辰父　応

世爻に申兄が附き、卯妻財を化出する。伏している卯才が飛神に出て来る。これをこの女性とする。世爻は日辰の申である。その世爻が今、動いて女性が出て来る。女性はどこまでもついて来る。傍へ置けば長く面倒を見てやれる。

②　親元へ返して、自立できるように習いごとでもさせてやる

卯月丙申日（辰巳）坤６―剝

青×酉孫―寅官
　世
玄--亥才
　--丑兄
　--卯官
　応
　--巳父
　--未兄

世爻は酉金子孫を持って寅木官鬼を化出する。化絶であるが日辰、申であるから化出爻を剋沖して化絶、回頭剋の意味を弱める。世爻の力は弱くならない。五爻の亥才、卦身をもち玄武をもつ。寅官には駅馬がついて亥寅の合となる。

坤為地は六冲卦である。爻に合を帯びて冲中合である。世爻は、青竜、駅馬、桃花をもち亥寅の合、すなわち親元に足をハコブ象である。

応爻に卯官あり我れと冲。我れ桃花を持ち冲される。玄水妻財は卯木官鬼を生ずる。この女性と通ずる男性が出てくるかもしれない。亥水妻財は玄武を帯びる。応爻に卯、初爻に未ある。よって七月には三合が働

くようになる。すなわち男性ができるかも。

③　しからば、この女性と上手くやって行くには如何したら良いか

卯月丙申日（辰巳）艮3―剝

━寅官
世
╍子才
╍戌兄
〓申孫―卯官
応
╍午父
╍辰兄

応爻に世爻を冲する申子孫あり。日辰を帯びる。動いて卯官を化出する。世爻は寅木官鬼を帯び駅馬がつき、青竜が附く。

女は五爻の子妻財であって玄武をもち、世爻の隣爻にあって世を生じる。この女は誠意ある女とする。

応爻に日辰の申子孫が附き、卯官鬼に変わる。これは男として女に生じられる象とする。

（これは子孫が世爻の悩みを解いてくれることが一ツ。女を主とした占であるから申子孫が五爻の子財を生じ、子財は世爻を助けると解釈できる）

また、応爻の忌神、世間が卯官鬼に変わる。隣爻の戌兄と合、この間爻をウルサイ人とも考える。反対する人も諦めるとする。静かになるとする。

女は隣爻にいる。手近において離さぬことが必要。また、この女に近づく他の男（応爻化出の卯官鬼）は、この女と子―卯の刑。さらにこの男は戌の兄弟と合。他の女に想いを寄せるようになる。

この女は玄武をもっている。色っぽい女、知恵のある女。五爻にあるから、この世爻の男にとっては重要な女とする。相当のヤリ手の女とも考えられる。

◇①　反対する者は子孫が官鬼となる。悩みとなる。渋滞する。化出の卯と戌は合。冲中合になるとも見る。

②　五爻の女、玄武。ヤリ手、考え深い女等々。

（玄武はある意味では知恵の星である。旺相する。または日辰より生じられ五爻にある如き力のある玄武は知力の星であり軍師の星である。多くの断易書が玄武の良い面を見落としているのはコッケイである）。

③　独発は化出爻に重点を置くべし。

◎求占者は実業家である

アジアの某国において、取引で受け取った小切手が不渡りになった。

しかるべき対応の後、法的処置を取ったのであるが、不渡りの小切手の振出人（現地の商人）は当然、苦境に立たされることになる。

そこに思いがけないことであるが暴力団が登場してきた。

その連中は刃物等を使うこと等は全く平気である。日本もこのところ、随分と物騒になってきたようであるが、平成ボケでピンフな日本とは比較もできない。現地の使用人を家族がらみで脅迫したり、乗用車を壊したりして法的処置の撤回を迫るのであるが、世爻の事業家はそれに応じない。

占的―突然そのブッソーな連中から本日、東京の事務所へ伺いますという電話が入って来た。ヒコーキで数時間で東京まで来れるのだから始末が悪い。
『本当にその連中は今日、押し掛けて来るのか！』

卯月辛丑日（辰巳）大有14―蠱

━丑父
応
╍卯才
〓巳官―戌父
━辰父
世
━寅才
〓子孫―丑父

安心の星である初爻の子水子孫爻は発動して丑父母を化出する。休囚する子孫爻であるから（子―卯の刑もある）子―丑の合の吉は取れない。土剋水の剋合、または回頭剋の凶を取ることになる。また日辰の丑とも剋合。上爻の応爻も丑を持つ。これともまた子―丑の剋合。したがって、子孫爻は手足を縛られたも同然で官鬼を剋する力は発揮できない。

二爻の寅財は卦身、玄武をもって劫殺を附す。劫殺こそギャングの星である。妻財に劫殺が附く。金に絡む意味である。二爻は宅爻である。また、本日は丑日、明日は寅日、これは明日、事務所に押し掛けて来るぞという神示である。

日辰卦に入れば、その爻は発動しなくても動爻に準じて考えて良いことが多い。旺相して日辰を持つ寅才は木剋土と世爻を剋すのである。

幸いなことに世爻は青竜の吉神が附いて空亡。空避である。空伏墓中に凶を避けている。絶対に安心して良い。まじめに取り合わないで、オトボケで（空亡）いるように助言した。実際には近所のお宮さん（青竜）へお参りに行った一寸の留守（空亡）の間に数人が押し掛けて来て、テレビを壊し、室内や机上を荒らして引き上げたという。

留守番の社員が一一〇番したのはもちろんであるが、テレビドラマの警察もののような動きをお巡りさんに期待できるはずも無い。人間には全く被害は無かった。世界は狭くなったものである。

それにしても〝劫殺〟恐るべし！

爻動始為定次者論空亡六冲主合併刑尅倶主傷

〔爻動カバ始メテ定トナシ次ハ空亡ヲ論ズ。六冲ハ合併ヲ主トス。刑尅ハ倶ニ傷ヲ主トス〕

爻の動変を見て吉凶を定め、次に空亡の爻を見る。六冲卦は事冲散する象であるが、合を得れば事の成るを意味する。併とは日辰卦中の爻に臨むを云い、然るときは冲に逢うも破とせず。尅を受ける爻を忌神と云う。発動すれば大凶であって三刑を見てもまた傷とみる。

前例の艮為山、三爻変は日辰応爻に臨み、世を尅冲する力大なりと見る（動かなければ然り）。今、動いて官鬼に化す。反対者は思う通りに進めず、反対することを止める。故に反対者は男の女との仲をサクことができないと見たのである。

六冲卦であっても日辰を帯びる爻は破れない。例えば酉日占で世爻用神、坤為地の得卦の場合、世爻は日辰の酉を帯ぶ。六冲卦だが破れとならない。

前例、艮為山の三爻変で忌神発動官鬼化出て、世爻は心配ナシとしたが、もし他の卦で忌神回頭生とでもなるときは、世爻はもちろん、その尅冲を受けることになる。

世応倶発動必然有改張竜動家有喜虎動主有喪

〔世応倶ニ発動スレバ必然改張アリ。竜動カバ家ニ喜アリ。虎動カバ喪アルヲ主トス〕

世応両爻ノミともに発動すれば必ず事に更革がある兆なり。青竜発動の爻に附し、用爻に生合すれば一家に喜びある象とす。また白虎忌神に附し発動すれば甚だ凶兆で、あるいは家中喪事あることあり。

◇世応両爻ノミ発動するときは改張ありとは、判断の目標自体が変更される、占う事柄が転変する等、要するに占的そのものが今までのことが終了して新しいページを捲るように新事態が出現することが多いのである。験、甚だ多し。

◎元政府高官だった人に資金を出して利があるか

卯月乙未日（辰巳）泰36—損

×酉孫—寅官　応
--亥才
--丑兄
〓辰兄—巳父　世
—寅官
—子才

世爻動いて空より空。応爻酉孫は良い仕事のようだが、発動して寅木官鬼を化出、化絶である。儲けるところではない。官鬼に化するのである。災難が来る。動きが取れなくなる。（六合卦）

勾陳朱雀動田土與文章財動憂尊長父動損児郎

勾陳は田土の神、朱雀は文章の神。故にこの神が動けば田土に関することかまたは文章、証書等に関する問題が起こると判断することあり。妻財は父母の忌神であるから妻財爻動けば尊長、父母の病災を防ぐべし。同様に、父母は子孫の忌神であるから、父母の発動を見れば子孫の難を注意すべき象とす。

子動男人滞兄動女人殃出行宜世動帰魂不出彊

〔子動ケバ男人滞ル。兄動ケバ女人殃アリ。出行ニハ世ノ動クニ宜シク帰魂ハ彊ヲ出デズ〕

子孫動けば官鬼を尅す。官鬼は男子の象、転じて男子の功名に阻滞があるのを云う。兄弟動けば妻財を尅す。故に妻妾、女子に禍あるを云う。

自ら占して世爻動けば、もと更改ある兆で吉を以て推すべからず。ただし、出行には事に滞りなき象とす。待人の占に帰魂卦を得れば行人迅速に帰郷す。

彊　疆に同じ、界なり。

「帰魂不出彊」とは出迎えの人が村の境の外へ出ないうちに行人が帰って来るの意。

◇彼は当選するやの占で応爻用神で応爻に父母あるとき、子孫動いて回頭の生になる。これは官鬼を尅す。すなわち名誉の星ツブレ、父母の元神ツブレ落選とする。

○応爻に子孫附く。これも落選。

○待人占

遊魂卦を得るはなかなか帰らない。帰魂卦は速い。

用動値三合行人立回荘占宅財竜旺豪富冠一郷

〔用動キテ三合ニ逢ヘバ行人立チドコロニ荘ニ回ヘル。宅ヲ占ッテ財竜旺ゼバ豪富一郷ニ冠タリ〕

行人の占、用神三合に逢い、用爻動けば、その人タチマチ家に帰る。家宅の占、世爻財を帯び青竜、旺相して元神もまた傷なければ、その家必ず一郷に冠たる富豪と見る。

父母爻興旺為官至侯王福神若持世官訟定無妨

父母爻は官鬼に生ぜられる爻であって、また、文学、印綬の神とす。故に旺相して発動すれば官に就き、将相の高位に登る象とす（回頭剋は不可）。

福神とは子孫の爻を云う。もし世爻に臨めば平和を喜ぶ吉神故に、官事、訴訟に凶咎なきを云う。

勾陳剋玄武捕賊不須忙父病嫌財殺財興母不長

〔勾陳玄武ヲ剋サバ賊ヲ捕フルニ忙ヲ用イズ。父ノ病財煞ヲ嫌フ。財興ラバ母長カラズ〕

勾陳は土に属する官星、玄武は水に属し、また賊の象。故にもし発動して之を剋するときは賊を容易に捕捉できることを云う。ただし、勾陳子孫爻であること。

父母の病気は財爻発動し悪煞を帯びれば最も凶兆なりとす。

◇父母等の病いに父母が悪煞がつく、または忌神の妻財に悪煞がつくは、いずれも凶なり。

悪煞とは、白虎、玄武、桃花煞のこと。

勾陳を牢舎とすることがある。世爻に官鬼、勾陳がつく。牢舎、刑務所等に入るとする。

無鬼病難療鬼旺主発狂請看考鬼曆禱謝得安康

〔無鬼ナレバ病難療、鬼旺発狂ヲ主トス。請フ鬼曆ヲ看考シ禱謝スレバ安康ヲ得ン〕

官鬼はもと病症の爻である。しかし、卦中に出現しないときは、かえって病症を知り難く、医療を施しにくい。官鬼伏すは医者も病名わからないことが多い。鬼曆とは過去帳のこと。日辰官鬼を帯び世用が剋されるごときは、多くは死者の霊あるいは神の祟りとする。故に祈禱、奉謝、供養等を為れば、その禍咎を除くことができる。

この後半の処、疑問。否定したい処であるが、断易はしばしば、祟禍を示すことあり。

全部を否定することもできない。ムズカシイ。

占婚嫌尅用占産看陰陽若要問風水三四世吉昌

〔婚ヲ占フ用ヲ尅スルヲ嫌フ。占産陰陽ヲ看ヨ、若シ風水ヲ問フヲ要セバ三四ノ世吉昌〕

婚姻の占には官鬼を夫とし、妻財を妻とするは定例であるが、弟妹の婚姻には兄弟を用爻とし、子供の占には子孫を用爻とする。すなわち、その用爻が尅を受けるのはよろしくない。

生産の占、男女は子孫爻の支の陰陽を以て決める。墳墓の占には三四爻に世臨むを吉とす。

◇生産の占で男女の性別を陰陽で判別するのは困難である。

○墳墓の占、世爻が三、四爻に臨むを吉とする。これは天人地の人爻の位置に相当するためか。

① 妹をある男に嫁入りさせる可否―兄弟用神なり。

② 妹がある男に嫁入りすることに決した。而してその結果如何―妻財用神なり。

長生墓絶訣卦卦要審詳万千言不尽略挙其大綱分別各有類無物不包蔵

〔長生墓絶ノ訣ハ卦々審詳スベク、ソノ他ノ断理ハ千万言ヲ費スモ尽スクベカラズ。ヨッテソノ大綱ヲ挙ゲルモノナリ。分別ハ各々類アリ。包蔵セザルモノ無シ。〕

◎事業家来る。某氏との協力事業如何。当人はなんとなく気が進まぬと云う。

辰月丁巳日（子丑）升145―夬

- -酉官
×亥父―丑才
×丑才―卯兄
世
━酉官
━亥父
×丑才―子父
応

世応ともに空亡、双方誠意なし。

応爻空亡より空亡。子―丑合の吉は取れない。日辰巳であるから土爻の丑から見て巳は絶であり化出爻の子は水爻であるから、それから見ても日辰に絶である。すなわち応爻は絶地より絶地に化したわけで（水土一体）、タトエ発動しても真空である。

世爻とて同じことである。空亡で、日辰に絶、動いて回頭剋、卯兄を化出する。兄弟は勤労、労働の星である。すなわち、骨を折って草臥れ損になる象である。この仕事は適当な処で打ち切ることが賢明である。

◎金を持っている人あり。この人より融資を受けられるか。

辰月丙辰日（子丑）大蓄6―泰

〓寅官―酉孫
--子才 応
--戌兄
━辰兄
━寅官 世
━子才

応爻を彼とする。子才を持ち休囚して空亡。日辰、月建ともに兄弟爻。その日辰の墓、月建の墓に入る。彼はそれほど金を持っていないとする。三爻四爻に辰、戌の兄弟爻あり。この人、金があったにしても現在は諸方に出てしまっているか、損してしまっているか、ともあれ手許には無い。

上爻の寅官鬼動いて酉孫を化出する。酉孫は桃花煞をもっている。しかし日辰、月建、また三爻の、日月臨む辰の兄弟の爻と合す。化出の酉が合するのである。

彼は友人か兄弟かの仕事に金を出して悩んでいるとする。応爻は寅官鬼（官鬼は阻滞の星）を持し、それが悪煞を持つ子孫爻を化出し兄弟と合するためである。なお、之卦は六合卦である。この出て行った金はなかなか回収できない。結局は融資の申し入れは不調に終わると見る。

応爻の子才は休囚、日月の尅、日月の墓。五爻にあって位ある財といえども無気、無用の空亡爻であるからである。

第3部

碎金賦通解

◎子動生財　不宜父擺

〔子動カバ財ヲ生ズ。爻爻ノ擺スルニ宜シカラズ〕

子孫動けば財を生ずるも、父母動けば子孫その尅を受ける故、妻財にとってはその根底を傷つけられて、かえって大凶となる。

『商売の見通し如何』と云う占で世爻に妻財つくも父母、子孫動いた。半年後、売上げ半減した例あり。

擺（ハイ）開なり、揺り動かす。（左右に往復するを擺と云う。時計の分銅、渡船等）

この処の擺は発動の意味である。

兄動尅財　子動能解

〔兄動カバ財ヲ尅ス。子動カバ能ク解ク〕

兄弟発動すれば当然、妻財を尅す。同時に子孫動かば兄弟は子孫を生ずるに力を専らにし、妻財はその尅を免れ、元神、子孫の力は倍加して妻財を生ず。『貧生忘尅』『接続の相生』の意である。

財動生鬼　切忌兄揺

〔財動カバ鬼ヲ生ズ。切ニ兄ノ揺ヲ忌ム〕

子動尅鬼　財動能消

〔子動カバ鬼ヲ尅ス。財動カバ能ク消ス〕

父動生兄　忌財相尅

〔父動カバ兄ヲ生ズ。財ノ相尅スルヲ忌ム〕

鬼動尅兄　父動能泄

〔鬼動カバ兄ヲ尅ス。父動ケバ能ク泄ス〕

鬼動生父　忌子交重

〔鬼動カバ父ヲ生ズ。子ノ交重ヲ忌ム〕

交重ハ動ナリ。交とは老陰の動変で陰変じて陽となる。重とは老陽の動変で陽変じて陰となる。

財動尅父　鬼動能中

〔財動カバ父ヲ尅ス。鬼動カバ能ク中ス〕

兄動生子　忌鬼揺揚

〔兄動カバ子ヲ生ズ。鬼ノ揺揚ヲ忌ム〕

父動尅子　兄動無妨

〔父動カバ子ヲ尅ス。兄動カバ妨無シ〕

（官鬼用神）　小畜23―益

━卯兄
━巳孫
╍未才　応
官酉〓辰才―辰才
〓寅兄―寅兄
━子父　世

二爻の兄弟、三爻の妻財動く。二爻は三爻を尅し官鬼は原神の力を受けることができない。用神たる官鬼にとっては凶。

（官鬼用神）　解23―小過

╍戌才
╍申官　応
━午孫
×午孫―申官
〓辰才―午孫　世
╍寅兄

二爻の妻財、三爻の子孫動く。三爻は二爻を生じ、二爻は用神官鬼を生ず。官鬼にとっては大吉。

子興尅鬼　父動無妨　若然兄動　鬼必遭傷

〔子興ラバ鬼ヲ尅ス。父動ケバ妨ゲナシ。若シ兄モ動ケバ鬼必ズ傷ニ遭フ〕

この文は官鬼を中心に考えたもの

財興尅父　兄動無憂　若然子動　父命難留

〔財興ラバ父ヲ尅ス。兄動カバ憂無シ。若シ子動カバ父命留メ難シ〕

この文は父母を中心に考えたもの。

父興尅子　才動無事　若是鬼興　其子必死

〔父興ラバ子ヲ尅ス。財動ケバ無事ナリ。若シ是ノ鬼興ラバ其ノ子必死〕

（子孫用神）

損356―需

⚌寅官―子才
応
×子才―戌兄
- -戌兄
×巳父―辰兄
世
━未兄
━酉孫

三爻、父母動くときは子孫剋される。五爻の才もまた動くときは、子孫の忌神は傷ついて子孫は安泰。しかし、上爻の寅官鬼発動するときは、妻財―官鬼―父母と接続の生となり、勢を得た父母は大いなる力を以て子孫を剋す。その子、必死とする。

鬼興剋兄　子動可救　財若交重　兄弟不久

〔鬼興ラバ兄ヲ剋ス。子動ケバ救フベシ。財若シ交重スレバ兄弟久シカラズ〕

この文は兄弟を中心に考えたもの。

兄興剋財　鬼興無礙　若是父興　財遭剋害

〔兄興ラバ財ヲ剋ス。鬼興ラバ礙ゲナシ。若シ是レ父母興ラバ財剋害ニ遭フ〕

この文は妻財を中心に考えたもの。

本文皆言生尅制化之理　以明凶中蔵吉吉内蔵凶耳　如金動本生水也　得火動則制金而金不能生水矣　如火動可尅金也　得水動則制火而火不能傷金矣　如金逢火動則受尅也　得土動則火貪生于土　忘尅于金　名為貪生忘尅　金反吉也　如火動尅金而土爻安静　更逢木動木助火尅　金必凶也学者宜按五行生尅制化推之吉凶了然矣

付録
『断易のUFO』作成のおすすめ

断易の勉強の第一歩は、
五行（木火土金水）
五類（父母、兄弟、子孫、妻財、官鬼）
五神（用神、原神、忌神、仇神、制神）
の相関関係を確認する処から始めるのが良い。そこで、その手段のひとつとして断易のＵＦＯの手作りをおすすめします。

◆材料はボール紙を使用する。
①大中小の円板を三枚作成し、中心に小穴を開け、円周を五等分する。
②一枚目＝木・火・土・金・水と五行を円周に沿って右廻りに梅花の形に書き入れる。
③二枚目＝父母。兄弟。子孫。妻財。官鬼。と五類を前同様に右廻りに梅花の形に書き入れる。
④三枚目＝用神。原神。忌神。仇神。無名の処。と前同様に梅花形に、ただし今度は左廻りに書き入れる（色とりどりにペイントすれば一層効果的である）。
⑤相生＝青色の矢印で記入する。
即、木生火。火生土。……父生兄。兄生孫。……原神生用神。忌神生原神。仇神生忌神……
⑥相尅＝赤色の矢印で記入する。
木尅土。土尅水。……父尅孫。兄尅才。……忌神尅用神。仇神尅原神。……

中心の小穴にマッチ棒でも入れて回転なされば、断易の生尅制化の原則、あるいは接続の相生。貧合忘尅、絶元殺等、容易におわかりになると云うものであります。
これは自分で鋏を使い、文字を記入して作る処に意味があると思います。

＊　　＊　　＊

用神が生ずる神。仇神の原神。無名の処は諸口悦久（もろぐちえつひさ）先生は**制神**と、大熊光山先生は**閑神**と呼んでおられたようであります。その周辺の処を諸口悦久先生の御著『納甲易秘眼』から抜萃して見ます。

『原神ハ用ヲ生ズ
仇神ハ忌ヲ生ズ
忌神ハ用ヲ尅シ原神ヲ生ズ
仇神ハ忌ヲ生ジ原神ヲ尅ス
制神ハ忌ヲ尅ス
忌神動ク時、原神モ共ニ動ケバ接続相生シテ用神ノ根元固キナリ。若シ原神ガ発動セザレバ用神ガソノ尅ヲ受ク。強弱ハ旺衰ニ因ル。原神ガ動ケバ用神ヲ生ズ。サレド仇神モ共ニ発スレバ原神傷キ用神ヲ生ズルヲ得ズ。若シ此ノ時、忌神モ共ニ発動スレバ仇神ハ尅ヲ忘レテ忌神ヲ生ジ、忌神又原神ヲ生ジ、原神ハ用神ヲ生ジ、ソノ流レ遠ク深ク根元尽クルコトナキ大吉象ナリ。』

断易あらかると

鷲尾 明蘊

断易あらかると 1

上爻について

『天玄賦通解』の総論の中には注を二ケ所、付けてあり、それは

（注1）上爻を遠方とする他に現在の仕事関係以外の考える事あり。

（注2）いかなる占においても世、応は必ず注目する習慣をつける事。

右の二つであります。今回はこの（注1）の上爻に対する見方、考え方について勉強したいと思います。

上爻は遠方と見、神霊の位と見、御隠居さんの位と見るのが普通であります。

①解

才戌	⚋		
官申	⚋	応	
孫午	⚊		
孫午	⚋		
才辰	⚊	世	
兄寅	⚋		父子

女性が来て、現在付き合っている男性と結婚出来るか、と言う設問で雪水解を得た時、その女性はもちろん、世爻の辰才であり応爻申官が相手の男性である。両人は申子辰と三合が取れて御縁がある男女ではあるが、伏神の子の父母は飛神の寅兄を水生木と生じ、せっかくの申子辰の三合のエネルギーは寅午戌の三合に流れて行ってしまう事が多いのであります。

上爻の戌才は申官の比爻にあってすぐ近くで申官を生ずる。この戌才は他に交際している女性か、親が息子の嫁にしたいと考えている女性である事が多い。

この上爻は、今考えている以外の他の女性の意味であって、遠方と言う意味はない。

本妻の他に二号さんを持っている男性が来て、どちらかの女性を中心に設問した場合も全く同じである。

解は家庭の夫人が来占した時にもよく出る。外卦にある申官は、別居している主人、または旅行がちの主人であって、向こうに女がいると見るのが普通でありましょう。

②家庭の夫人の身上占

戌月壬戌日（子丑）遯

父戌	⚊		
兄申	⚊	応	
官午	⚊		
兄申	⚊		
官午	⚋	世	寅才
父辰	⚋		子孫

青竜を持つ世爻がその夫人。宅爻にあって午官を持ち、その下に寅才が伏す。寅午戌の三合あり。官鬼、夫のもとに仕える良き妻の意味である。

今、世爻は日、月に墓に入る。今月中は余り良くない。来月、亥月になれば寅才は力を出し午官を生じ、順次良くなると見る。

上爻に日、月を持つ強力な戌の父母がある。白虎を付す。口やかましい強気なシュウトがいると見る。

上爻は隠居の位である。

③身上占

巳月癸巳日（午未）賁6—明夷

㊉白 ＝ 寅官— 酉孫
- - 子才
- - 戌兄 応
— 未兄
- - 酉孫
— 亥才 世

易学の勉強を始めて十数年経過した人物の身上占である。将来、この道で立てたらと考えているらしい。

上爻、白虎の神様、荒々しい神様である。易神と見ても良い。発動して来て、世爻と合する。天と合する訳である。世爻の原神、二爻の酉の子孫（青竜）力あり。応爻—二爻—世爻（土生金、金生水）と世爻を生ずる。天運もありと見る。

この場合の世爻の初爻は初心者。駆け出しの意味であって才爻を付す。なんとか食べて行ける。五爻に在って朱雀でも付いていれば、その道の大家と言う事になるのである。

この場合の上爻は神霊の位と言う事になる。

求財占、営業占で世爻に才爻付し上爻に力のある子孫を持つ場合は天運ありと見たい時がある。この考え方の延長である。

④男来ってスーパーへ商品を納めたいと言う（某老大家の占例）

巳月癸巳日（午未）解36—鼎

× 戌子—丑才
螣 申官
応
午孫
× 午孫—酉官
辰才
世
寅兄

応爻が相手のスーパーの店主である。五爻にあって螣蛇を付す。腹の内を見せないタイプ。いわゆる煮ても焼いても食えないような人物。目下の勢力抜群で手が付けられない（それに反して、青竜の人物は人が良い半面、神経質な面があって商人向きでないと見る事がある）。この男の御機嫌を取るより他に方法がない。

上爻に戌才あり。遠方から商品をもって来て、この応爻を儲けさせる事が自分の利益につながる。

（世爻の辰才は自墓の才である。自墓の才、すなわち辰才は単独ではほとんど儲けにならない。戌月、戌日、または卦中の戌爻の発動を見て始めてシッカリ儲かる事になる。この辰才の問題は別に一章を設けて私見を述べさせていただくつもりであるので本文ではこれ以上触れないことにする）

子孫爻の午月、または戌月にチャンス有りと見る。

⑤御子息の就職はいつ決まるか（母なる方の求占）

申月甲寅日（子丑）革23—兌

亥兄	▬ ▬		
丑官	▬▬		
卯孫	▬▬	世	
未官	〓		—巳才
酉父	×		—未官
亥兄	▬▬	応	

御子息と申しても博士号をもつその道の大家である。ヨーロッパの研究所で何年かの研究を終えて帰国なさった。日本の大手各メーカーから引く手あまたである。

応爻はM社で一番手。熱心に勧誘している。上爻の亥兄は別のM社でこれも日本屈指の大手であり、他にも各社あるようである。

この場合の上爻は紛れもなく現在考えている以外の会社となる。

⑥ある仕事を知人とやりたいが如何

癸丑日（寅卯）履6—兌

戌兄―亥才
申孫
世 午父
巳父
応 未兄
酉孫

㊐

応爻は世爻が今、話を進めている人。暗動して土生金と世爻を生じ悪くない。しかし上爻、別の方から話が出て急に進んでまとまると見る。

上爻は亥才を化出し世爻を生ずる。

白虎はこの場合、速やかの意味である。

株占で白虎の才爻の発動ある時は急騰、急落すると見て良い。相場占で白虎は短期決戦が良いと言う意味である。

この卦、丑未戌の三刑があるがこの場合、意に介する必要はない。

断易あらかると 2

水中撈月

野鶴老人の増刪卜易（ゾーサンボクエキ）の求財章第六十八の最初の所を取り上げてみたいと思います。

財福倶無莫若守株待兎
財与子孫爻倶不上卦或現於卦中又値休囚空破墓絶或被刑冲尅壊須宜株守図則無道
覚子曰倘得日月為財或伏而旺者亦可求也

財ト福ガトモニ無ケレバ株ヲ守ッテ兎ヲ待ツニシカズ
財爻ト子孫爻ガトモニ卦ニ上ラヌカ　或ハ卦中ニ現レテモ休囚シテ空ヤ破ヤ墓ヤ絶ニ値ッタリ
或ハ刑冲ヤ尅壊ヲ被ムル者ナラバ　宜シク株ヲ守ルベキデアリ　図ルトモ則チ無道ナリ
覚子曰　倘シ日月ガオヲ為シ　或ハ伏シテモ旺ズル者ヲ得ルトキハ亦求メテ可ナリ

父兄爻動無殊縁木求魚

父動尅福神兄動尅財此二爻動于卦中凡有所求水中撈月

父爻ト兄爻ガ動ケバ木ニ縁ッテ魚ヲ求ムルトコトナルコト無シ

父爻ガ動ケバ福神ヲ尅シ　兄ガ動ケバ才爻ヲ尅ス　此ノ二爻ガ卦中ニ動クトキハ　凡ソ求ムル所有ルトモ水中ノ月ヲ撈ウモノデアル

求財占で一番の根本になるものは才財爻と、その元神である子孫爻であります。この用神と元神の関係は花とその根の関係に例えられます。根に元気が無ければ美しい花は咲かず、実もなりません。

求財占で、この才爻、子孫爻の二つが卦中にない（飛神に出ていない意味）、あるいは飛神に出ていても休囚して空亡、あるいは日辰、月建、動爻に墓絶になったり刑冲尅壊に逢う時は全く上手く行く見込みはない。

ただ、卦中に無くても日、月が才爻である場合や、伏神でも旺相の場合は例外である。

父母は子孫爻の忌神、兄弟爻は才爻の忌神であるから、この二つの五類が卦中において発動した場合も求財占では見込みが無い。

◎「碎金賦」を思い出して下さい。父動尅子、兄動尅才、でした。

水中撈月（池の水をかき回しても水面に写る月を手に取る事は出来ない）
縁木求魚（木によって魚を求む）
株守待兎（二羽目の兎が木株に転ぶのを待って株の傍で日を送る。二度と起きる事ではない）
と同じで全く無駄骨であると言っているのであります。

①某レストランの営業のなりゆき
午月丁亥日（午未）否345―艮

戌父		━	応
申兄	―子孫	━	
午官	―戌父	━	白
卯才	―申兄	×	世
巳官		‐‐	
未父		‐‐	

女主人の依頼であるから世爻が、そのレストラン。応爻は世間と見る。御商売如何と見る占で、日辰、子孫であることは全くスバラシイと思わなければならない。財爻の元神である子孫爻が日辰に在ると言う事は恒久性があると見て良いのである。

㋑しかるに得卦は六合卦が六合卦に変わる。合処冲でもある。この場合は凶占である。

㋺五爻を大塗とする、道路の意味である。レストランに入って来るお客さんの爻位と見ても良い。今、申兄弟爻発動して子の子孫爻を化出。午月であるから月破になる。破に化すことになる。子孫、日辰を持って破に化す。日辰壊変に準じて考えて良いかも。

㋩世爻休囚。従って世応の卯—戌は尅合になる。凶の意深し。

㋥世爻にせっかく才爻が付くも申兄を化出して回頭の尅。五爻の申兄も金尅木と世爻の卯才を尅す。

㋭五爻の申兄発動して世爻を尅するを四爻の午官が火尅木と防いでいる。しかして残念ながらこの午官も空亡、化墓で白虎を付す。これはこのレストランの女主人のスポンサーだった有力者が死亡した事を現しているようである（これは過去の出来事を卦中に現している占例であるが、後出する卜易の求財章の六番目の占例では、兄弟が立筮の翌月急死することを卦中に現わす占例が出てくる）。

結局、申月に至ってこのレストランは閉店してしまった。

②都内の由緒ある料亭の営業状態を見た

卯月丙午日（寅卯）泰

孫酉	▅ ▅	応	
才亥	▅ ▅		
兄丑	▅ ▅		
兄辰	▅▅▅	世	
官寅	▅▅▅		父巳
才子	▅▅▅		

酉の子孫爻月破。子の妻才爻日破、二爻の不動産はシッカリしている以外に良い所が無い。伺ってみると来店客は一週間に一組か二組だと言う。三、四人のお客さんで芸者さんが入って三十万前後の代金が掛かるようでは、予約で今月も来月も一杯という景気は当分再来しそうもない。料亭の持ち主は土地が有るから平気。人件費は切りつめて次のチャンスを待っているのでありましょう。

断易あらかると 3

水中撈月つづき

③事情が有って都内の由緒ある料亭の営業状態を再占した

申年丙午月癸酉日（戌亥）晋5—否

父丑 ━━
兄申—才卯 ×
官巳 ━━ 世
才卯 ━ ━
官巳 ━ ━
父未 ━ ━ 応
子孫

三爻の卯才は休囚、日破。子孫爻は伏神にあり。飛神に出れば月破になる。五爻の卯才も同じで、さらに申の兄弟爻を化出して回頭剋になる。

本年は申歳であるから御丁寧に歳破にもなる。良い所が全くない。

年の支を太歳、歳君、または歳星とも言う。木星のことである。この年の支から冲される事を歳破と言う。歳星は一年以上の長期にわたる占または国家の大事占の場合以外は見る事が無いと易書に書いてあるが、必ずしもそのような事はない。年間を通じて常に歳星は念頭に置き、特に歳星が五爻に在って発動し用神、用爻を剋冲するような事が有ればそのダメージは甚大であると見て良い。歳星から生扶される場合はもちろん、その反対の意味になる。

「歳星が得卦の卦中に在ればその年の活支である」と先師の言葉にあるが名言であると思います。これを補足して見れば、歳星が卦中に在れば、五爻以外に在っても、初爻でも二爻でも、あるいは上爻でも—内卦か外卦でも判断出来る—また、たとえ発動していなくても、の意味でありましょう。

卜易の求財章の最後に左の文字がある。

歳君逢刦殺一年生意無聊

刼殺者兄弟之爻也　兄臨太歳一年破耗（生意トハ商事、営業ナリ）

④某レストランの営業状態は？

巳月丙午日（寅卯）咸5—小過

孫亥 ▬ ▬ 応
兄申—父丑 〓
才卯 ▬▬
兄申 ▬▬ 世
官午 ▬ ▬
父辰 ▬ ▬

仕事で九州の観光都市へ行くチャンスがあった。翌日の昼までに用事を済ませ、百年の歴史が有ると言う有名なレストランを訪れる事になった。

建物は古いけれども格調高い。駐車場は車が沢山。従業員のマナーは申し分無い。ところが料理はなんとも不味いのである。普段から何を食べても美味しいと言う特技の持ち主としては意外千万な事である。

飛行機の時間が有るので道路へだてた床屋に飛び込んでみる。準備が出来るまでに立筮した得卦がこれである。以下、床屋の小母さんとの会話である。

「いま、◯◯で食事をして来たところです」

「ああ◯◯の社長さんは何年も手前どもに来て下さいますよ」

「ひどく不味かったです。どうした事でしょうか。東京から来た男がヒド過ぎると文句を言っていたと社長さんに話してみませんか」

「それは出来ませんねえ。でも土地の人は誰もあのレストランには行きません。ヨソから来た人か、観光客だけでしょう。それにあのレストランは数年前から銀行管理になっているのです」

それで納得。

子孫爻も財爻も全く力がありません。ヒドイもんです。よく見ると亥の子孫には青竜と劫煞が付き独発の丑父母には天喜が、申には駅馬が付きます。これは何を意味しているのでありましょうか。

駐車場に出入りしていた色取りどりの観光バスが目に浮かんで来ます。

接続の相生して世爻（世間）は応爻（レストラン）を生ずる。すなわち、観光会社とタイアップして死地を脱するために捨て身の強引な商売をしているとでも見たい所でありますが、いかなるものでありましょうか。

⑤某氏の企画している事業プランは上手く行くか

午月己卯日（申酉）剝35—漸

━ 寅才
✕世 子孫—巳官
╍ 戌父
✕ 卯才—申兄
╍応 巳官
╍ 未父

三爻の卯の才爻は日辰を持って回頭剋、すなわち日辰ファイラなり。

五爻の子の子孫爻は桃花煞をもって月破、化絶、これも消し飛んでしまう。

子―卯の刑あり。寅巳申の三刑あり。

某氏は倒産し、その後、某地のホテルで夫人を手に掛け警察に繋がれ、結局、御本人も自殺なさってしまいました。

三爻の申兄には劫殺が付いていること。その申兄に回剋される卯の妻爻はお金だけでなく夫人の意味も含めているか、二爻の巳官の白虎も御本人の喪を暗示しているかと、今は変色した事件を報じた地方紙の切り抜きを前にして考え込んでしまいます。

閑話休題

求財占で妻才爻、子孫爻が休囚、伏神の場合は、日月作才（日辰、月建が才爻を作す）でもない限り前途は明るくありません。ところが株価の動きを見た場合、例えば小過の初爻変だとすると、初爻には亥の子孫爻が化出されます。これは初爻ですから、これからこの子孫爻は力が出て来ると見られます（時間のプロセスは原則として初爻から上爻へ経過する）。伏神が飛神に出て来たのであるからエネルギーは充分有るはず。

世爻に付く財爻は休囚、伏神であるから目下の力は無い。すなわち、株価は非常に安い事になる。

応爻をその株式会社とでも見ますか。世応で財、孫を持つ関係も良い。

化出した亥孫が日辰を持つ事にでもなれば、息の長い値上がりが続く事になります。もちろん、日辰、月建、空亡その他によりますが、これまでに何回か経験したパターンであります。

断易あらかると 4

1　求財占で、世爻が兄弟を持つ場合の考え方
2　いかなる占においても世爻、応爻は必ず注目する習慣をつける事。

右の二つの問題を中心にして勉強して行きたいと思います。
この二番目は『天玄賦通解』の総論に二つ在った注のうちの、注2に当たります。
◎教室のお弟子サンからの電話。どうしても買いたい株があって、この株を買って利有りやの占的で卦を立てた所、坎為水の不変が出た。イヤダナと思ったが、どうしても買いたい。
そこで目をつぶって買ってみたら儲かってしまった。易はハズレたのでしょうかと言う質問である。

坎為水の不変と申せば世爻の子には兄弟爻が付いている。兄弟爻は貧乏星、破財星であるので……
◎住宅の木塀が、運転を誤った自動車にぶつけられて破損した。運転していた若い男は名刺を出して修理代は週末にでもお届けに参りますと言い残して立ち去ってしまった。この修理代は払って貰えるか？
これも筆者の所へ問い合わせて来た電話である。

修理代は支払われるか

子月己未日（子丑）訟5—未済

━　孫戌
〓　才申—卯父
━世　兄午
╍　兄午
━　孫辰
╍応　父寅

この卦は卦中の財爻こそ独発するものの世爻にはシッカリ午の兄弟爻が付いている。兄弟爻は財を剋する星、忌神（イムカミ）である。

この得卦については、〈断易あらかると6〉のなかで説明いたします。

◎求財占で世爻に兄弟爻が付いた場合は儲からないか！　金は手に入らないか！　と言うタイヘン（？）な問題を前回に引き続き野鶴老人の卜易の求財章を中心にして勉強して行きたいと思います。

ここで気が付いてビックリした事があります。

『校正　増刪卜易』上海錦章図書局石印

この本のコピーだと思われる『考証　増刪卜易』いわゆる台湾本

これらの本には他の木版本にある求財章で世爻に兄弟爻が付いた場合の野鶴老人のコメント（これが一番大切なところ）が占例と共にそっくり欠落している事であります。

そこで貴重な紙面を拝借して誠に申し訳ない事でありますが、六つの占例を全部、紹介した上で野鶴老人のコメントをじっくり勉強したいと思います。

①酉月戊午日（子丑）革

占求財

官未 ‐‐
父酉 ―
兄亥 ― 世
兄亥 ―
官丑 ‐‐
孫卯 ― 応

断曰卦中財爻不現亥水兄爻持世父臨月建生助兄爻如縁木以求魚也

世爻は旺相の兄弟爻である。卦中財爻は無い。日辰作財であるが世爻とは無関係。子孫爻は月破である。

これでは正しく木によって魚を求むるごとしである。

この占例については、この通りであって特に問題とする所は無いように思います。

二番目の占例に入ります。

兄如太過反不尅財
旧註卦中一位兄爻動者最為利害如兄弟爻多動者反不尅
覚子曰非也　兄爻多者待兄爻入墓之日及尅損兄爻之日必尅其財謂之太旺者損之斯成如

兄ガ太過ノ如キハ、反ッテ財ヲ剋サズ。

旧註ニハ卦中兄爻ガ一位ノミ動イタ者ハ最モ利害ヲ為スノデアルガ、若シ兄弟爻ガ多ク動ク者ハ反ッテ劫サズ。

覚子曰非也　兄弟爻ガ多キ者ハ兄爻ガ墓ニ入ル日ヤ、及ビ兄爻ガ剋損サレル日ヲ待ッテ必ズ其ノ財ヲ尅ス。之ヲ太旺ハ之ヲ損シテ斯ク成スト謂フ。

②巳月丙辰日（子丑）未済—帰妹
占放印子銭〔台湾本ニナシ〕

▅▅ 巳兄—戌孫
応
▅ ▅ 未孫
▅▅ 酉才
▅ ▅ 午兄
世
▅▅ 辰孫
× 寅父—巳兄

此卦月建世爻動爻変鬼倶是兄爻占卦之後雖則順遂後至九月乃兄爻入墓之月因姦情而破耗豈可謂之兄爻太過反不刦其財耶

此ノ卦ハ月建ト世爻ト動爻ト変爻ガ倶ニ是レ兄爻デアル。占卦ノ後ハ順調ニ旨ク運ブト雖モ後九月ニ至リ、兄爻ガ入墓ノ月、姦情ニ因ッテ破耗スル。豈ニ之ヲ兄爻ガ太過ナラバ反ッテ財ヲ刦サズト謂フ可キヤ。

放印子銭とは高利の貸金、「からす銭」の事である。求財占で兄弟爻は必ず財爻を尅すのであるが兄弟爻が日、月化出爻を含めて沢山出現する場合はかえって財を剋刦しないと言う意見に対して非なり。多現の兄弟爻入墓の日時に（多現応墓）、または多現の兄弟爻が尅損される日時を待って（太旺者損之斯成）財を尅す事になると主張している訳です。太旺と多現は同一に考えて良いと思います。

「大多現」

故人となられた横倉弘明先生は多現を二つに分類しておられた。すなわち、第一は原則通り墓に応ずる多現で、第二は墓に応じない多現であります。そしてこの後者を便宜的に大多現（仮称）と名づけて区別しておられました。天候占で晴が長く続き雨に切り替わる一歩前には月日を含めて妻才爻が沢山出現する事があるし、癌患者の末期に官鬼爻が多現することとがあるが―転移を示すものか―これらは墓に応ずるはずもありません。共に大多現と見て良いでありましょう。これは断易ノートの中でも記述してあります。

閑話休題

「多現は墓を待つ。墓は冲を待つ」

「太旺なる者はこれを損すれば成る」

共に応期を見るルールの一つであります。しかし実際には、多現か大多現かを見極め、多現の応期を墓の日時に取る事は致しますが、尅冲の時に取る事はなかなか難しいように思います。

断易あらかると 5

引き続き増刪卜易の求財章第68より勉強を続けて参ります。

「求財占で世爻が兄弟を持つ場合の考え方」と「いかなる占においても世爻、応爻は必ず注目する習慣をつける事」の二点が主眼になります。

世遇兄臨必難求望

野鶴曰全在人之通変兄弟而持世者則為忌亦有不当忌者

③未月丁卯日（戊亥）

占借貸　　晋

官	巳	━━	
父	未	━ ━	
兄	酉	━━	世
才	卯	━ ━	
官	巳	━ ━	
父	未	━ ━	応

断曰雖則兄爻持世而曰無財但喜卯日即是財星古以財爻剋世冲世者必得況応爻未土旺而生明日必獲果

于辰日得財応辰日者世動逢合之日也

そろそろ問題の核心に入って来ます。求財占で世爻が兄弟爻を持せば必難求望なのでありましょうか！野鶴はすべての人の通変に在り、兄爻持世でも財を尅すことあり尅さぬことあり（為忌亦有不当忌者）と申しているのであります。

この借貸（金を借りる事が出来るか）と言う占においても（世爻持兄爻であるが）日辰卯才で世爻を冲している。〝冲（動）は合を待つ〟で明日は辰日、世爻とは辰酉の合になる。明日の辰日に応じるであろうと断じているのである。まして応爻（金を借りる相手と見る）は旺相して土生金と世爻を生じている（世応は必ず注目すること）。

「古以財爻剋世冲世者必得」

古より財爻が世爻を尅したり冲したりする時は必ず得るのである。

④巳月丁巳日（子丑）

占求財　既済—渙

子兄—卯孫　✕応
戌官　━
申父　╍
亥兄—午才　〓
丑官—辰官　✕世
卯孫—寅孫　〓

断曰若占久遠之財者則無也若問目下之財明日戊午日必得其故何也
兄臨世爻日破月破不尅変出之財況日月倶作財来冲世只因応爻而逢空明日冲実定送財来果于次日送来

断曰　若シク久遠ノ財ヲ占フ者ハ則チ無財デアルガ　目下ノ財ヲ問フモノナラバ明日戊午日ニ必ズ得ン　其ノ故ハ何ゾヤ　兄ガ世ニ臨ムモ日破ト月破デアリ　変出ノオハ尅セズ
（日破、月破で世爻の兄弟の力は無くなっているから亥兄は化出の午才を尅すことは出来ないの意味か、本爻が化出爻を尅する事は、もとより無い）
況ンヤ日月ガ倶ニ財ヲ作シテ世ヲ冲シ来ルカラナリ
只　応爻ガ空ニ逢フニ因リ明日ノ戊午日ニ冲実サレテ必ズ財ヲ送リ来ルヲ定メルト　果シテ次日ニ財ヲ送リ来ル

ポイント
世爻持兄であるが
⑴日月作財で世爻は日破、月破になる。
⑵世の兄爻も財爻を化出している。
⑶応爻の空亡に注目して応期の判断に活用しているのである。
応爻の子の空亡は午日に冲実される。明日はこの午日になる。

（世応は必ず注目するとは、この事である）

閑話休題

「からすがね」

高利な日限りの貸金のこと。その理由はこの金が烏の啼く朝早くとびこんで夜は寝ぐらに帰るからだと言う。朝一両借りて二百文の利子とか。

〝ばばあ正直　金をとると笑うなり〟（天明）

知りあいの異人さんに、おたくの国でもサラ金みたいなのは有るのと聞くと、有るとも、シャークと呼ぶんだよとの返事である。恐ろしい事である。古今東西を問わず、どこにも銭ゲバさんがいるものと見える。

「全在人之通変」

〝全て人の通変にあり〟

易は万事、通変様次第で同じ得卦で名占にもなり、ガラッパズレにもなるのである。筆者は断易の教室をホソボソと続けているのであるが、熱心（？）な割にちょっとも閃かない方がおいでになる。紙に通変様と書いて壁に張りつけ、朝晩拝んでいるとちょっとは閃めくようになるかもよ、と顔を見ないようにして申し上げる事にしている。教室が流行らないのも道理である。

最後に断易修得の努力目標をあげたいと思います。

歌丸光四郎先生の断易釈故の中より抜粋させていただきます。

「天馬空を行く想像力と易は万象に通ずる信念を基礎にして自由無礙な推理を試みるべきである」

誠に胸のスクような名言だと思います。英語力の抜群だった先生は断易のマニュアルを英文でお書きになっておられたようでありますが、完成されなかったようで残念なことであります。

断易あらかると 6

前回に引き続き卜易の求財章の占例をあげて、求財占における世爻持兄の考え方を勉強して参ります。

⑤巳月戊寅日（申酉）〔台湾本ニナシ〕

何日得財　離6—豊

━━ 世　巳兄—戌孫
━ ━　未孫
━━　酉才
━━ 応　亥官
━ ━　丑孫
━━　卯父

断曰酉金財爻不動明日卯日冲動財爻明日必得

彼曰兄弟持世如何得財予曰兄爻動而化墓不尅財爻果于次日得之

断曰　酉金才爻ハ不動デアリ明日卯日財爻ヲ冲動スル、明日ハ必ズ得ント。彼曰　兄弟爻持世デ如何ニシテ財ヲ得ン。予曰　兄爻ハ動イテ墓ニ化ス故ニ財ヲ尅サズ。果シテ次ノ卯日ニ財ヲ得。

ポイント

世爻は持兄であるが戌を化出して墓に化した。

野鶴の次のコメントも台湾本には欠落している。

野鶴曰余非他書之比偶然湊合即以為式未必屢試而屢験者故敢教人以為法也
予凡占得兄爻持世而世値月破旬空化墓及日月作財冲世尅世或世爻兄弟変出財爻皆許得財屢占得験方
故之告若世持兄弟非此類者不可如此断也

野鶴曰　予ハ之レ他書ノ如ク偶然ノ湊合モ即ニ以テ式ト為スニアラズ、未ダ必ズシモ屢試ミタノデハナイガ而シテ屢験ナルモノナリ、故ニ敢テ人ニ教エテ以テ法ト為ス。予ハ凡ソ兄爻ヲ世ニ持ツ者ヲ占得シテモ、世ガ月破、旬空、化墓ニ値ッタリ及ビ日辰、月建ガ財爻ヲ作シテ冲世、尅世、或ハ若シ世ガ兄爻ヲ持シテモ変出才爻スレバ皆、得財ヲ許スノデアル。屢占ッテ験ヲ得ルコトヲ敢テ之ニ告ゲルノデアルガ、若シ世ニ兄弟ヲ持ツモ此ノ類ニアラザルハ此ノ如ク断ズベカラズ。

野鶴老人が他書のように偶中したものではない、屢々験があり敢えて人に教えて法となすと胸を張って断易を学ぶ後世の者に書き残してくれたのである。

すなわち、求財占で世爻持兄弟爻でも財を得るのを許すのは次の三ケ条である。

○世値月破、旬空、化墓

○日月作財、冲世、尅世

○世爻兄弟変出財爻

通行中の自動車に木塀を壊された方の占例（前掲〈断易あらかると４〉）

子月己未日（子丑）訟5—未済

戌孫
申才—卯父
午兄　世
午兄
辰孫
寅父　応

世爻持兄弟爻ですが月破です。兄弟爻、すなわち破財星の性格が月破にあって無くなると考えれば良いのでしょうか。寅の応爻（相手の男）は旺相、独発の申財から、金尅木と尅冲（爻冲）されます。この財爻が発動している事がポイント。「冲は合を待って用あり」で亥日にお金を持参して来た由、連絡がありました。

この占例は卦中の財爻も発動していることですから、野鶴さんの三原則さえ理解していれば比較的、読み易い例だと思います。

このツタナイ文章をお読み下さる読者の中で、もしこれから断易の勉強を始めようとなさる方がおいでになりましたら赤鉛筆で右の三ケ条を丸で囲って下さい。そして中文のままこの三行を頭の中にタタキ込んで憶えてしまわれたら良いと思います。そして本当に験が有るかどうか試して下さい。三番目の世爻兄弟変出財爻は借金をするとか兄弟爻に連なる財と見てはイケナイようです。

断易あらかると 7

引き続き増删卜易の求財章の勉強を続けて参ります。

財来就我終須易我去尋財必是難
旧註凡遇財爻生世合世尅世持世皆謂之才来就我若卦中雖有財動不来生合世爻亦非我之財也
野鶴曰此説財不生合世爻非我之財即如前二卦兄爻持世何嘗財来生合総要断卦之人霊機応変参悟其理
自然触類旁通不可執之

財来リテ我レニ就クハ終ニ易ナルベシ。我レ去リテ財ヲ尋ネルハ必ズ是レ難シ。

旧註ニハ凡ソ財爻ガ生世、合世、尅世、持世ニ遇ウトキハ財来リテ我レニ就（ツク）ト謂ウ。若シ、卦中ニ財爻ノ動有リト雖モ世爻ヲ生合シ来ラザルハ亦我ガ財ニアラズト。

野鶴曰、此ニ「財ガ世爻ヲ生合セザルハ我ガ財ニアラズ」ト説クガ、即チ前ノ二卦ノ兄爻持世ノ如キハ何ゾ嘗テ財来リテ生合スルヤ。総テ断卦ノ人ノ霊機応変ヲ要シ其ノ理ヲ参悟スレバ自然ニ類ニ触レテ旁通スルノデアル。之ヲ執ルベカラズ。

野鶴老人の三原則（前述）とはまた異なった角度で求財占を見ることになります。

求財占で世爻と財爻の関係を見て生世、合世、尅世、持世と何等かの形で繋がっていれば金が入ると比較的容易に判断出来ます。ところがなんら関連が無くても財が入手出来る事が有ります。これはムズカシイ。

自ら霊機応変しその理を参悟し旁通する以外に方法は無いようであります。

福変財生利源滾滾

財得子動生之如財之有源也其利豊厚倘得子動化財財動化子皆同此断

福ガ財ニ変ジタリ生ジタリスレバ利ノ源ハ滾滾タリ。

〔滾（コン）—水の盛んに流れる様〕

子孫ガ動イテ財ヲ生ズル者ヲ得レバ財ニ源有ルガ如ク其ノ利豊厚デアル。倘シ、孫ガ動イテ財ニ化シタリ財ガ動イテ孫ニ化スル者ヲ得レバ、皆此ノ断ト同ジ。

この所、説明の必要が無い。求財占で子孫が財に化し、あるいは財が子孫に化す。必ず利有りと見て良い。

兄傷鬼尅口舌紛々

財爻持世兄爻亦動者不独尅己如若鬼動尅世者更凶

覚子曰黄金策云兄連鬼尅口舌難逃謂兄動変鬼冲尅世爻者不独無財還防口舌殊不知兄動変鬼即是兄化

回頭之尅自顧不暇又焉能冲尅世爻

財爻ヲ世ニ持ッテ兄爻ガ亦動ク者ヲ得レバ、独リ劫才ノミナラズ還タ己レガ傷ツケラレルヲ防グベク、若シ鬼ガ動イテ世爻ヲ尅ス者ナラズ更ニ凶デアル。

覚子曰、黄金策ニハ「兄ニ鬼ガ連ナッテ尅セバ口舌ハ逃レ難シ」ト云ウモ、此レ兄ガ動イテ鬼ニ変ジテ世爻ヲ冲尅スル者ハ独リ無才ノミナラズ還タ口舌ヲ防グベシト謂ウナリ。殊ナルヲ知ラザルヤ、兄ガ動イテ鬼ニ変ズレバ、即チ是レ兄ガ回頭尅ニ化スルノデアリ、此ノ兄弟ハ自ラヲ顧ミル暇ナクヌナンゾ能ク世爻ヲ冲尅セン。

六番目の占例に入ります。

⑥酉月丙午日（寅卯）師―坎
占貿易有利否〔台湾本ニナシ〕

父酉 ‥
兄亥 ✕応 官戌
宮丑 ‥
才午 ‥世
官辰 ━
孫寅 ‥

午火才爻持世亥水兄動尅之幸得亥水化戌土兄爻被剋不来尅財許之可行必有利息果得益利後于九月此人胞弟得暴病而死予悟此卦亥水兄弟変鬼之故耳此卦問財帯出喪弟如此者予屢見之後学不可不留心也

午火ノ財爻ヲ世ニ持ツモ、亥水兄ガ動イテ之ヲ尅ス、幸ニ亥水ハ戌土ニ化シテオリ、兄爻ハ尅ヲ被ッテ財ヲ尅シ来ラザルヲ得ル、之ハ行ク可ク必ズ有利息ヲ許ス、果シテ益利ヲ得タノデアルガ後、九月此ノ人ノ胞弟ガ暴病ヲ得テ死ス。予ハ此ノ卦ノ亥水兄弟ガ鬼ニ変ズル故ト悟ッタ。此ノ卦ハ財ヲ問ウテ弟ノ喪ヲ帯出シタノデアリ、此ノ如キ者ヲ予ハ屢々見ルノデアリ後学ハ心ニ留メザル可カラズ。

財局合福徳万倍利源可許
世与財爻或与子孫爻三合成局諸占物阜財豊

野鶴曰須要在局中或是合成子孫財局生世方為全美倘如合成父局労碌辛苦合成兄局破耗多端合成鬼局口舌灾非尅世者更凶

財局ヤ福徳ト合スレバ、万倍ノ利源ヲ許ス可シ。

世ト財爻ガ或イハ子孫爻ト三合ノ局ヲ成セバ、諸占ニ物ハ阜リ財ハ豊カトナル。

野鶴曰、須ラク局中ニ在ルヲ要ス、或イハ是レ子孫ヤ財ニ局ヲ合成シテ世ヲ生ズレバ方ニ全美ト為ス、倘シ父局ヲ合成スレバ労碌辛苦シ、兄局ヲ合成スレバ破耗多端、鬼局ヲ合成スレバ口舌ヤ灾非アリ、ソレガ世ヲ尅セバ更ニ凶ナリ。

（野鶴の求財章は今回で終了）

断易あらかると 8

赤坂、永田町周辺の国会の近くのビルの中には魑魅魍魎《チミモウリョウ》（怪物）が住んでいるようです。何が御商売か全く解らない。ベンツの新車を二、三台使っていらっしゃる。そして必要があれば一、二億円の金は即座に融資して下さる。ただ、この場合、銀行レートと言う訳には行きません。高利率の金利を払う事になります。

◎求占者は不動産会社の社長である。月末どうしても五千万程資金繰りが不足する。そこで、この赤坂サンに融資を頼んだのであるが果して金を貸してもらえるかどうかと言う質問である。月末まではその日を入れて後四日しか残っていない。

立筮日　六月二十七日　辛巳
　　　　六月二十八日　壬午
　　　　六月二十九日　癸未
　　　　六月三十日　甲申
　　　　七月一日　　乙酉

①午月辛巳日（申酉）中孚2—益

卯官	━━		
巳父	━━		才子
未兄	━ ━	世	
巳父	━ ━		
未兄—寅官	☰		
酉孫	━━	応	

問題が沢山ある得卦である。気になる所を列記してみると以下のごとくである。

(1)世爻は未の兄弟爻、すなわち才爻の忌神を持つ。

(2)応爻（赤坂サン）が才の元神の酉の子孫を持っているのは良いが空亡である。暦を見ると酉の出空するのは七月一日で、六月の金には間に合わない。

(3)五爻に伏する子の妻才は飛神に絶になる（水爻の三合は申子辰であるから子から見て巳は辰の墓の次で絶になる）。飛神は日辰の巳父母であるから最も力あり、従って伏神の子才は飛神に出にくい。

(4)仮に、この伏神の子才が飛神に出る事が出来ても午月であるから月破になって子才は力を発揮出来ない。

結論として、これらの悪条件が全部クリアー出来ないと、この会社社長は融資を得られず、月末のピンチを乗り切れない事になる。

そこで、〝この「赤坂サン」は三十日までに五千万を出すか！〟と言う具体的な占的で再占。

②午月辛巳日（申酉）臨（6月27日）

孫酉	‐ ‐		
才亥	‐ ‐	応	
兄丑	‐ ‐		
父巳	‐ ‐		官卯
兄未	━	世	
孫酉	━		

この二つの得卦は全く同一の内容と見て良い。二番目の得卦では世、応が亥卯未と伏神の卯に三合して、応爻の亥の妻才が世に流れて来る可能性がある。そのためには巳の飛神がツブレてくれれば良い。

これらの四つの問題を個々に検討してみると以下のようになる。

(1)世爻兄弟であっても求財可能な事は野鶴の説明の通りである。

得卦の大象と金の流れの強さを見れば良い。この二つの得卦では入金すると見る。

(2)中孚の二爻変で未の兄弟爻は寅官を化出する。日辰、月建、特に日辰が動爻の化出爻を尅冲した時は動爻本来の力は強力になる。

(株価の動きを見ていると、才爻の化出爻を日辰がケトバシた日に高くなる事は、断易をなされる方は先刻御存知の通りである)

すなわち、寅爻を尅冲する申日になれば、まず三爻の巳を合起し、次いで二爻の未の兄弟爻は寅官を化出するも回頭の尅をなさず、却って強力となり、接続の相生ともなって強力な力で初爻の酉孫を生ずる。

(3)空亡はしばしば前支に応ずる。この場合、日辰は巳であるから巳申の合あり、間違い無く申酉空亡の前支に出空して六月三十日甲申日に酉孫は作用する。

(4)正宗、黄金策の併不併の所を見るまでも無く、日辰が卦に入って化墓、化絶、化尅(回頭尅)は日辰壊変である。

しかして実際には冲爻による壊変と多現による壊変を追加してみたい事しばしばである。

Aの得卦では巳父母が日、月を入れて四現しているし(多現である)、Bの得卦では五爻の亥才は日辰より冲起され三爻の巳の父母を爻冲して壊変になる(この不変卦の爻冲による壊変は意外に見逃しやすい)。

Aの得卦では五爻の巳の父母が、Bの得卦では三爻の巳の父母が、それぞれ壊変し伏神は即座に飛神に出て来る。日辰壊了の特長の一つはスピードが早いことである。黄金策でも而凶反見于本日也とある。本日に見る也とは即座に応ずると解訳して良い。

(5)子才は午月には月破である。しかして酉孫が強力な力を得て、金生水と子才を生ずれば尅処逢生になる。子才は飛神も壊変した事であり充分に力を発揮出来るのである。

(6)六月三十日甲申日以降は午未空亡に入る。良い具合に世爻は空亡に入る。野鶴の求才三ケ条でも世兄空亡を取り上げているし、世爻旬空者速至(正宗、行人)で世爻空亡の時の方が金も人も手紙も入りやすく、到着しやすいのである。

⑺問題の金は六月三十日甲申日、正午前入金した。

空亡の前支に応ずる例をさらに研究してみたい。いずれも入金待ちの占例である。

◎「何日に入金するか」

Ⓐ未月辛亥日（寅卯）萃

孫亥	▅ ▅	
父丑	▅▅▅	応
才卯	▅▅▅	
才卯	▅ ▅	
官巳	▅ ▅	世
父未	▅ ▅	

Ⓑ未月辛亥日（寅卯）帰妹

父戌	▅ ▅	応	孫亥
兄申	▅ ▅		
官午	▅▅▅		才卯
官巳	▅ ▅	世	
父未	▅▅▅		
兄酉	▅▅▅		

このⒶⒷの占例では寅日に入金した。日辰、亥孫であって寅卯空亡、亥寅の合があるから前支に応ずる事は容易に推理出来る。五千万円の借金の占で巳日、申酉空亡で、巳申の合が有って前支の申日に応じたものと同断である。

ⓒ未月壬子日（寅卯）蠱3—蒙

兄	寅	━━ 応	
父	子	━ ━	
才	戌	━ ━	
官	酉	━━ 世	—午孫
父	亥	━━	
才	丑	━ ━	

この場合も寅日に入金。応爻の空亡に応じたのである。応爻の空亡に応ずる例は野鶴の求才章の占例にも見られた。

クドイ事を万々、承知で一行書き加えれば「いかなる占的の場合においても世爻、応爻は必ず注目する習慣を付ける事」である。

断易あらかると 9

①ちょっと、高齢になられた母君の依頼で、百万円を銀行から引き出して来られた娘さんの求占である。夕方になって、その母君がお金を受け取っていないと言い出した。慌てて家中を探したが札束は見付からない。お金はどこへ行ってしまったか？

ちなみに母君と娘さんは別の家にお住いである。

卯月丙戌日（午未）　坤16―頤

寅官 ―― 酉孫　×世
　　　　亥才　▬ ▬
　　　　丑兄　▬ ▬
　　　　卯官　▬ ▬応
　　　　巳父　▬ ▬
子才 ―― 未兄　×

坤為地は六冲卦である。本来ならば「破れ」の卦である。しかし応爻卯官が日辰、戌と卯―戌の合を作す。「冲中合」であって破れにならない。六冲卦の破れの意味が無くなる。

初爻に子の才爻が化出される。すぐお金が出て来る、発見されると言う意味である。

また、五爻に卦身の付く亥の才爻がある。これが問題の札束である。発動していない。すなわち移動していない、もとの場所に在る事になる。

この得卦で応爻、卯官鬼は何を示しているか、これは母君の事である。官鬼は憂患阻滞（ユウカンソタイ）の星であって、その特性は物事が思うように運ばない意味である。すなわち母君が札束をどこかへしまい忘れて思い出せない事を示している。世爻に青竜（吉神）が付いた酉孫が発動して、この卯官を尅冲するのも良い。

天玄賦の子孫用論の占失脱の所を御覧下さい。世に子孫付すは盗難ではない。品物返るとあります。

また、世爻に子孫が付き、発動して寅を化出しているのは官鬼を化出したとは見ず、化絶とも見ない。単に発動しているだけである。

◎いつ、発見されるか

月建は、しばしば応期を示す。世爻は酉孫がついて卯月より月破になる。尅はない。「破ハ合」の原則通りで、月破に逢う酉の合の辰を考えれば良いのであるが、今、この酉は寅爻を化出する。そこで寅爻の合、すなわち亥日と見れば良い。

五爻の亥才には卦身の他に天喜も付く。日、月の生の無いこの亥才が力を出すのは（発見されるのは）明日の値日である。この点からも亥日に見つかる事になる。

本日は、もうお休みになって、明日一番で探して御覧なさいと申し上げた。翌亥日早々、タンスの中から銀行の紙袋に入ったままの札束が発見された。

②祖母が来ての質問、娘サンの出産は二月か三月か？

このまだ若い祖母なる方は仕事をお持ちである。一ケ月の休暇を取って娘さんの出産の手助けをしてあげようと言うお考えのようである。二ケ月にわたっての休暇を取る事は、ちょっと出来にくい御様子。

Ⓐ二月中に生まれる。　巽6—井

寅月甲子日（戊亥）

卯兄—子父　世
巳孫㊇　白
未才
酉官　応
亥父
丑才

Ⓑ三月中に生まれる。否1―无妄

戌父 ━━ 応
申兄㊓ ━━ ㊀白
午官 ━━
卯才 ━ ━ 世
巳官 ━ ━
未父―子孫 ×

生産（赤ちゃんの出産）の応期については、卜易の『産期章第89』が一応の目安になります。その五番目に白虎兄弟而動値日とある。すなわち、兄弟＋白虎発動は安産であってその兄弟爻の値日に生まれることも多い。

これは兄弟爻は赤ちゃん（子孫爻）の原神であり破析（ハセキ）の星であるし、白虎は血神であって生産占では元神の兄弟爻、あるいは用神の子孫爻のどちらに付いても吉である。

今このⒶⒷ両卦を見ると、立派な赤ちゃんの安産が間も無い事は容易に読み取れるのであるが、それでは回答にならない。易神は間違い無くサインを出して下さっているのであるから、それを素直に読んで二月か三月かを解明するより他にない。

また、祖母が来たのであるからとて、娘さんを子孫爻に取るとすると、その娘さんの産む赤ちゃんは妻才爻と言う事になってしまう。これはオカシイ。赤ちゃんの用神はあくまで子孫爻である。

◎二月に生まれるか、三月に生まれるか

前掲の札束の占例と全く同一に見て良い。三月に生まれるとする。

(1)三月の占では子孫爻が化出された。

赤ちゃんが外に出て来たのである。日辰をもつ子水の子孫爻である。立派な赤ちゃんであろう。

(2)得卦は六合卦が六冲卦になる。

「合処冲」である。「ヒッツいているものが離れる」。これが、決定的なインパクトを持つ三重丸のサインである。

六冲卦は破れの卦で、物事はまとまり難いと見るのが普通であるが、生産、裁判、モメゴト、大売出し等には、すぐ解決する、すぐ生まれる、全部売り切れると見てよい。

(3)何時生まれるか。

五爻に卦身をもつ申の兄弟がある。白虎も付いていて子孫爻の元神である。月建の寅から見て月破になる。尅は無い。「破ハ合」の原則通り申の合爻の巳がポイントである。

乙巳日（寅卯）立派な男子が誕生した。

断易あらかると10

①ＯＬさんが飛び込んで来た

会社の同僚（と言っても役付の男性）に一ケ月で返済すると言う約束で百万円を貸した。明日丁度その返済の期日になる。明日、お金は返却してもらえるだろうかと言う質問である。

どうも独身のＯＬサンはお金持ちである。昨年からヨーロッパへ二度行きましたと仰る。誠に結構なお話であるが、それはそれとして「お金は返却されるか」と言う占的で一占。

この男女両者の間には他の事情が隠されているのではないかと言う気持も当方には有り、それもお示し賜えと言う意味を込めての立筮である。

Ⓐ未月己丑日（午未）中孚6―節

卯官―子才
巳父
未兄 世
巳父
未兄
酉孫 応

世爻は才爻の忌神の兄弟爻を持すも幸いな事に空亡。これは求財占、入金待ちの占には吉である（野鶴の三ケ条の一つ、「世値月破、旬空、化墓」の旬空に該当する）。応爻を相手の男性と見て、才爻の元神である酉の子孫を持つ。日、月の助けの有る子孫爻を持つのは吉、さらに伏神の子才が飛神に化出されるのも良い。また、この女性と相手の男性の関係も単なる金銭の貸借の関係だけで他のヤヤコシイ事情は無いようである。上爻に子―卯の刑が出て来るが、世爻は旺相しているので、これを強く見る必要はない。

以上をまとめて見るに貸したお金は返してもらえそうである。

ただし、明日は庚寅日であって明日返金される様子は、この卦では見られない。そこで、再占する事にする。

Ⓑ明日、庚寅日に返金されるか

未月己丑日（午未）震6―噬嗑

×世 ▅ ▅	戌才	―丑才
▅ ▅	申官	
▅▅▅	午孫	
▅ ▅ 応	辰才	
▅ ▅	寅兄	
▅▅▅	子父	

明日は寅日であるから、寅午戌の三合が取れて午孫が空亡。この空亡が応期を示している事は明らかである。ただし、得卦は六冲卦、「冲は合」の原則通りで、このような場合は午ではなくて午と合爻になる未

がポイントになる。また、未才は空亡であるから出空すれば卦中の土爻が四土全具する事になって、ますます未日の意味が強くなる。

Ⓒ何日に返金されるか

未月己丑日（午未）益4―无妄

━━ 応 卯兄
━━ 巳孫
× 未才―午孫
━ ━ 世 辰才
━ ━ 寅兄
━━ 子父

独発の午―未が空から空である。未は言うまでもなく旺相空、やはり、この旬中に入金は無い。次の旬は辰巳空亡。世爻はオアツラエのように空亡に入る。従って甲午日に出空して次の乙未日に入金と言う事になる。念のため、ⒶⒷⒸの得卦を較べてみても同一のサインが出ている事が容易に読み取れる。

結果。甲午日（辰巳）、「今、銀行で、送金の手続きを済ませた」と言う電話が相手の男性から入り、翌、乙未日、このOLさんの口座に入金した。

②某氏から依頼された生産占

初めての赤ちゃんである。

ⓐ何日に生まれるか

未月丙戌日（午未）小畜156—升

卯兄—酉官
巳孫—亥父
未才　応　白
辰才
寅兄
子父—丑才　世

四爻、応爻の未才は白虎が付いて空亡。動爻は接続の相生をして、この未才を生ずる。ここにポイントが在るか。

ⓑ右同

未月丙戌日（午未）震

戌才　世
申官
午孫　白
辰才　応
寅兄
子父

不変卦であるから出産はユックリ。まだ時間が掛かりそうである。

冲は合の原則あり。

四爻の午子孫、白虎が付いて空亡。従って午の合爻の未がポイントになる。ⓐⓑ両卦を並べてみても未に重点が有る事は間違いない。

また空亡を考えてみると次のようになる。現在、午未空亡、次の辰巳、その次は寅卯が空亡に入る。応爻の辰は女身と見るとこの辰の空亡中の生産は無い。また寅卯は兄弟爻であって、子孫爻の元神である。生産占では子孫爻以上に兄弟爻が重要である。してみると、出産は、この辰巳、寅卯が出空した後の未日が想像出来る。

結果。己未日（子丑）午後一時、立派な女子誕生。

ⓑの占例はⒷの占例の応期とほぼ一致するようである。

★断易は周易と異なって再占を禁ずる考え方は無いようである。筆者の尊敬するある実占家は、用神を確認するため、再占することも有ると明言しておられる。ここでは敢えて、再占、三占を試みた占例を掲載いただいた訳である。

（注）卜易の婚姻章第又八十二に左記のようにある。

男人自占妻者亦以財爻為用神以応爻為女身財與応爻皆宜生世持世合世須忌破墓絶空財旺生身応値破空亦取応爻生世財爻破絶勿求……

応爻を女身となす、すなわち、母体とか健康体と考えて良い。ここでまた問題が一つ出て来る。占官の時、応爻を男身と見ても良いかどうか？　これは差しつかえないと考えています。ホモやインポあるいはサド、マゾの男性は官鬼爻と応爻の両方にその兆が出て来る事が多い。

断易あらかると 11

事業占三題

①販売店の責任者が来ての求占。当月の売上げの良否を問う

申月乙酉日（午未）中孚12―観

	━━	卯官		
子才	━━	巳父		
	━ ━ 世	未兄		
	━ ━	巳父		
	══	未兄	―	巳父
	══ 応	酉孫	―	未兄

月建は申の子孫爻を持つ。応爻には、日辰を持つ酉の子孫爻が在る。自営業の場合の応爻は世間である。その応爻に旺相して、さらに日辰を持つ酉孫が在る。子孫爻は財爻の元神であるから誠に吉象である。動爻を見ると初二爻発動して接続の相生をしてこの酉孫は非常に強力になり金生水と子財を生ずる。子財は五爻の巳父母の下に伏して飛神に出れば絶になる。

今、元神の酉孫が強力な力を得てこの子財を生ずるのであるから、これも一種の絶処逢生と見て良いであろう。

〔絶処逢生は日、月の絶が先で動爻の生、または用神自身の回頭の生が後である。この場合は卦中の伏神が飛神に絶であって伏神が元神から強力に生ぜられるのであるから、いささか変則であるが絶処逢生に準ずるものとして見たい〕

さらに世爻は未の兄弟爻を持つ。兄弟爻は破財星であるが、この卦では幸いな事に空亡。これは求財占には吉である。数々の吉象が有って当月の売上げは相当の好成績を期待出来る。結果、毎月の平均を上回る好成績を収める事が出来た。

②商店主が来て今月の売上げ如何を問う

酉月庚申日（子丑）賁4—離

━ 寅官
╍ 子才㊖ ㊀勾
✕ 戌兄—巳父 応
━ 未兄
╍ 酉孫
━ 亥才 世

世爻旺相の亥財を持ち、日辰、月建共に子孫を作してこれを生ずる。宅爻には月建を持し日辰を拱扶する酉孫まで入っていて世爻を生ずる。誠に吉兆である。五爻に卦身を持つ子財あり。勾陳を持す故、不動産収入も有りと見るか、また別に大口の注文が有ると見ても良い。

応爻は世間である。兄弟爻を持って独発する。兄弟爻は破財星であるから、これが独発すれば普通なら世爻の亥財を尅すると見るのであるがこの場合は逆である。日辰、月建、子孫を作して卦中の兄弟卦、独発するは兄弟爻、子孫を生じ、子孫爻が妻才爻を生ずると考えて良い。

また、この場合の応爻に付く兄弟は大衆と見る。大勢の人が来店すると見て商店としては最も好ましい状態である。当月の売上げは平均以上を見込めるはずである。

ここで独発の四爻の動きを取り上げて考えてみたい。

㊋の兄弟爻が発動して㊐の父母爻を化出した。これは、

⑴五類を見れば巳の父母を化出。

⑵五行を見れば巳の火爻を化出。

⑶十二運を見れば土爻から巳を化出したのだから絶に化したと見る。（水土一体）

⑷回頭の生尅を見れば回頭生。

⑸単に戌が巳を化出したと見る。戌と巳は、手の平か表かの相異で同一のものと考える。

以上、五つぐらいの見方が有って断易はこれ等の一つ、または複数を組合せて判断する事になるが、それについての確定したルールはない。

先師のコメントに「五類で見るは情なり」「五行で見るは力なり」「生尅は五行なり」とあり、誠に名言であると思うが、結論として占者の通変によって判断するより他に方法は無さそうである。

今、(5)のように単に戌が巳を化出したと見れば、巳申（孫）または、巳酉（孫）丑と応爻が子孫爻に合、三合すると解釈も出来る事になる。

③前記の商店主が二日後、再来して当月の売上げの可否を問う。月が変わって戌月になる

戌月壬戌日（子丑）蹇34—萃

- -　子孫
—　戌父
×　申兄—卯才
— 世　申兄—卯才
- -　午官
- - 応　辰父

土用入り前であるから上爻の子の子孫爻は充分、余気ありと見る。世爻応爻は申子辰と、その子孫爻に三合する。吉である。

世爻には卯財が伏する。今、発動して化出爻に現れる。飛神に出るのは良いが申兄が発動してその化出爻に卯財が出て来るのである。

これを「兄に連なる財」と見て、今月の売上げは余りパッとしないのではと見てはうまくない。

ここで前掲の野鶴老人の求財占で世爻が兄弟を持す場合の考え方を今一度整理して見ると、世爻持兄弟

でも、無条件で求財ＯＫ、入金ＯＫの場合が三つ有ったのである。すなわち、
一、世値。月破。旬空。化墓。
（世爻が月破や旬空や化墓に逢う）
二、日月作財。冲世。尅世。
（日や月が財星を作して世を冲したり尅す）
三、世爻兄弟変出財爻。
（世爻に臨む兄弟が財爻を変化する時）
この③の得卦は②と併せ考えても好売上げを収める事が期待出来る。

断易あらかると 12

①健康占

巳月癸巳日（午未）睽4―損

兄丑 ▅▅▅

官卯 ▅ ▅

戌兄―父巳 ▅▅▅ 世

父巳 ▅ ▅

兄未 ▅▅▅

孫酉 ▅▅▅ 応

世爻の巳父母は発動して戌を化出する。墓に化す事である。「墓は暗きに入る象」と解釈すれば良い。父母爻は辛労の星である。世爻が疲労すると戌を化出し、卯戌の合を作して卯の官鬼に繋がる。だから神経を使わずにノンビリやれと言う事になる。

②病占。世爻用神

无妄45—頤

才戌 ━
父子—官申 ━━
才戌—孫午 ━━━世
才辰 ━ ━
兄寅 ━ ━
父子 ━応

世爻に午の子孫が付く。これは吉である。子孫爻は治癒の星であるから病気は治るとするも、今発動して戌を化出する。墓に化す。すぐには治らないと見る。

本爻の午を冲する子月、子日。または化出爻の戌を冲する辰月、辰日に治るものとする。

③駆け落ちの占

早朝、知人から突然の電話。店の使用人と女房が蒸発してしまった。どうしたものかと言う相談である。隣りの敷地に住んでいる父親にも知れてしまった。昔気質の年寄りの事である。たとえ女房殿が帰って来て詫びを入れても、何にも無かった事に致しましょうと言う訳には行かないようである。

申月乙亥日（申酉）蒙

父寅 ━
官子 ━ ━
孫戌 ━ ━世
兄午 ━ ━
孫辰 ━
父寅 ━ ━応

才酉 ㊔青

世爻の戌の子孫を持つのが女房に逃げられた亭主殿である。陰爻である（単折重交の折を持つ意）。ちょっと大人しい感じ。妻財の元神の子孫を持つと言う事は逃げた女房に未だ未練が有る事になる。また、子孫を持つと言う事は官鬼の忌神を持つ事である。男っぽい魅力に欠けていて、女房殿はそれに満足出来なかったか。

世爻が亭主であるから応爻は相手の色男である。

この寅を見ると申の妻財を持つ月建から金剋木と剋の有る月破になる。月破の人物は肉体的に問題がある場合か、精神的に片寄った人物と見て良い。それと同時に、日辰は亥の官鬼で、寅はそれより生合される事になる。亥寅は生合であるが、破を持っている。そして青竜を持つ。これが欲求不満の女房殿がグラッとなった男性である。お互いに運命を狂わせた出逢いと言う事になるのでありましょう。

さて、卦身を持ち、空亡、伏神の酉財（ただし旺相している）が駆け落ちをした女房殿である。応爻の寅との関係を見ると絶になる（巳酉丑寅で金局の寅は絶）。絶では駄目である。折角、駆け落ちまでしたのに、この両人の御縁は長く続かない。これが長生に入っていれば長持ちするのであるが……

この両人、いろいろ有ったあげく三ケ月で別れてしまい、女房殿の復縁も無かった。

④某大手企業の課長さんが来た

部長とどうしても馬が合わないらしい。社内でヒドク評判の悪い部長さんのようであるが副社長と仲が良い。かつての上司と部下の間柄だったのだ。「いつまでこの部長と付き合わなければならないか、いつまで不愉快な毎日を送らなければならないか？」と言う御下問である。

丑月辛卯日（午未）剥3—艮

才	寅	━━	
孫	子	━ ━	世
父	戌	━ ━	
才	卯	× — 申兄	
官	巳	━ ━	応
父	未	━ ━	

世爻が課長さん。応爻が部長さん。両人の子と巳の関係は良い具合に絶である。絶では長続きしません。しかも之卦は六冲である。

問題は応爻の部長さんの元神が独発化尅する事である。卯才は日辰を持す故、日辰壊変である。部長さんの引き立て役の副社長の身上に変事でも起きるのか？

後日、判明した事であるが副社長は子会社の社長に転出。組織替えが有って世爻、応爻両人の関係も自然に解消してしまった。すべて一ケ月ぐらいの間の出来事である。大手の会社でも人事を含めて組織、制度を大幅に作り変えて、生き残るため、必死の作業をしているのでありましょう。

「墓は暗きに入る象」あるいは「日暮れて道に迷う象」であって、「絶はゼロ」と見れば良い。

ついでに申せば、「長生は金ボタン」である。小学生でも中学生でも良い。これから成長する漸進の象。

「帝旺はお山の大将」であって正に全開の象。ただし、明日からは下り坂になることを念頭に置いて判断する必要がある。

断易あらかると13

①貿易会社の重役さんが来た

ごく小人数で、金属、鉱物の輸出入をなさっている会社と伺っている。着席して煙草を召し上がりながら黙っておられるので、こちらも何も伺わずに立筮してみました。占的は次の通り。

Ⓐこの重役さんの勤務する会社の営業状態は如何

申月癸亥日（子丑）臨2356―家人

白	×	酉孫―卯官
	×応	亥才―巳父
	▬ ▬	丑兄
	×	巳父―未兄
青	〓世	未兄―酉孫
	▬	酉孫

応爻がその会社である。日辰の亥財を持って巳父母を化出。元神の酉孫は白虎を付して卯官に化して申月に絶、また月尅になる。

「化墓」「化絶」「化尅」は日辰壊変の三大原因であるから、この外卦は「日辰ファイラ」のサンプルのような具合である。お金も、その元神子孫爻すなわち、御商売もゼロであって倒産してしまった会社である。

Ⓑ念のため「この会社はいまだ見込みありや」と立筮

申月癸亥日（子丑）訟4—渙

━ 孫戌
━ 才申
━━━ 兄午 — 未孫　世
╍ 兄午
━ 孫辰
╍ 父寅　応

㊈玄

応爻がその会社である。

父母爻、すなわち辛労の星を持って月破、日辰は官鬼、すなわち憂患阻滞の星を持って亥寅の生合。もはや見込み無しと断言して良い。

一方、世爻を見ると ⒶⒷ両卦共に明らかに別の子孫爻を化出している。

以上を総合してみると次のようになる。

㋑勤務先の会社はすでに壊滅状態であり、求占者御自身も見切りを付けておいでになる。

㋺しかし、すでに別に新しいポストを見付けておいでになる。そこで、新しい会社に勤務なさる事の吉凶を含めて、駄目押しの意味で御相談のため、おいで下さったものと理解出来るのである。
お話を伺ってみると全くこの通りであって、この会社は役員には巳月から給料が出ておりませんと言う回答であった。

②事業家が来られた

御本人を前にして何も伺わないで立筮。「この方の事業の現状如何」

未月己未日（子丑）鼎5—姤

孫丑 ━
父卯 ✕応 —才申
兄巳 ━ ━
才酉 ━
官亥 ━世 （白）
孫丑 ━ ━

卦身をもつ初上の丑子孫、共に空亡。かつ月破になる。御商売の星、子孫爻の「初上空亡」「初上月破」である。

御仕事に何か問題が有るようである。応爻は取引先である。亥卯未の三合が取れる。昨日今日の取引先では無い。その得意先が日月の墓に入って（随官入墓の一つになる）、かつ申財を化出して金尅木と回頭の尅になる。金に困っている象。結論として世爻の事業家は取引先に売却代金のコゲ付きが出来て回収出来ない。亥の官鬼は阻滞の星である。白虎はイライラカリカリ来ている世爻の心理状態を表しているものと思われる。

お話を伺ってみると昨年の暮より二千万が回収出来ない取引先が出来て頭を悩ましておられるとの事。この件の御相談が来占の主目的であった。この数字は、この卦からはちょっと読み難いのであるが……

③占的

最初の加工見本を送り出した後で、「この見本は先方の検査にパスするか、この商談は成功するか」

申月己卯日（申酉）大有15—姤

丑父 — 応 ×
卯才 — 申兄 - -
巳官 —
辰父 — 世
寅才㊎ —
子孫 — 丑父 - - 騰

世爻は商社マンである。東南アジアの某国に強い。ヨーロッパのある国より材料を支給させて、東南アジアの某国で加工、返送すると言う仕事の緒を作り上げた。先方のメーカーにも出むいて人間関係も良好である。単品としては安価なものであるが注文の量が非常に多い。また一回成功すれば次回からの増量も見込めるし、他の仕事も充分期待出来る、と。

初爻の子、子孫発動して丑父母を化出する。子孫爻は旺相しているのでこの子—丑合は生合である。くっついて離れない。子孫爻は技術の星である。そして、この子孫爻には桃花殺と螣蛇が付く。子孫と言う技術の星に丑の父母、忌神がくっついて離れないのである。残念ながら問題が有るようである。

二爻の寅財は日辰と拱扶して卦身有り、五爻の卯財は日辰を持して、それぞれ尅の有る月破に逢い、回頭の尅になる。

某国の人件費、加工費がもはや他の地区に比較して安くない事を意味しているか？ 寅巳申の三刑もあり、もちろん世爻にとっても凶占である。

翌月先方よりの回答で十数ケ所の加工技術の欠陥を指摘されたと言う。

断易あらかると14

火珠林（婚姻Ａ）

断易あらかるとの最終は断易の古書『火珠林』の「婚姻」の所を取り上げてみたいと思います（14 15 16と三回になります）。

火珠林の「孕産《ヨウサン》」の所は『断易ＡＢＣ』でその概略を紹介いたしましたので、お手もとに有りましたら読み返して見て下さい。

火珠林は正宗、卜易とは異なったアングルから断易を取り上げておりますので、正宗、卜易より古い本であるのにかかわらず、かえって新鮮で易学の原点に近い発想が多く有るようにも思われます。

台中の瑞成書局で出した本が日本でも安く手に入ります（約千円）。

ただし、写真版が悲しくなるくらいキタナクて読み難いキライがあるのですが。

（イ）

占婚姻　喜合婚姻　世応宜静
財官旺相　婚姻可成

世応有動便不成。男家娶妻看財爻。代占同。女家嫁夫用鬼爻。忌動出現怕冲。若旺相可成。世応相剋不久。世夫応婦。又看何人占之。占夫忌子孫発動。子孫持世不成。占妻忌兄弟発動。兄弟持世不成。間爻為媒父母為三堂子孫為嗣。宜静。卦無子孫不歓喜。

婚姻ヲ占ス。合ヲ喜ブハ婚姻。
財官、旺相スレバ婚姻成ル可シ。

世応、動有レバ便チ成ラズ。男家妻ヲ娶ルハ財爻ヲ看ヨ。代占モ同ジ。女家、夫ニ嫁スルハ鬼爻ヲ用フ。動、出現ヲ忌ミ、冲ヲ怕ル。若シ旺相スレバ成ル可シ。世応相剋スルハ久カラズ。世夫、応婦ナレバナリ。又何人ガ之ヲ占スルカヲ看ヨ。夫ヲ占ハバ子孫ノ発動スルヲ忌ム。子孫世ニ持セバ成ラズ。妻ヲ占ハバ兄弟ノ発動ヲ忌ム。兄弟世ヲ持セバ成ラズ。間爻ヲ媒ト為シ、父母ヲ三堂ト為シ、子孫ヲ嗣ト為ス。静ニ宜シ。卦ニ子孫無キハ歓喜セズ。

（注）

間爻為媒。父母為三堂。子孫為嗣。

間爻を媒酌人、仲人とする。三堂とは唐の時代。河南省の刺史の家の庭園の名前であるが、ここでは父母、兄弟等の家族の事であって、嗣とはもちろん、嗣子の事である。この辺の説明は後文に出て来ます。

◎Mさんのデート

戊月戊申日（寅卯）泰5—需

孫酉	▅ ▅ 応	朱
才亥—戌兄	✕	青
兄丑	▅ ▅	玄
兄辰	▅▅▅ 世	白
官寅	▅▅▅	螣 卦
才子	▅▅▅	勾

知人のMさんが仕事場に遊びに来られました。普段はジャンパー姿が多いのですが今日は背広で、ネクタイもなかなか立派です。これから、ある女性とデートですとおっしゃる。なるほどなあと納得したのであるが、確か六十歳を少し過ぎたはずで、失礼ながら少しショボクレ気味の彼である。

上手く行くのかなあと心配になって来た。そこで首題の占的で立筮してみたと言う次第である。

世爻はもちろん、このMさん。財爻の忌神、兄弟を持って月破、白虎を付し、かつ辰の自墓を持つ。どうも良い意味が有りません。一方、応爻はお相手の女性でしょう。

（六合卦であるから当然、世応は合する）

旺相して日辰を拱扶し、朱雀も付いている。桃花殺も付くのであるから、ファイト満々。独発する五爻の亥財も青竜（良い意味でお遊びの星）を持ち、二爻に在る卦身を持つ寅の官鬼を生合する。世爻の辰は自墓である。墓は自ら迷う象。それをこの女性、亥財が戌を化出し、戌—辰と墓庫を冲開してくれているのである。誠にデートのお相手としては申し分のない女性である。㊟

一方、Mさんの方は、と見ると世爻も駄目なら卦身の付く寅の官鬼もイケません。休囚。空亡。日破。螣蛇。日冲に逢って暗動している様子は見られますが、これではお相手の女性が幾らガンバッてもお役に立ちません。小生の杞憂が当たってしまったようです。しょんぼり頭を垂れて帰路につくであろうMさんの姿を想像して何とかしなければと考えてしまいました。

Mさんには、永い間別居した後で結局、離婚した奥さんがおられるはずです。寝たきりとか。初爻の子の妻財爻（申子辰の三合が取れるが勾陳）がこの方を意味しているのかも知れません。

火珠林の内で「卦に子孫無きは歓喜せず」と有るのは、婚姻占で、世爻、応爻が共に立派であっても、官鬼、妻財の両爻がそこそこ力が有っても、卦中の子孫爻が無いか、有っても傷が有れば無いに等しいから、この御夫婦の性生活が上手く行かないと言う意味であって、この占例の場合はそれ以前の問題で、官鬼が全然駄目だったと御理解していただければ良いと思います。

▼㊟

1、「多現は墓をまつ」

「墓は冲をまつ」の原則あり。

2、三墓と言う用語があります。

①自墓、②日墓、③化墓

ただし、この辰＝自墓と言った考え方に否定的な方もおられるようであります。この周辺に関しては別の機会にまとめて私見を述べさせていただきたいと思っております。

断易あらかると15

火珠林（婚姻Ｂ）

前掲に引き続き断易の古書『火珠林』の婚姻のところを勉強して行きたいと思います。比較的、長い文章ですので㋑㋺㋩……と分けて書いていますが、これは読みやすいようにと区分したまでのことであります。

（ロ）

或問世応有動便不成何也。答曰世動男家進退応動女家不肯。世応有空亦然。問忌二字動忌何爻動也。曰財官二字。何為三堂。父母、兄弟、子孫也。

或ハ問フ。世応動有ルハ便チ《スナハ》成ラズトハ何ゾ也。答ヘテ曰ク世動カバ男家進退シ、応動カバ女家肯《ガエ》ンゼズ。世応空有ルモ亦然リ。問フ二字ノ動クヲ忌《イ》ムトハ何爻ノ動クヲ忌ム也ヤ。曰ク財官ノ二字ナリ。何ヲカ三堂ト為スカ。父母、兄弟、子孫也。

（ハ）

凡財爻与兄弟合、此婦不廉、五爻持鬼、此婦貌醜。財伏墓下、主生離死別。財伏鬼下主婦人帯疾。兄伏鬼亦然。財伏兄下、主婦人淫蕩。鬼伏兄下主男子賭博。身爻值鬼、主帯暗疾。此又不伝之妙。

凡ソ財爻兄弟ト合セバ此ノ婦不廉ナリ。五爻鬼ヲ持セバ、此ノ婦貌醜ナリ。財墓下ニ伏セバ生離死別ヲ主ル。財鬼下ニ伏セバ婦人ノ疾ヲ帯スルヲ主ル。兄、鬼ニ伏スルモ亦然リ。財、兄下ニ伏セバ、婦人ノ淫蕩ヲ主ル。鬼、兄下ニ伏スルハ男子ノ賭博ヲ主ル。身爻鬼ニ值ハバ暗疾ヲ帯ブルヲ主ル。此レ又不伝ノ妙ナリ。

○「五爻持鬼此婦貌醜」この文句は次回の（ホ）につながります。

○「身爻」とは卦身のこと。

○「財伏鬼下主婦人帯疾」ここの、「帯疾」または「暗疾」とは病気または持病が有る意。

○「淫蕩」インとは過なり。邪なり。惑なり。男女の交わるに礼を以てせざるを淫という。淫蕩、淫乱の如し。

（二）

占妻看財爻、宜静。占夫看官爻、宜静。陽宮端正、陰宮醜陋。在飛上、応頭面四肢、在飛下応拙不穏。男占得震巽、主再婚、女占得坎離主再嫁。妻在間爻、女有親為主婚。夫在間爻、男有親為主婚。但得時旺相皆許成。出現忌日冲。世動男不肯、応動女生疑。用神若発動成也見分離。間動有阻隔。或是媒人作鬼。

妻ヲ占フハ財爻ヲ看ヨ。静ニ宜シ。陽宮ナレバ端正、陰宮ナルハ醜陋《シュウロウ》。飛上ニ在ルハ頭面四肢ニ応ジ、飛下ニ在ルハ拙不穏ニ応ズ。男占シテ震巽ヲ得ルハ再婚ヲ主リ、女占シテ坎離ヲ得ルハ再嫁ヲ主ル。妻間爻ニ在ルハ女ニ親有リテ主婚ト為ル。夫間爻ニ在ルハ男親有リテ主婚ト為ル。但、時ヲ得テ旺相スレバ皆成ヲ許ス。出現スレバ日冲ヲ忌ム。世動カバ男肯ンゼズ、応動カバ女疑ヲ生ズ。用神如シ発動スレバ成ルモ又分離ヲ見ン。間動クハ阻隔有リ。或ハ是レ媒人鬼ヲ作サン。

○間爻を仲人、仲介人と見る事も有り。用神、用爻への生尅を見ること。発動して用神を尅冲すれば、あるいは仲人が虚言を述べている事も有ると見る。

以上の（ロ）（ハ）（ニ）は特に説明は不要と思いますが、なかなかユニークな見方をしているものです。

◎二十歳になったばかりの若い女性が来て、相思相愛のボーイフレンドとの結婚の吉凶を問う

①丑月乙巳日（寅卯）巽5—蠱

兄卯 世
孫巳 ㊠ ―子父
才未
官酉 応
父亥
才丑

マコトに難解な卦が出て来たもの、六冲卦は〝破れ〟の卦である。ただし卦中の応爻、酉官鬼は日辰、月建と巳酉丑の三合を作して冲中合になる。〝破れ〟にならずと見て良いか？

応爻の酉官は三合して世爻の卯兄を金剋木と剋す。しかして世爻の卯兄は空亡。

五爻の巳、子孫は日辰を持し白虎が付くも独発して、子水父母を化出。回頭剋になる。これは正しく日辰壊変である。

とすると巳酉丑の三合は取れず、冲中合を見てはイケナイか？

婚姻で占官に来占された女性にとって凶の意味の強い子孫爻の壊了。世爻は兄弟爻（財爻の忌神）を持って空亡の意味が何としても理解出来ない。そこで躊躇することなく再占。

①と再占②の両卦は全く同一の内容と見て良いのでしょう。②の卦においても独発の子孫爻は回剋になってさらに日破。卯の妻財爻は空亡。

②丑月乙巳日（寅卯）兌6―履

✕世 亥孫―戌父
━ 丑父
━ 卯才
╍応 巳官
━ 未父
━ 酉兄

㊙

応爻につく巳の官鬼は日辰を持する故に亥孫の独発に逢い爻冲に依る壊変となる。

①では子孫爻が壊変し、②では官鬼が壊変することになる。どうも官鬼に問題が有って世爻の求占者を一人前の〝女性〟に出来ないのか？（世爻と財爻が空亡）。子孫爻は無いに等しいか？

「良いカップルと思いますが、子供さんが出来にくいかも知れません」と申し上げると、ちょっとの間考えていた求占者から次の返事が返って来た。

「彼は子供の時、風疹に罹った事があるそうです。良い人ですから子供が無ければないでそれでも良いです」

断易あらかると16

火珠林（婚姻C）

（ホ）

如占女人妍醜、第五爻為面部。如財福旺相持之絶色。父母次之。兄弟持之、貌醜陋不妍。上六爻為頭髪。如火坐、主鬢髪焦黄色。看太脚、小脚、専看初爻。初爻是陽主太脚。初爻是陰主小脚。重化折、半扎脚。交化単、先纒後放。

如シ女人ノ妍醜ヲ占ハバ第五爻ヲ面部ト為ス。如シ財福旺相シ之ヲ持セバ絶色トス。父母ハ之ニ次グ。兄弟之ヲ持セバ醜陋ニシテ妍ナラズ。

（ハ）の所にあった「五爻鬼ヲ持セバ、此ノ婦貌醜ナリ」と言う文句は、このところにつながります）

上六爻ヲ頭髪ト為ス。如シ火之ニ坐セバ鬢髪ガ焦黄色ナルヲ主ル。太脚カ小脚カヲ看ントスレバ専ラ初爻ヲ看ヨ。初爻是レ陽ナラバ太脚ヲ主ル。初爻是レ陰ナラバ小脚ヲ主ル。重ガ折ニ化セバ半扎脚。交ガ単ニ化セバ先ズ纒シ後ニ放セルナリ。

○妍《ケン》—容色美好なり。不妍はその反対。すなわち美人、不美人の意。
○絶色—絶とは之を無からしめて尽くるものを言う。絶対—対するもの無きと言う。有一無二を絶と言う。絶色とは、他に比する者なき美人の意。
○醜陋—貌悪《アシ》きなり。醜相、醜陋の如し。不美人の意。
○扎《サツ》—以綫縛脚なり（ホソキ布ヲ以テ脚ヲシバルナリ）。
○纏足《テンソク》—足を小さき靴にてかため、小足にすること。
○単折重交—少陽、少陰、老陽、老陰なり。
○太脚、小脚—占財の時のみではない。赤ちゃんの足の大小も見られる。

（へ）

附占婢妾、専以財爻為主象。財爻旺相便吉。若動出官来主生病招訟。動出兄来主口舌。若兄爻財爻合住主有外情不良。如有爻象与財爻三刑六害必主因此成訟。財化子性善。財化官帯疾。財化兄主淫蕩不良。財化父老成。財化子性遅緩不管事。

定婦人、女子看財福二爻、生身世無冲尅是女子。財福生官兄、或官兄旺動是婦人。

附ケタリ。婢妾ヲ占フハ専ラ財爻ヲ以テ主象ト為ス。財爻旺相スルハ便《スナハ》チ吉。若シ動イテ官ヲ出シ来ラバ病ヲ生ジ訟ヲ招クヲ主ル。動イテ兄ヲ出シ来ルハ口舌ヲ主ル。若シ兄爻ト財爻ト合住セバ外情有リテ不良ナルヲ主ル。如シ爻象ガ財爻ト三刑六害ナル有レバ必ズ此レニ因リテ訟ヲ成スヲ主ル。財、子ニ化スルハ性善。財官ニ化スルハ疾ヲ帯ス。財兄ニ化スルハ淫蕩不良ヲ主ル。財父ニ化スルハ老成。財子ニ化スルハ性遅緩ニシテ事ヲ管セズ。

婦人カ女子カヲ定ムルニハ財福ノ二爻ヲ見ヨ。身世ヲ生ジ冲尅無キハ是レ女子。財福、官兄ヲ生ジ或ハ官兄旺動セバ是レ婦人。

○婦人―女子すでに嫁せるを婦と言う。

（ト）

凡占傭取僕従亦用財爻為主象。財不可大過又不可無財並空亡。若如此慵懶不向前。子化財為人純善。鬼化財帯疾。兄化財不真実多説謊瞞騙人家。父化財性重作事穏。財化兄多淫蕩難托財。又看身爻是鬼主有疾。身是父主識字。身是兄多説謊。身是子主慈善。身是財最好。化出鬼主生病招口舌。化出兄主口舌不穏。

凡ソ僕従ヲ傭取スルヲ占スルニハ、亦財爻ヲ用テ主象ト為ス。財ハ大過ナル可カラズ。又無財並ニ空亡ナル可カラズ。若シ此ノ如クナレバ慵懶ニシテ向前セズ。子財ニ化スルハ人ト為リ純善。鬼財ニ化スルハ疾ヲ帯ス。兄財ニ化スルハ真実ナラズ多クハ人家ヲ説謊瞞騙ス。父財ニ化スルハ性重ニシテ事ヲ作スルニ穏ナリ。財兄ニ化スルハ多クハ淫蕩ニシテ財ヲ托シ難シ。又身爻ヲ看ヨ。身是レ鬼ナレバ疾有ルヲ主ル。身是レ父ナレバ字ヲ識ルヲ主ル。身是レ兄ナレバ多クハ説謊。身是レ子ナルハ慈善ヲ主ル。身是レ財ナルハ最モ好シ。鬼ヲ化出スルハ病ヲ生ジ口舌ヲ招クヲ主ル。兄ハ口舌、不穏ナルヲ主ル。

○説謊瞞騙《セツコウマンヘン》――うそを言いだます意。

閑話休題

ランタオ島に行く機会が有りました。この島は香港島の中環から船で一時間余りの沖に在る島で、香港島の三倍ぐらいの大きさの島である。大陸寄りでは目下新しい飛行場を建設中で、中国と英国の間で話が縺れてゴタゴタしているらしい。

なかなか高い山も有って、頂上には大きな露座の大仏様がチン座しておられる。鎌倉の大仏様よりはるかに大きい。その下のお寺で出してくれる素食がまたすばらしい。安値な料金でこれだけ美味しい精進料理がいただけるとは流石に食の国、広東である。

さて、この島でも自動車が増えているようで、山道の道路を拡張工事中であって一車線の道路の片側で交互に車を止めて流している事はどこの土地でも同じことである。

問題はこのゴーストップの表示板である。昭和の初期に東京でも使われていたように丸い円板の裏表に赤はストップ、青はゴーと書いてあってそれを交代にひっくり返して通行の車両に見せている事は六十年前の東京と変わりない（紀元書房さんのちょっと先に在る「交通博物館」あたりには一台ぐらい残っているかも知れないしろものである。東京で使っていたものは注意の黄色のマークが赤青の中間に出て来るようにちょっと複雑な仕組みになっていたような記憶もあります）。

赤く塗られた円板はもちろん、トマレで英中両文字で「ストップ」と「止」と書いてある。青い面は、ススメで「ゴー」と「　」と書いてある。中文で何と書いてあるか御想像下さい。

火珠林の占財伏兄の所に下記のようにある。

　占財伏兄　用財伏兄　口舌相侵
　　若在世下　旺相可成

財伏兄弟之下、本無気無財。却喜財爻旺相貼世下、透出値日辰方有。或問、用財伏兄、口舌相侵矣。縁何在世下又旺相可成。答曰、財伏在兄弟爻下、是財被他人把住、故生口舌。若伏世下世持兄弟、我去尅財、財又旺相豈得不成乎。

また、正宗の出行の所より抜粋してみても、

　静遇日冲必為他人而去。

世爻安静遇日辰動爻暗冲者他人浼去非為自已謀也。

断易の古書を見ると「去」と言う文字が行くと言う意味に使われている場所が非常に多い。青い円板にはゴーの英文と「去」の一字が併記してありました。

鷲尾流　五行易（断易）占例

愛　佳央梨

1　事業占

占的、起業して、仲間・同僚からの中傷やトラブルはあるか？

子月己巳日（戌亥）泰26—賁

㊏勾	⚋△ 応	酉孫	—寅官
㊏朱	⚋	亥才	
㊏青	⚋	丑兄	
㊏玄	⚊○	辰兄	
㊏白	世 ═	寅官	—酉孫
㊏螣	⚊	子才	

現在、会社勤めをしている女性の方が求占者です。資格を活かして独立しようか悩んでいらっしゃるようです。同資格者の競争が激しく、起業後の中傷やトラブルが起きるのが心配と言っています。断易で観ると地天泰の二爻と上爻が動きました。六合卦が出て、大象吉とも判断できますが動爻にあって変化はありそうです。

求占者の世爻は、自墓、暗きに入り、身動きがとれません。トラブルが起きるかという占ですので、用神は官鬼、上爻の化爻に官鬼と二爻の本爻に官鬼があります。二爻の官鬼は子孫爻の寅を化出し、金剋木と、回頭の剋に見えますが、官鬼爻に連なって、子孫爻が化出したのでトラブルはなし、吉と見ます、しかし寅巳申の三刑も取れ、今は、問題はないが申の月にトラブルがおきると見ます。

2　起業をするがスムーズに進むか？

子月己巳日（戌亥）大有

父	丑	⚋	△応	㊖
才	卯	⚋	兄申	㊕
官	巳	⚊		㊓
父	辰	⚊	○世	㊗
才	寅	⚊		㊒
孫	子	⚊		㊘

事業の占例ですので用神は、子孫爻です。子孫は日晨に休囚だが子の月ですので今月は元気とみます。五爻の申の兄弟に朱雀が付して卯の才に伏し口舌が起こると判断します。世爻、申子辰に三合。土爻の丑の父母爻は求占者の先輩または上司と見ます。隣接しているので、父母の影響を受けた五爻の兄弟に歩みより仲間である兄弟を動かし、さわぎを起こすと判断できます。三合の兄弟爻、申子辰が取れ、求占者の顔見知りか、同部署の人と思われます。結果、開業時期を遅らせることになりました。

3　事業占、来年起業して儲かるか？

申年亥月癸丑日（寅卯）

兄	子	⚋　応		白
官	戌	⚊		螣
父	申	⚋		勾
官	未	⚊（○）世	午才	朱
父	申	⚋		青
兄	亥	⚊	寅孫	玄

卦中に丑未戌がある。これは、辰が応期となり四土全具となります。来年の辰月に開業でしょう。初爻、伏神の寅の子孫と飛神の兄弟が生合、世爻の官鬼と伏神の午が生合、伏合となります。運転資金は当人しっかり持っている。寅午戌の三合もとれ、午の財が火局で強くなり、お金は稼げるようになるようです。

4 父の病気

父
丑月戊午日（子丑）剥126—臨

六獣	伏神	爻	本卦	変卦
㊍朱		━━	寅才	寅才
青	申兄	━ ━ 世	子孫	
玄		━ ━	戌父	
白		━ ━	卯才	
螣		━ ━ 応	巳官	未父
勾		━ ━	未父	酉兄

病気は、ということですので用神は二爻の官鬼です。旺相にて病状悪し。世爻は空亡。空避のため日晨の午の剋を取らない。空亡中の手術なので子孫爻は無事。

二爻の官鬼は動き、父母を生じ、エネルギーを泄らす。手術前の医師からの説明にて、人工肛門になると説明を受けて不安に思っていたが、手術の結果人工肛門にはならなかった。

父母は旺相、まあ、手術はのりこえられる。

子孫爻が休囚。完治する病いではないことを、これがあらわしています。病名は直腸ガンとのことでした。

しかしその後、再手術となった。

5　事業占、会社の行え

丑月丙辰日（子丑）同人156―小過

青		応	戌孫―戌孫
玄	卯父		申才―申才
白			午兄
螣		世	未孫
勾			酉才
朱			亥官―辰孫

まだ、若い青年がいらっしゃいました。大学の仲間三人でＡＩの会社を立ち上げました。今後の経営のゆくえはということです。

外卦は伏吟ですが、上爻の戌の孫から五爻の申才爻を生じ初爻の亥の官鬼を生じます。これは接続の相生です。初爻の亥の官は回頭の剋ではなく、化出の辰が二爻の才と生合のする回頭の剋害を免れます。世爻子孫爻付して、旺相。亥卯未の三合が取れ、伏身の卯の父が強くなる。現在伏しているが卯の父母が提抜された時に、力のある目上の協力者に助けられて規模が大きくなっていくと判断できます。

結果、出資をしてくれる会社もあらわれ、小さな事務所から都内某区に会社を移転し、社員を増やし増益中とのことです。

胡煦納支
断易納甲表

胡煦納支は康熙四十九年　礼部左侍郎であった光山　胡煦滄暁が著わしている周易函書（約存十八巻　約注十八巻　別集十六巻）の理論であります。

これまでト筮正宗、増刪ト易、易冒などで使用されて来た、いわゆる火珠林の納支と比較して胡煦理論の納支は、はるかに納得出来るものがあります。

旺相	春	夏	秋	冬	四季土用
旺	木	火	金	水	土
相	火	土	水	木	金
死	土	金	木	火	水
囚	金	水	火	土	木
休	水	木	土	金	火

十二運／五行	木	火	金	水土
長生	亥	寅	巳	申
沐浴				
冠帯				
臨官				
帝旺	卯	午	酉	子
衰				
病				
死				
墓	未	戌	丑	辰
絶	申	亥	寅	巳
胎	酉	子	卯	午
養				

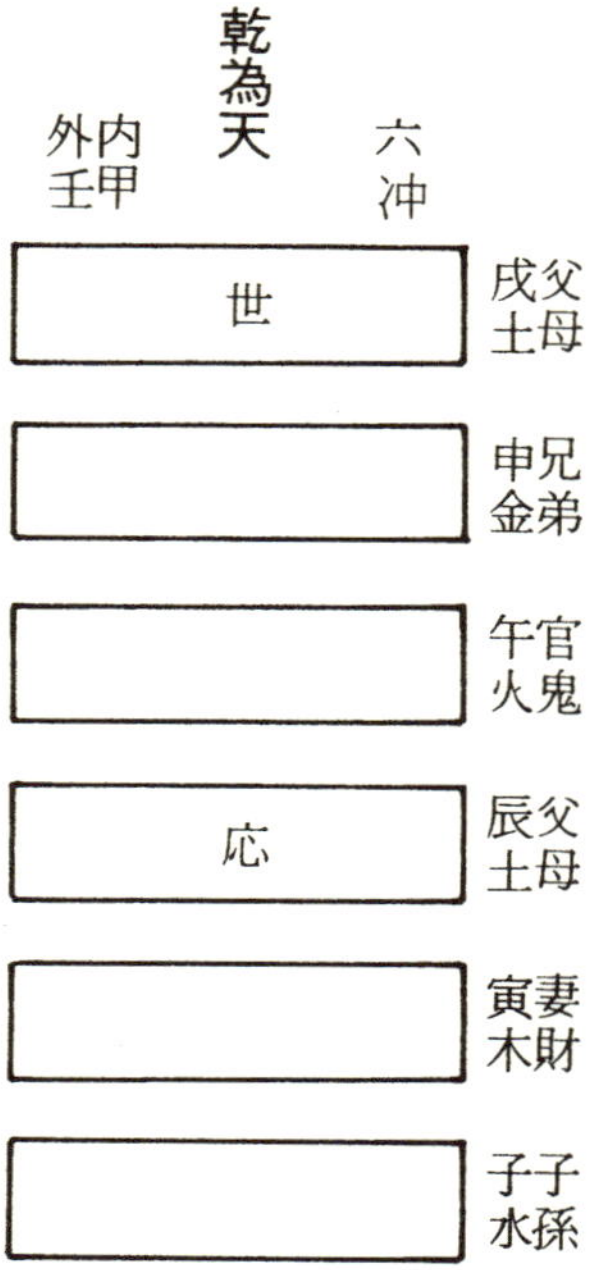

兌
亥
丑
卯
巳
未
酉

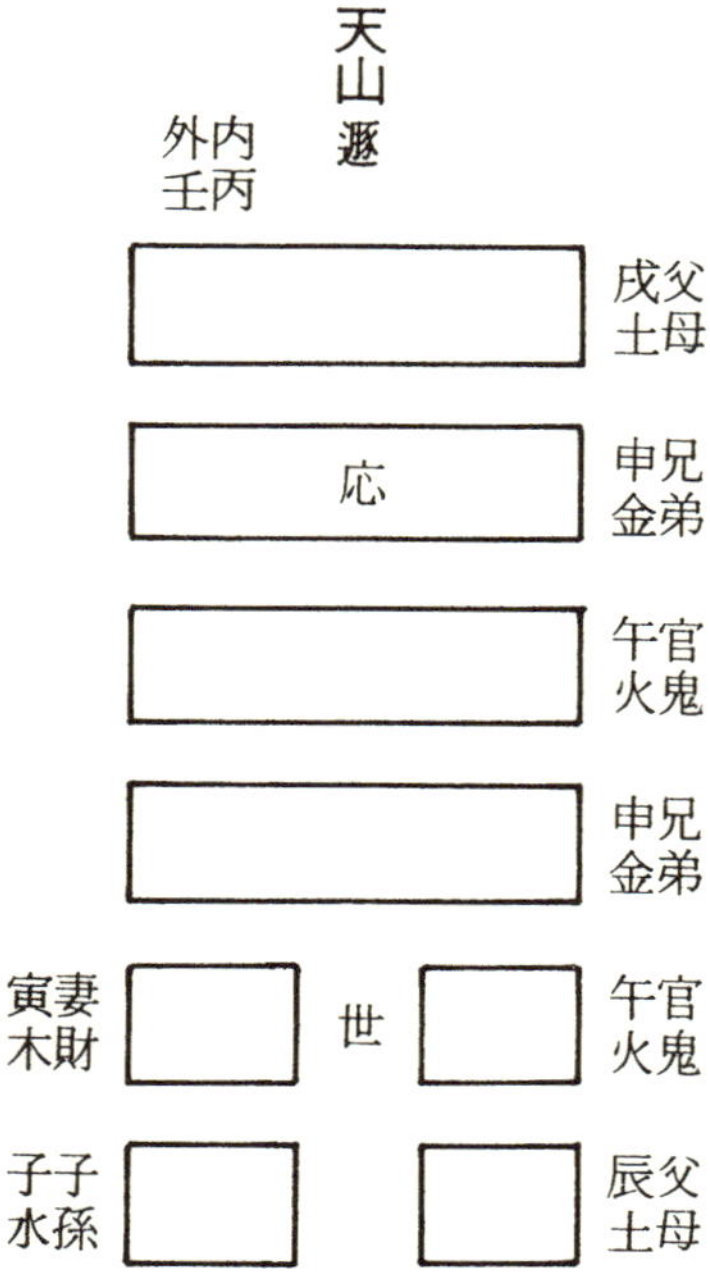

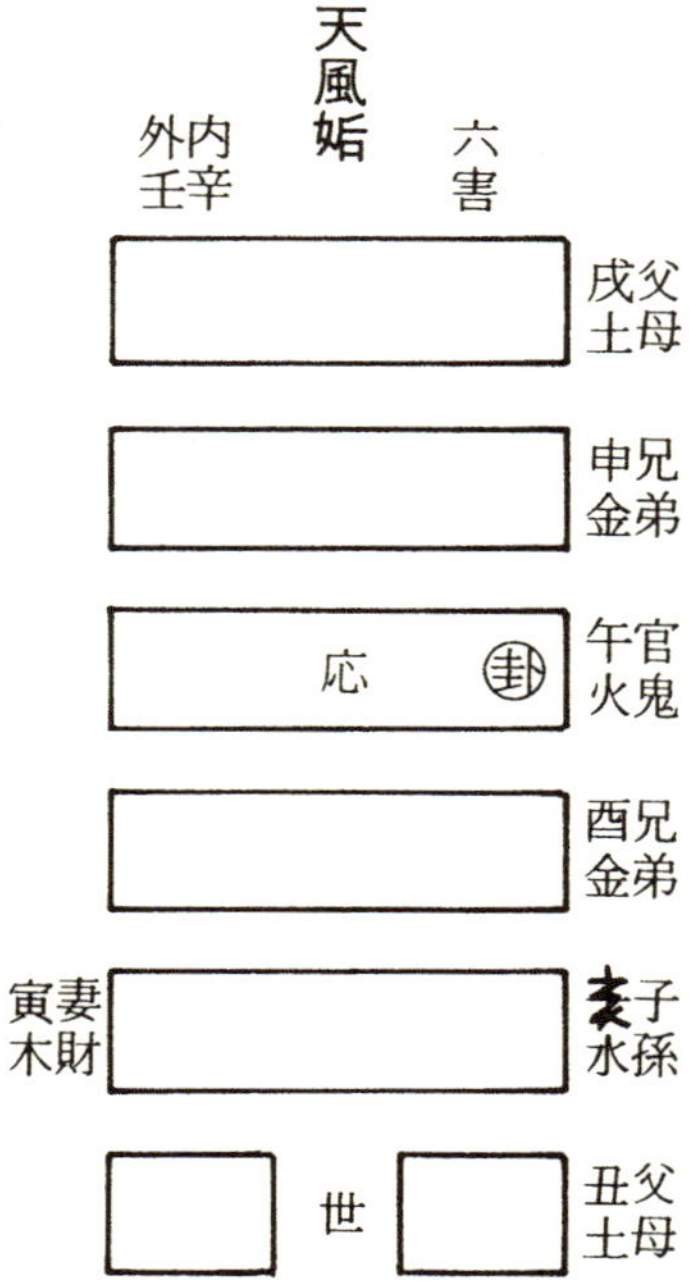

離
×
×
×
未
酉
亥

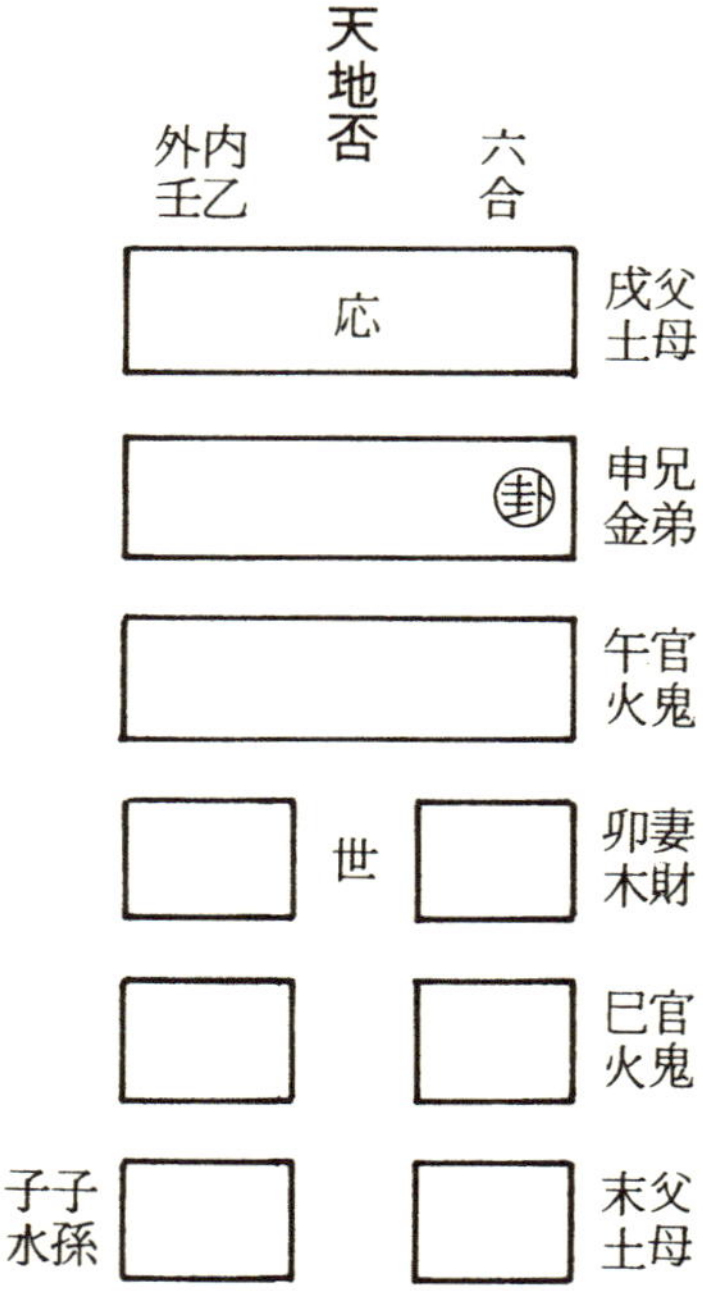

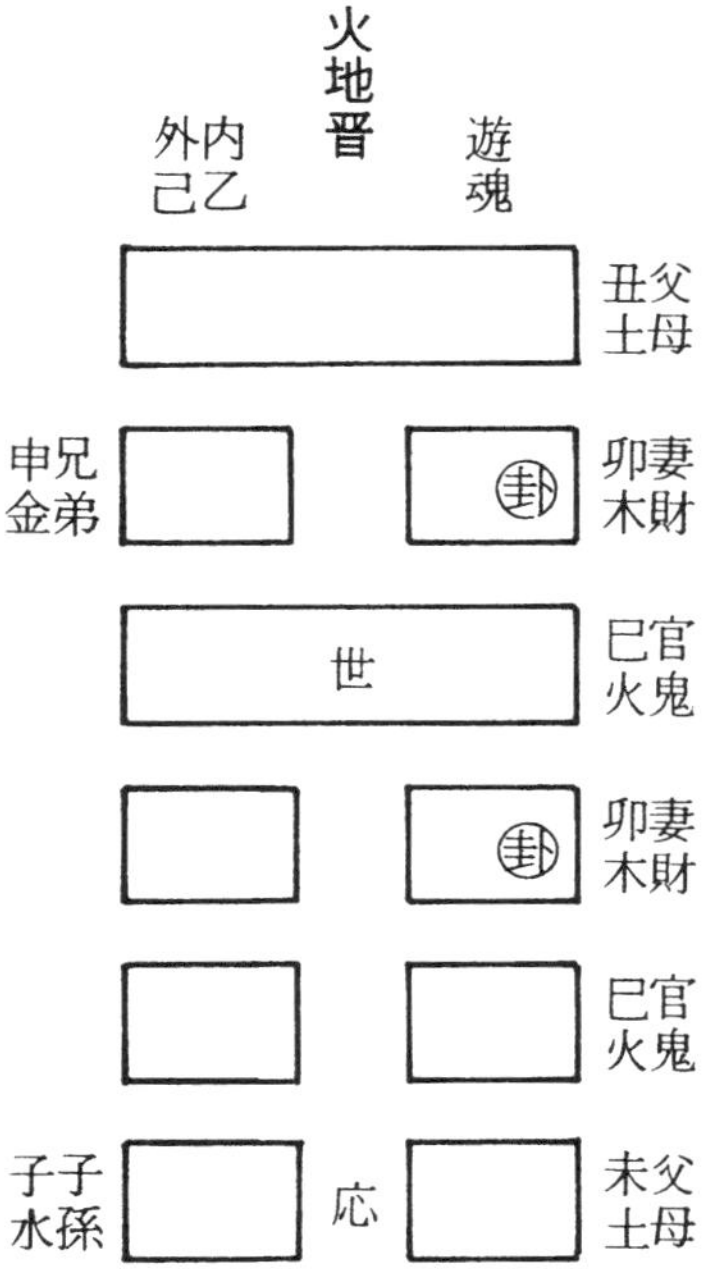

坎
子
戌
申
午
辰
寅

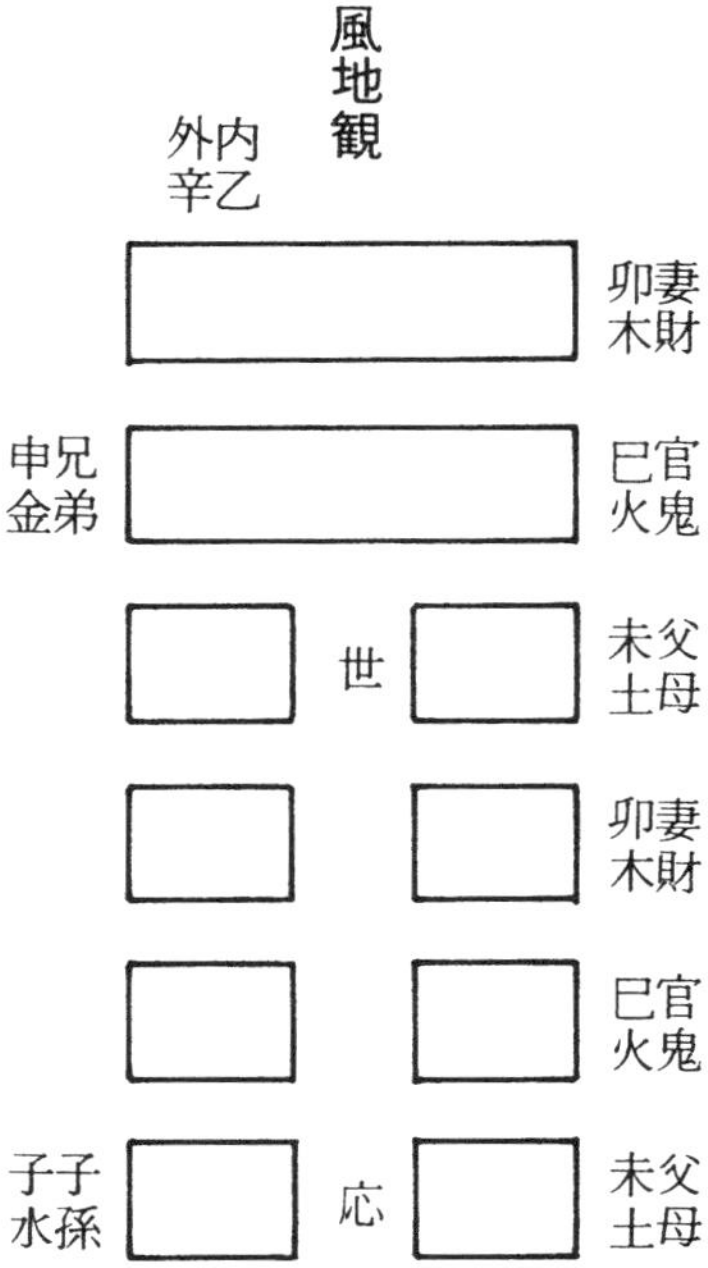

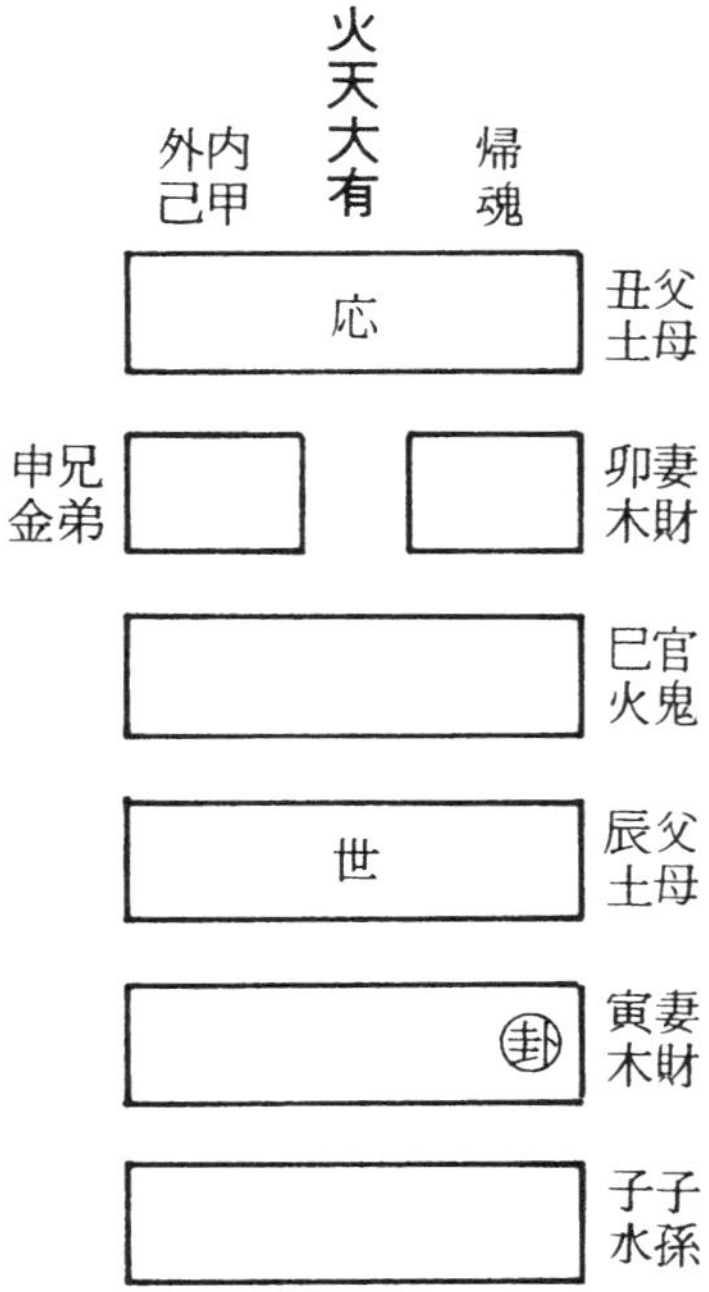

坤
酉
亥
丑
×
×
×

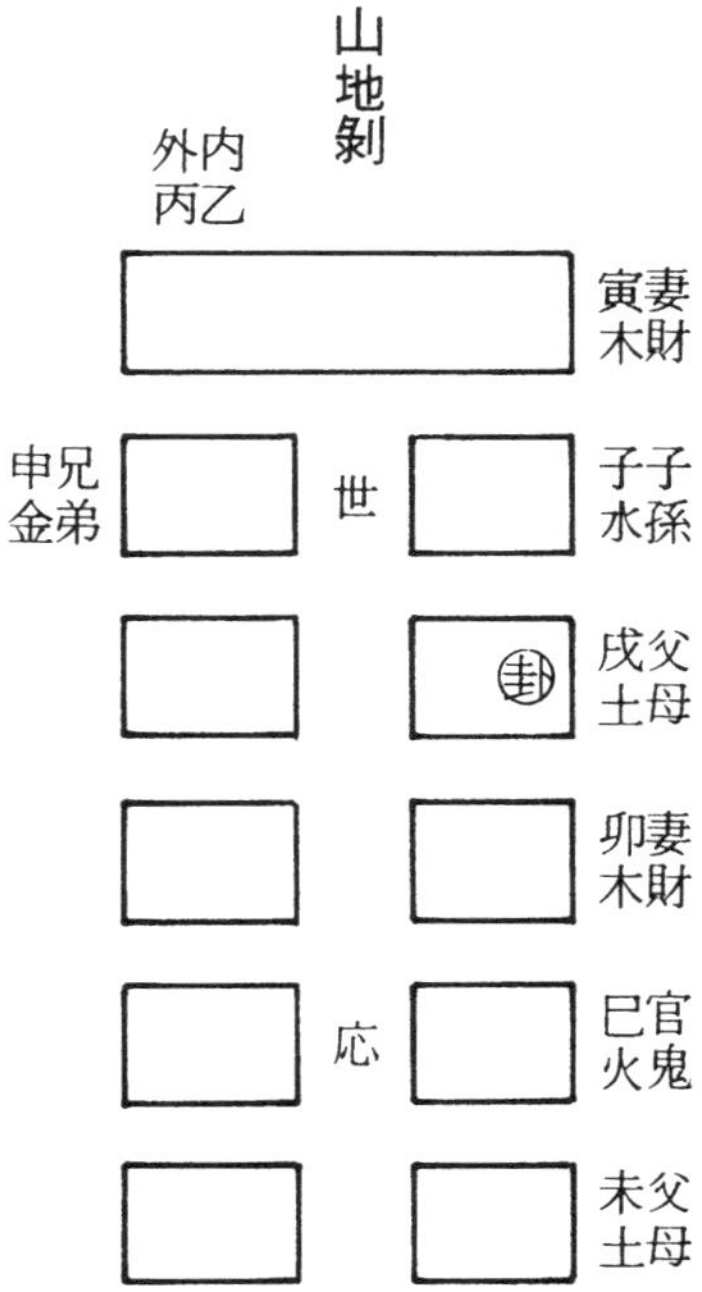

坎為水

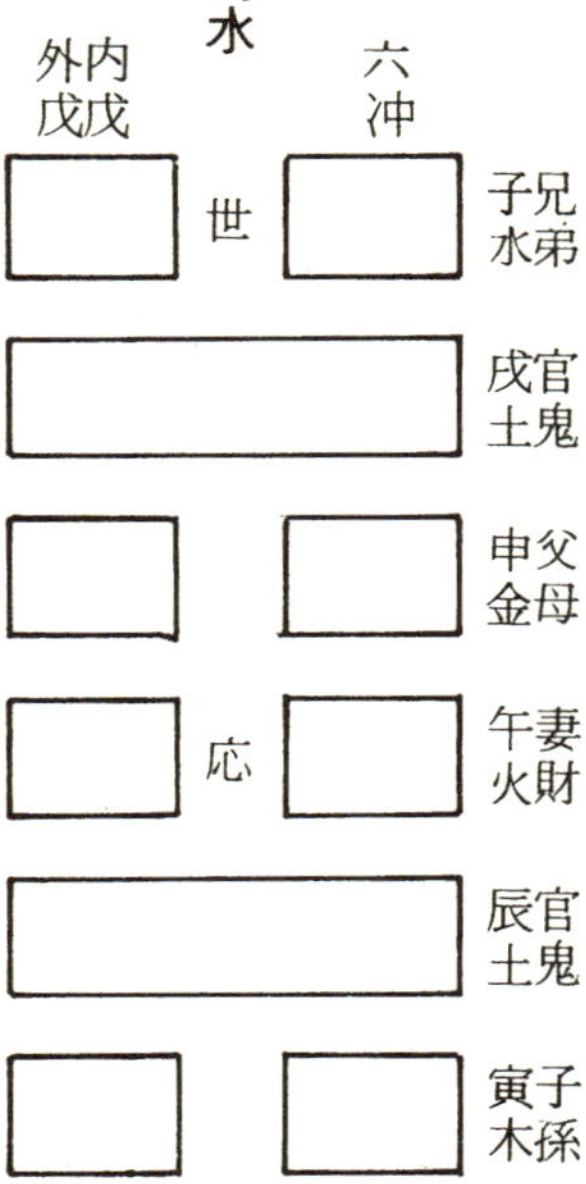

水雷屯

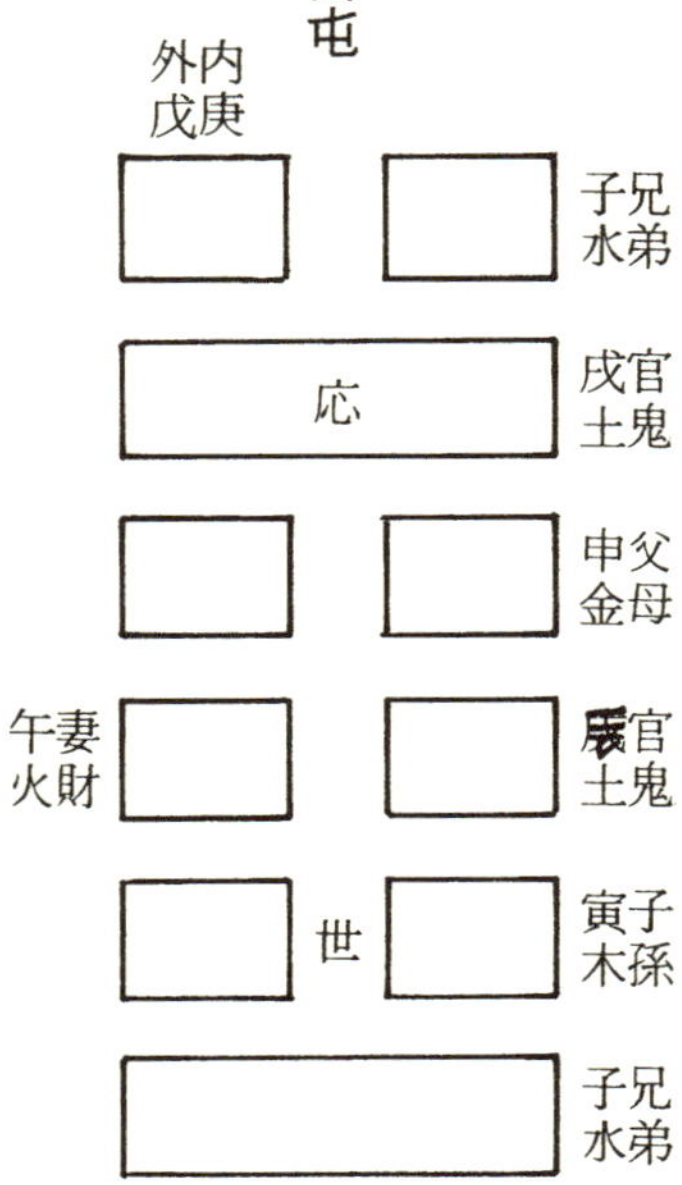

艮

寅

子

戌

申

午

辰

水澤節

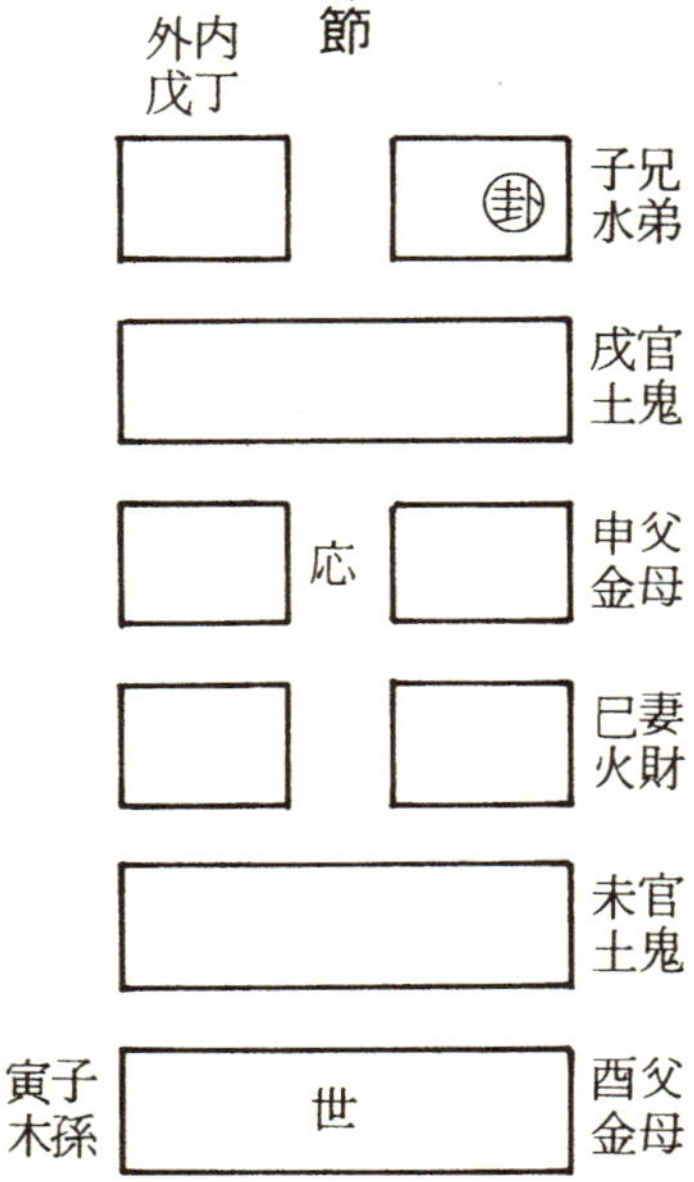

水火既済

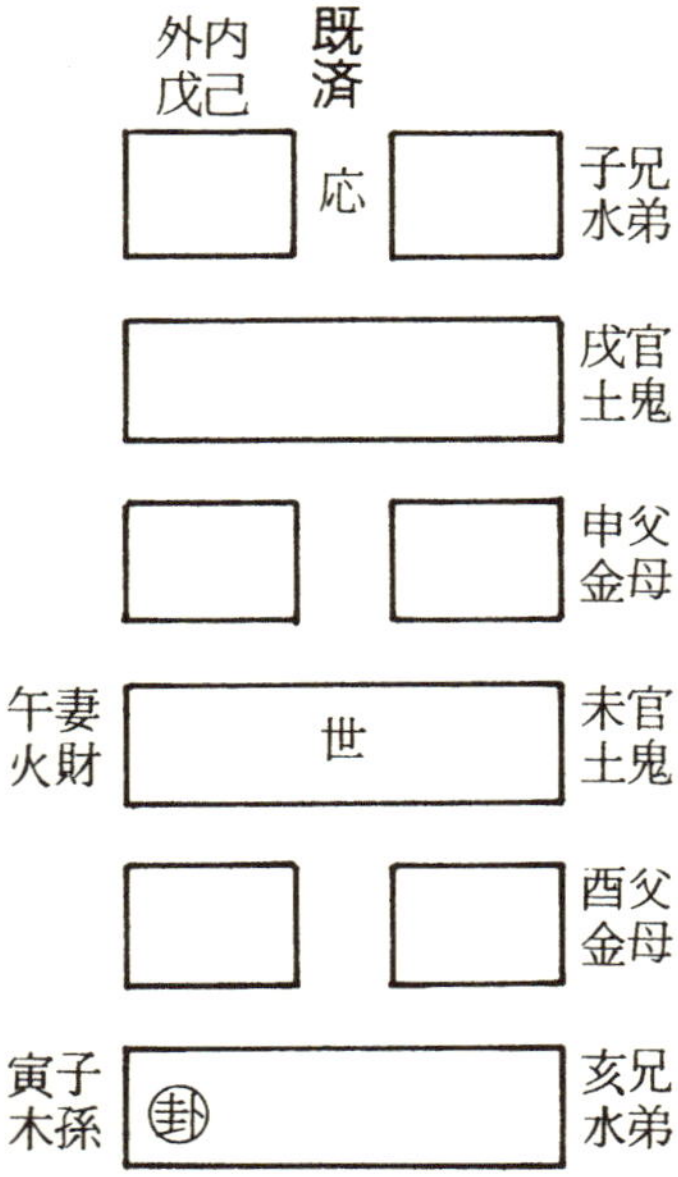

坤

×

×

×

卯

巳

未

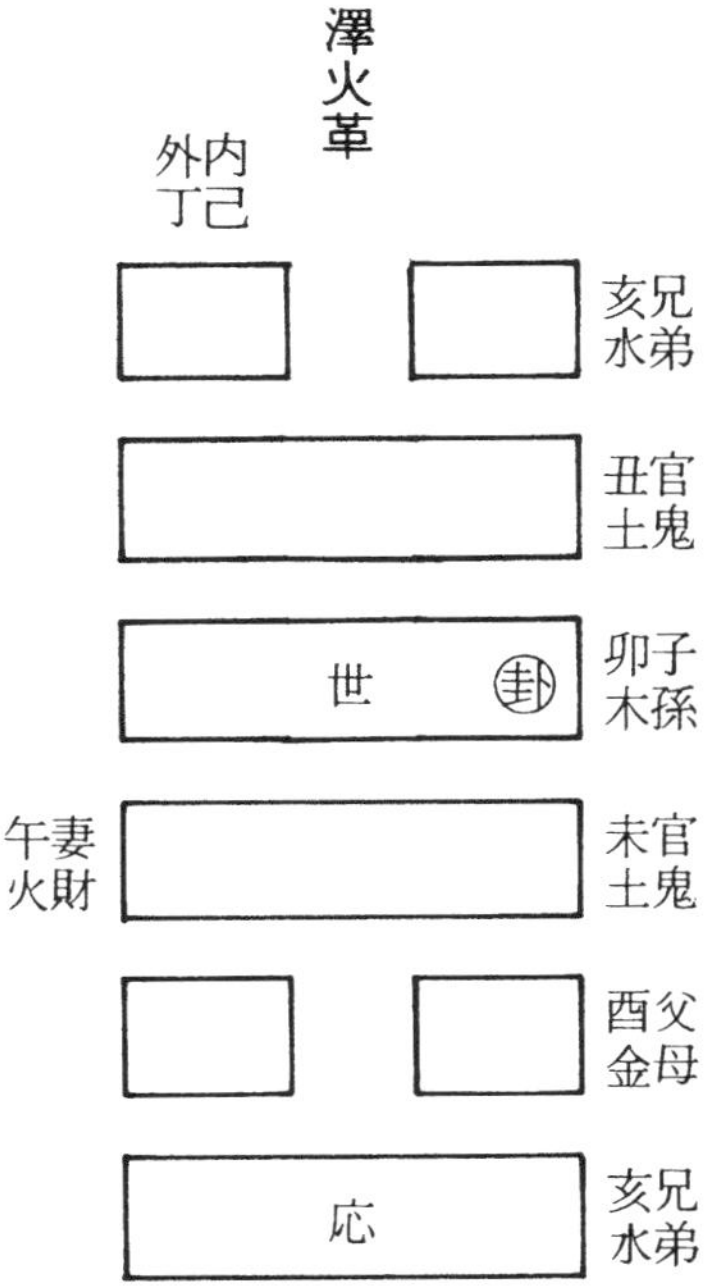

巽

卯

巳

未

酉

亥

丑

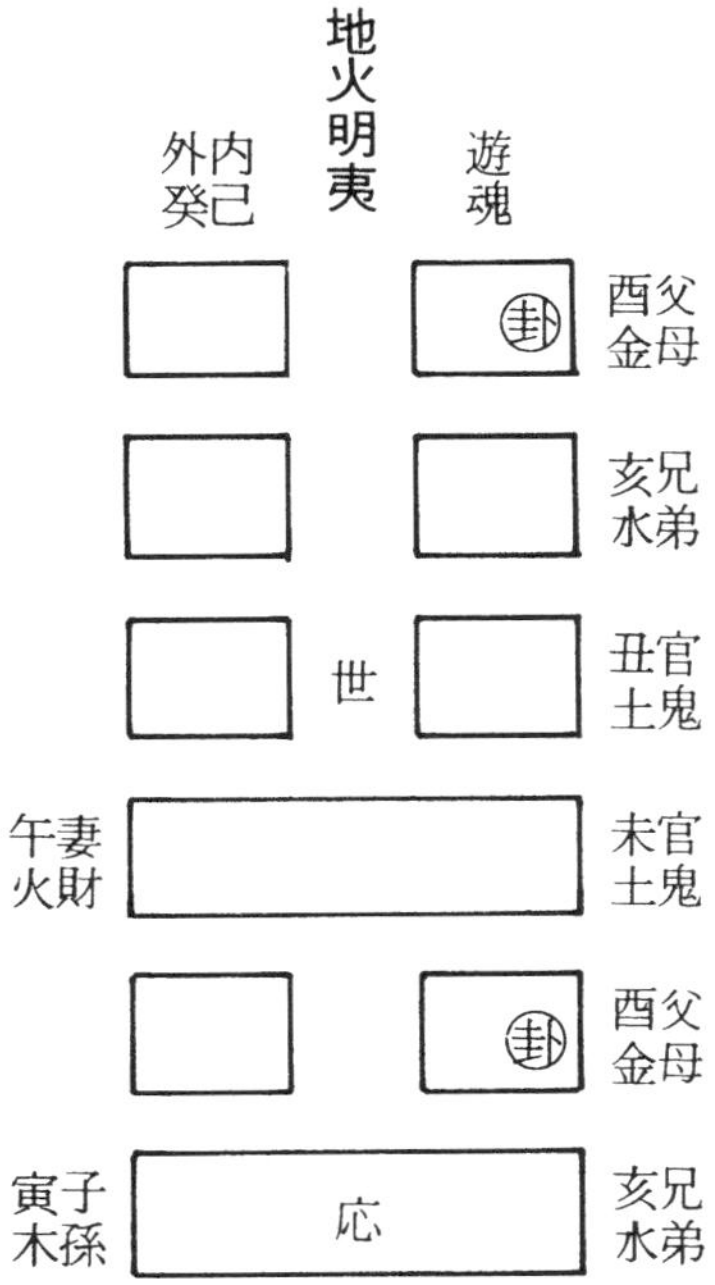

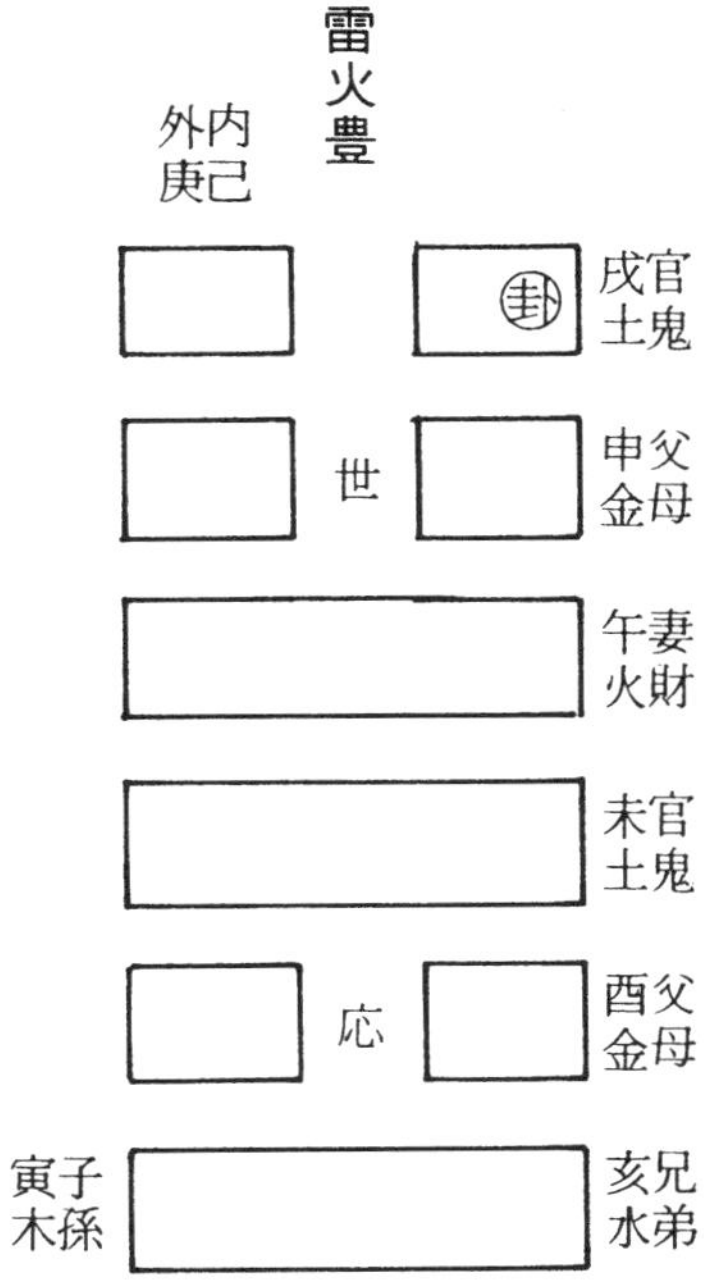

離

丑

卯

巳

×

×

×

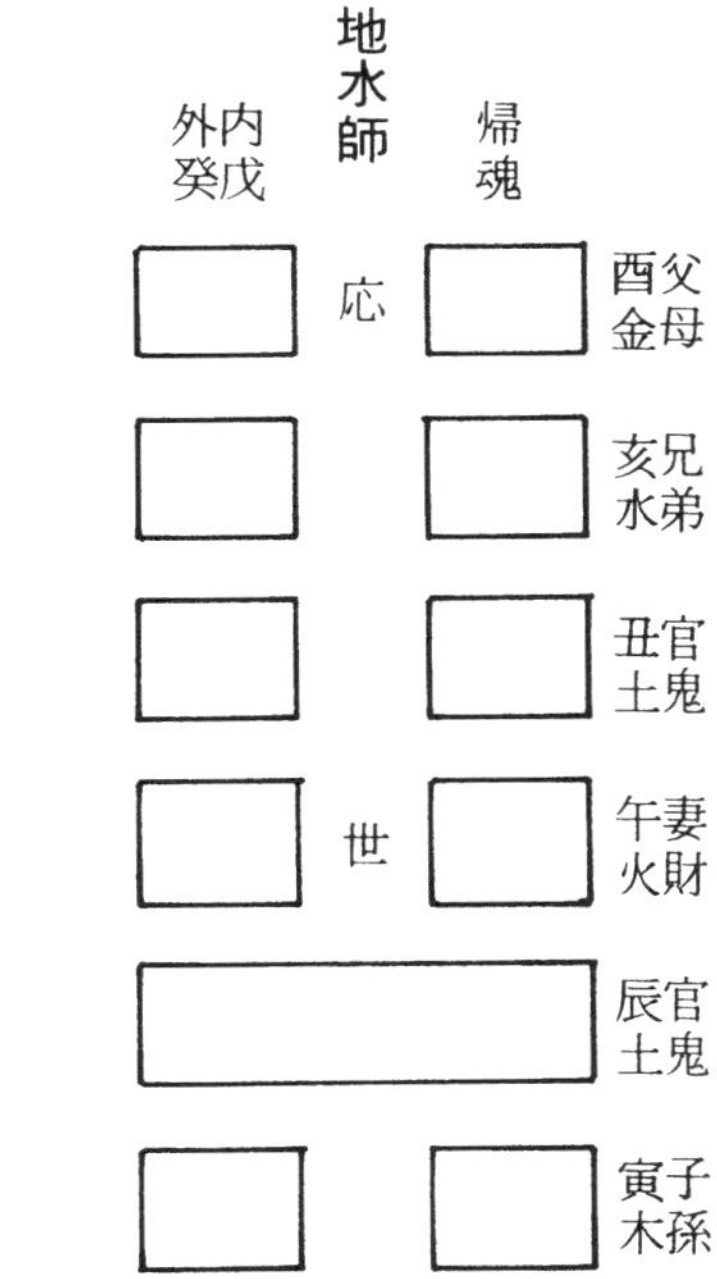

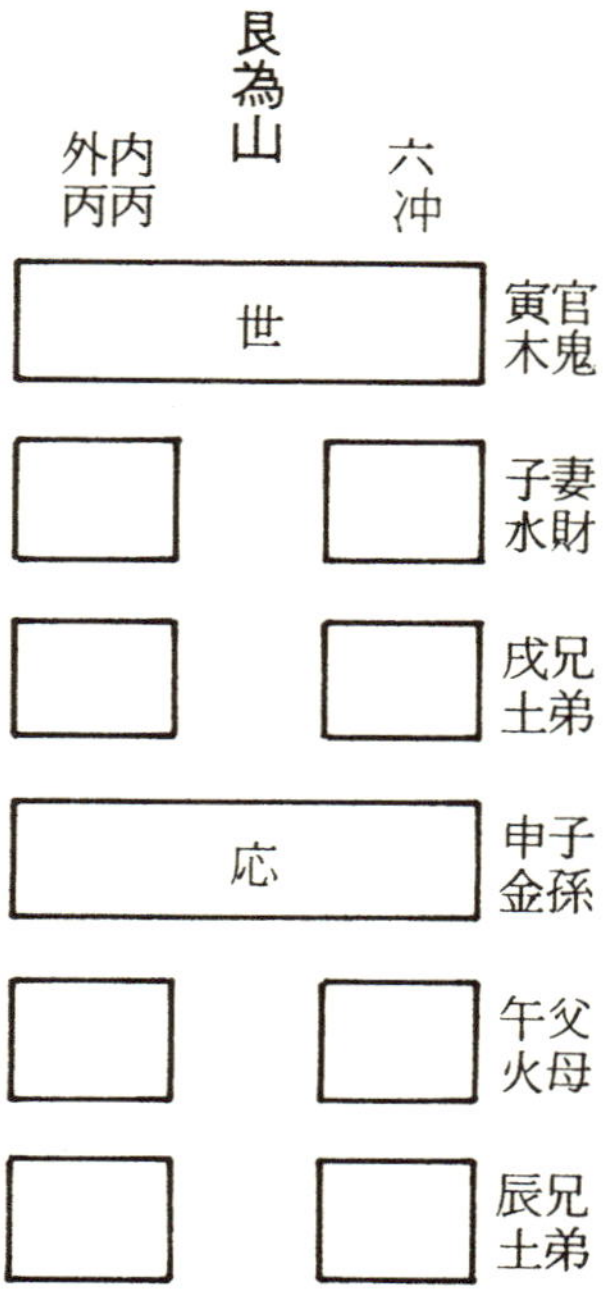
艮為山
外内
丙丙
六冲
世
寅官
木鬼
子妻
水財
戌兄
土弟
応
申子
金孫
午父
火母
辰兄
土弟

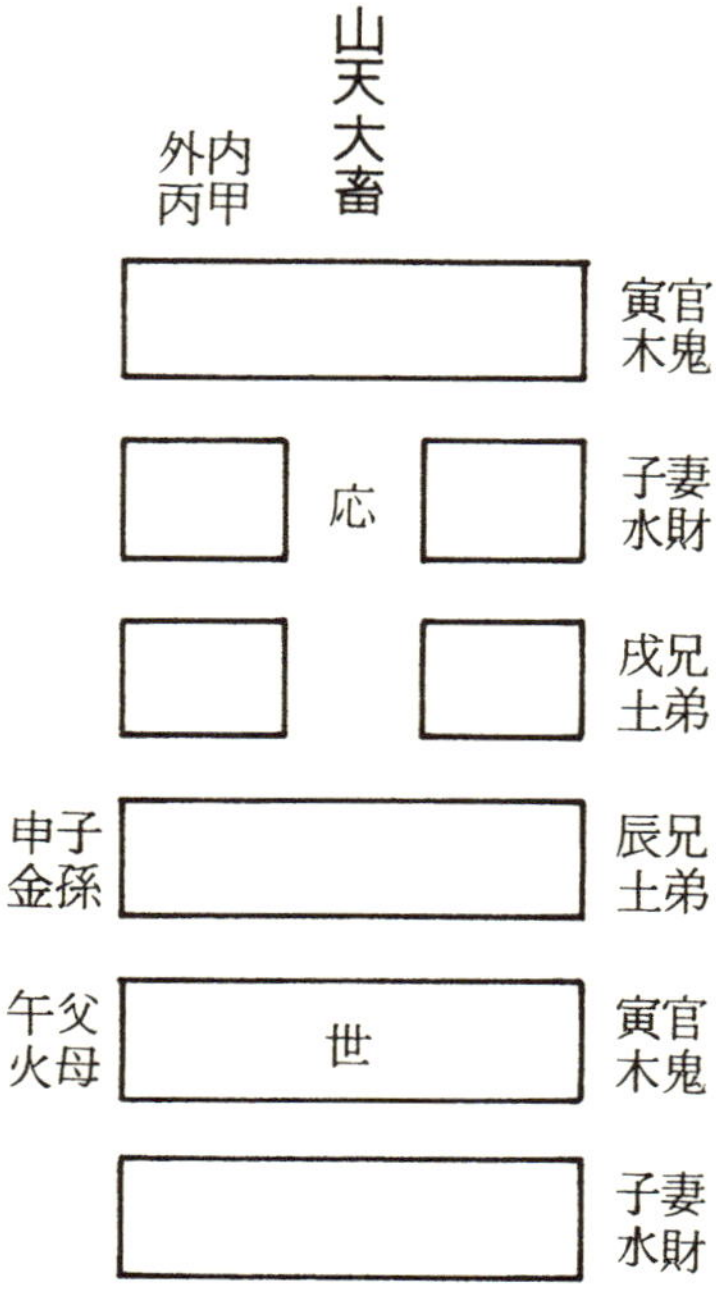
山天大畜
外内
丙甲
寅官
木鬼
応
子妻
水財
戌兄
土弟
申子
金孫
辰兄
土弟
午父
火母
世
寅官
木鬼
子妻
水財

坎
子
戌
申
午
辰
寅

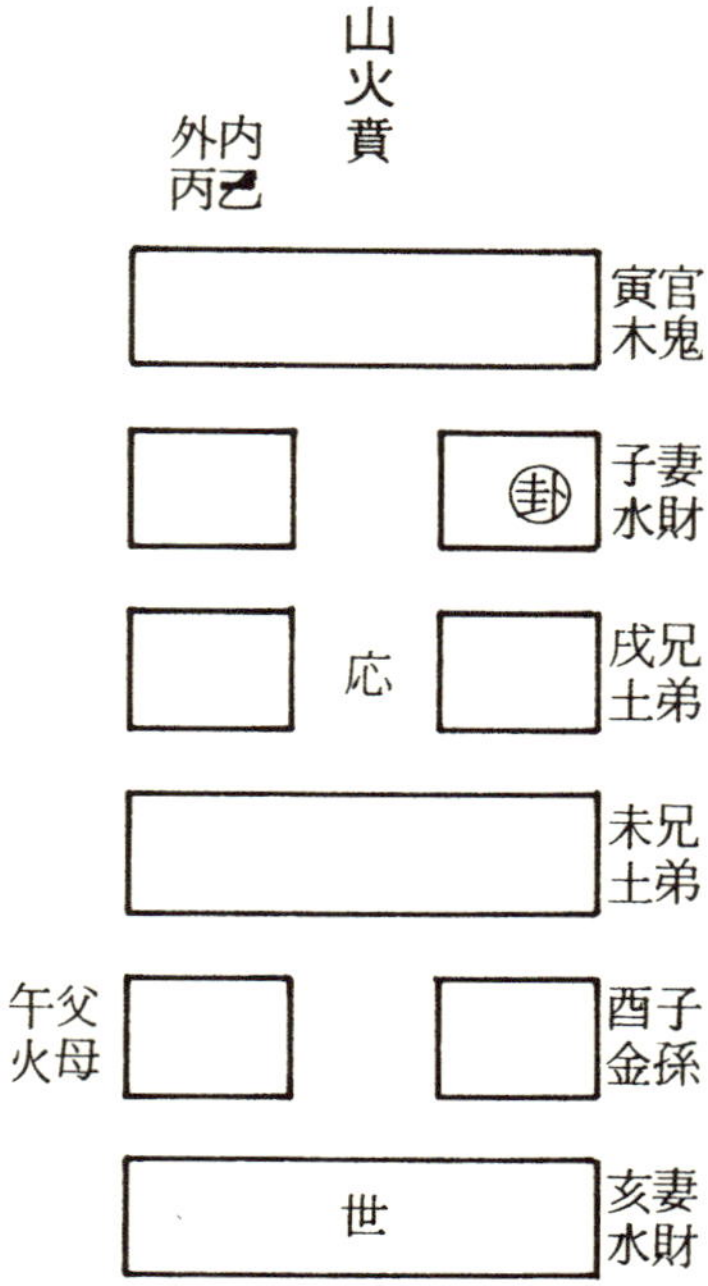
山火賁
外内
丙己
寅官
木鬼
卦
子妻
水財
応
戌兄
土弟
未兄
土弟
午父
火母
酉子
金孫
世
亥妻
水財

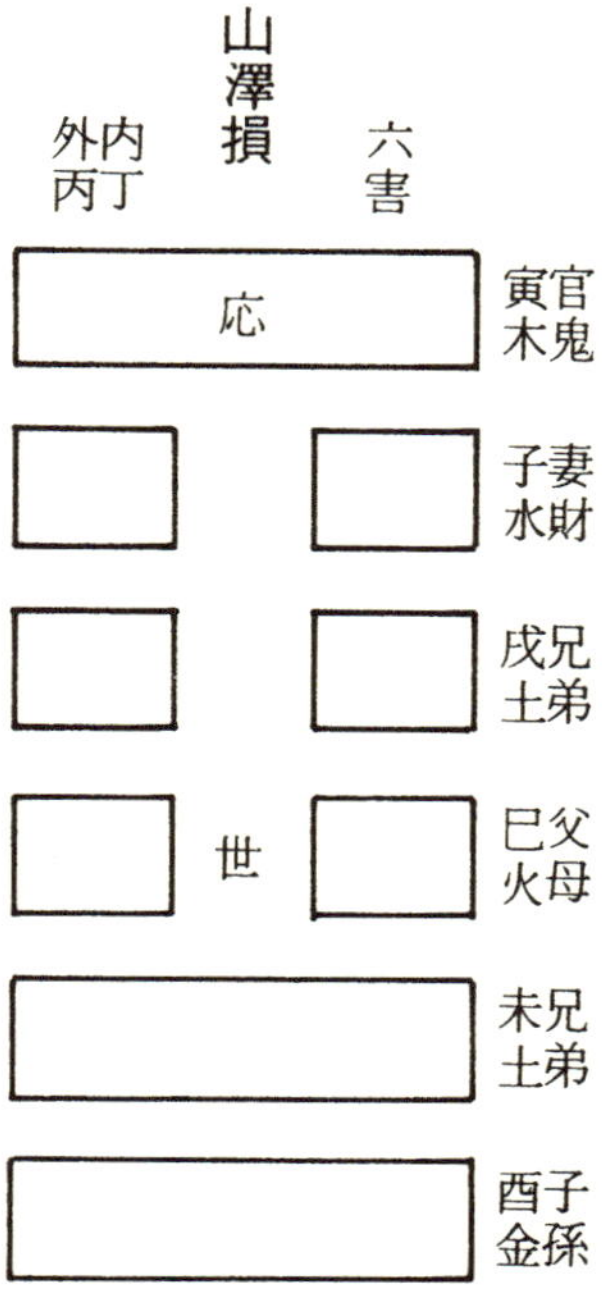
山澤損
外内
丙丁
六害
応
寅官
木鬼
子妻
水財
戌兄
土弟
世
巳父
火母
未兄
土弟
酉子
金孫

巽
×
×
×
酉
亥
丑

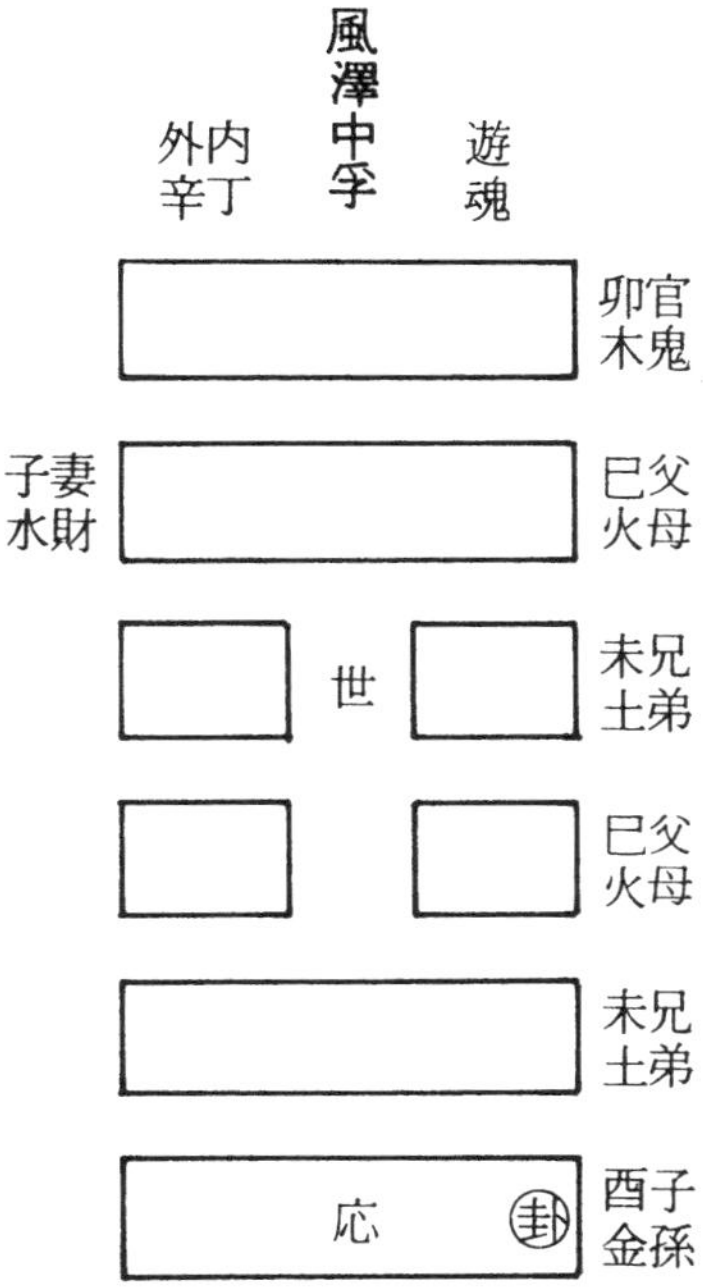

坤
酉
亥
丑
卯
巳
未

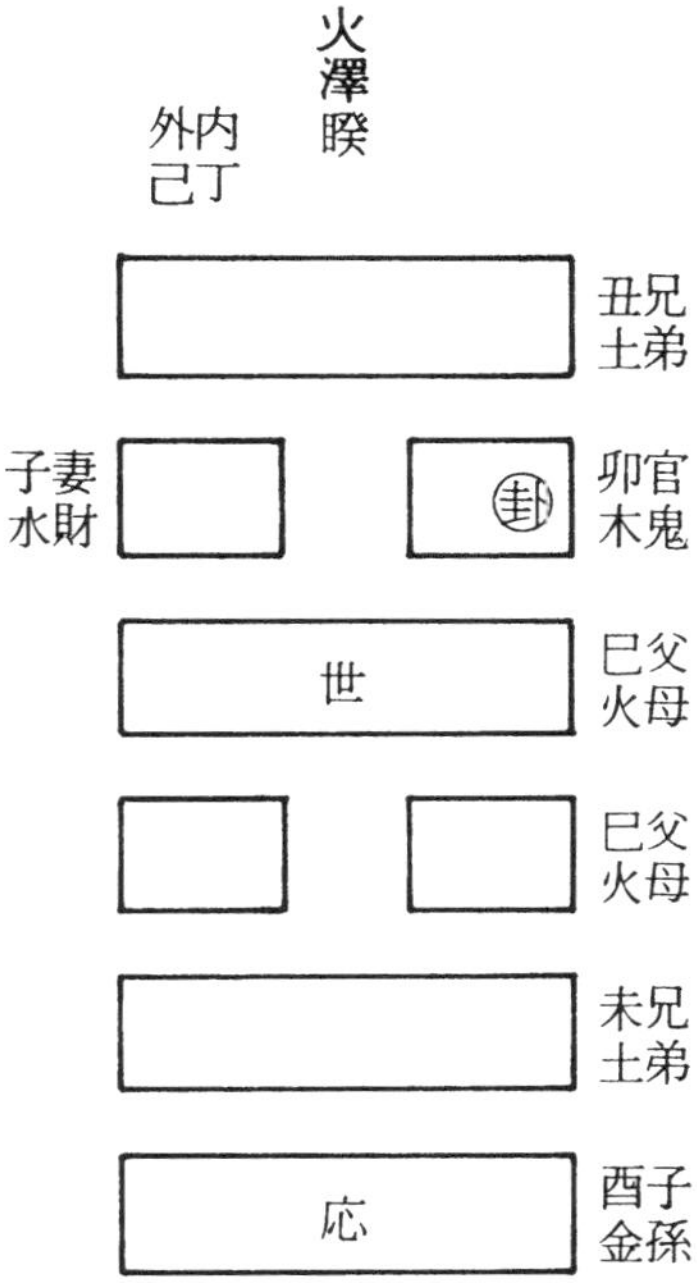

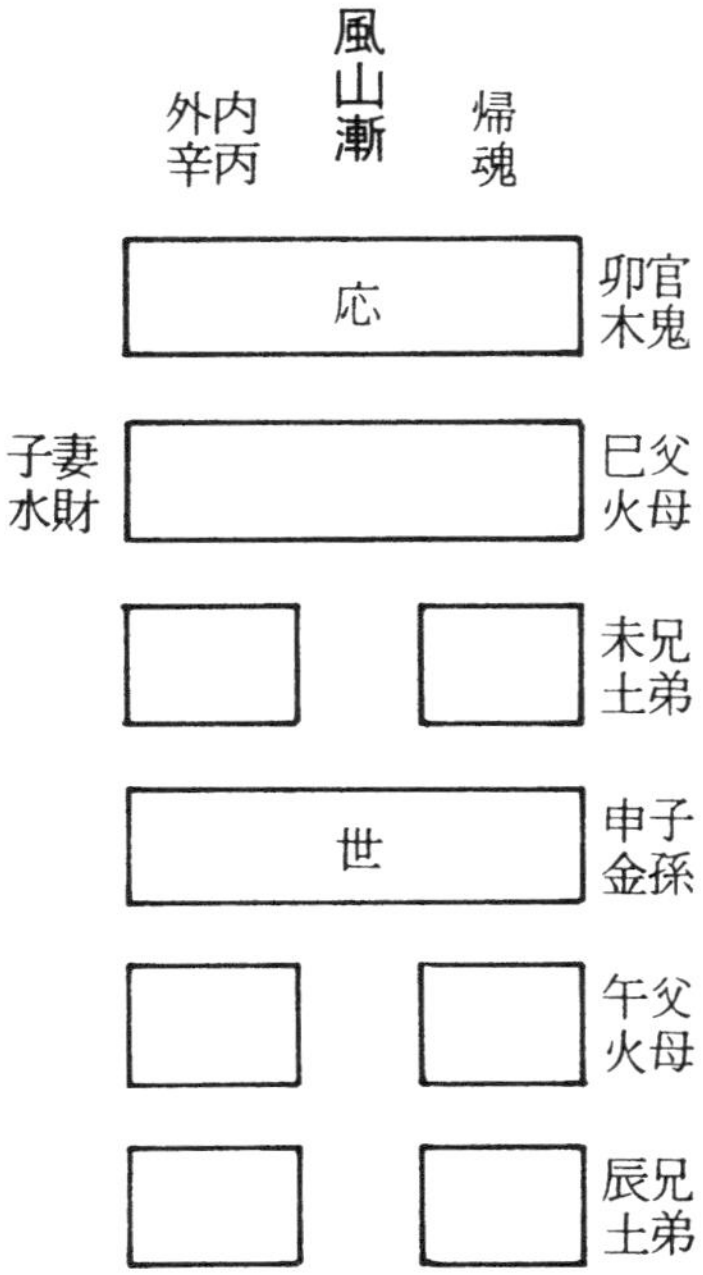

兌
亥
丑
卯
×
×
×

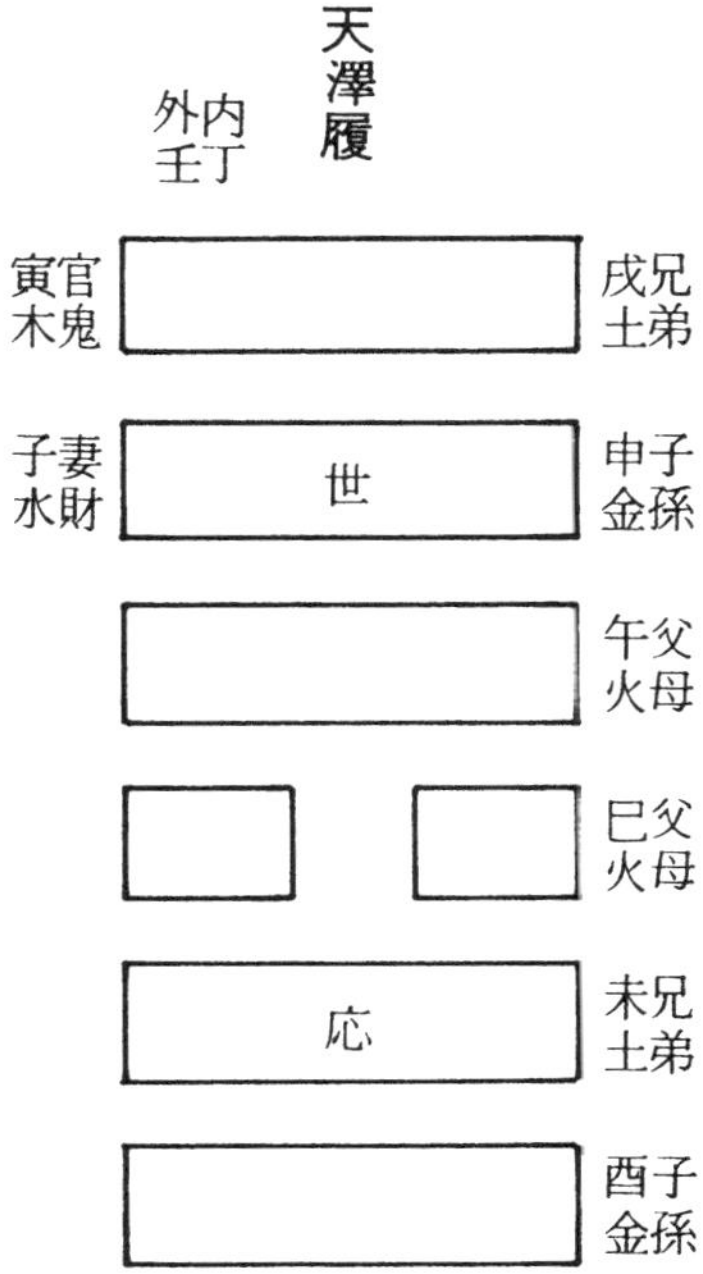

震為雷

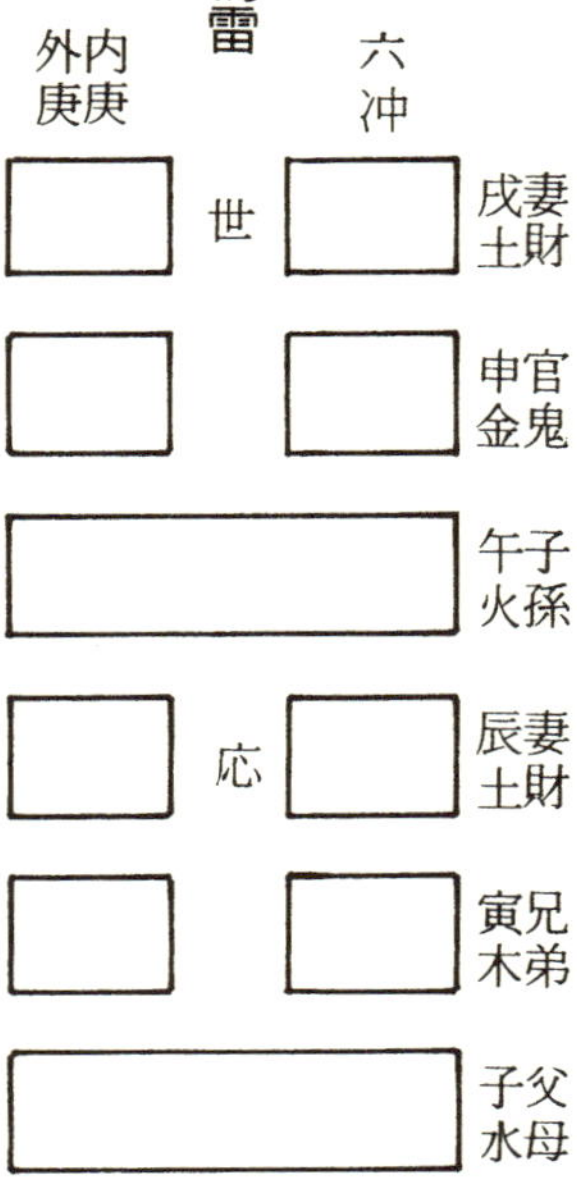

雷地予

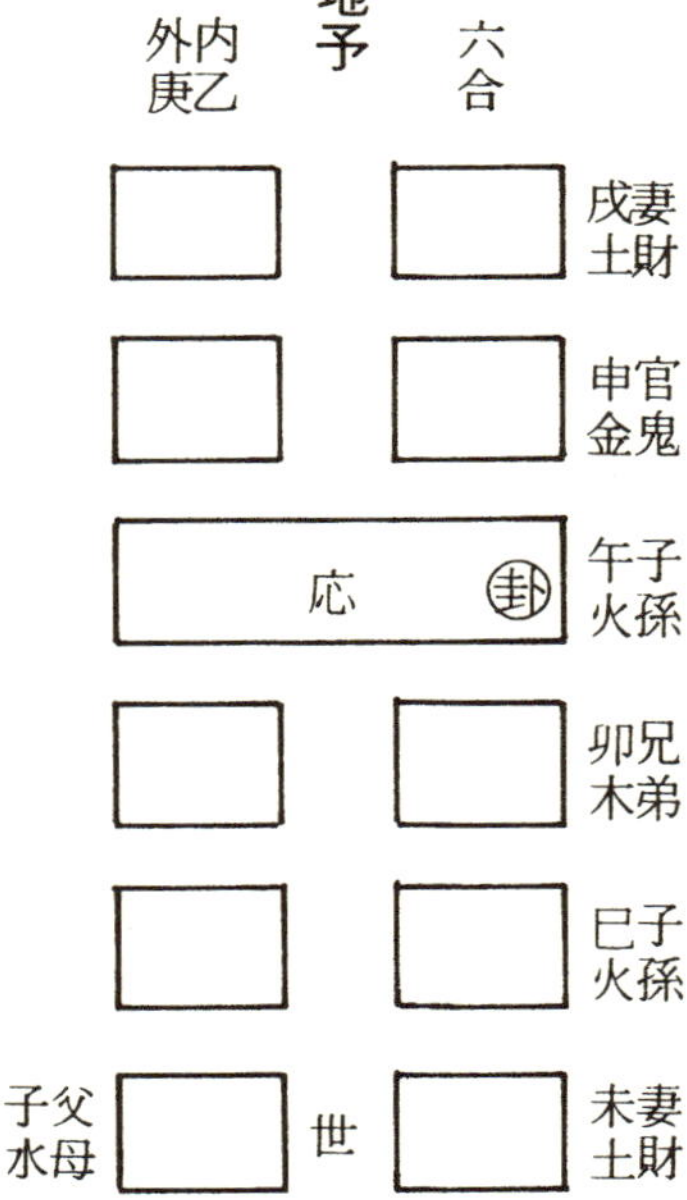

離
丑
卯
巳
未
酉
亥

兌
×
×
×
巳
未
酉

雷水解

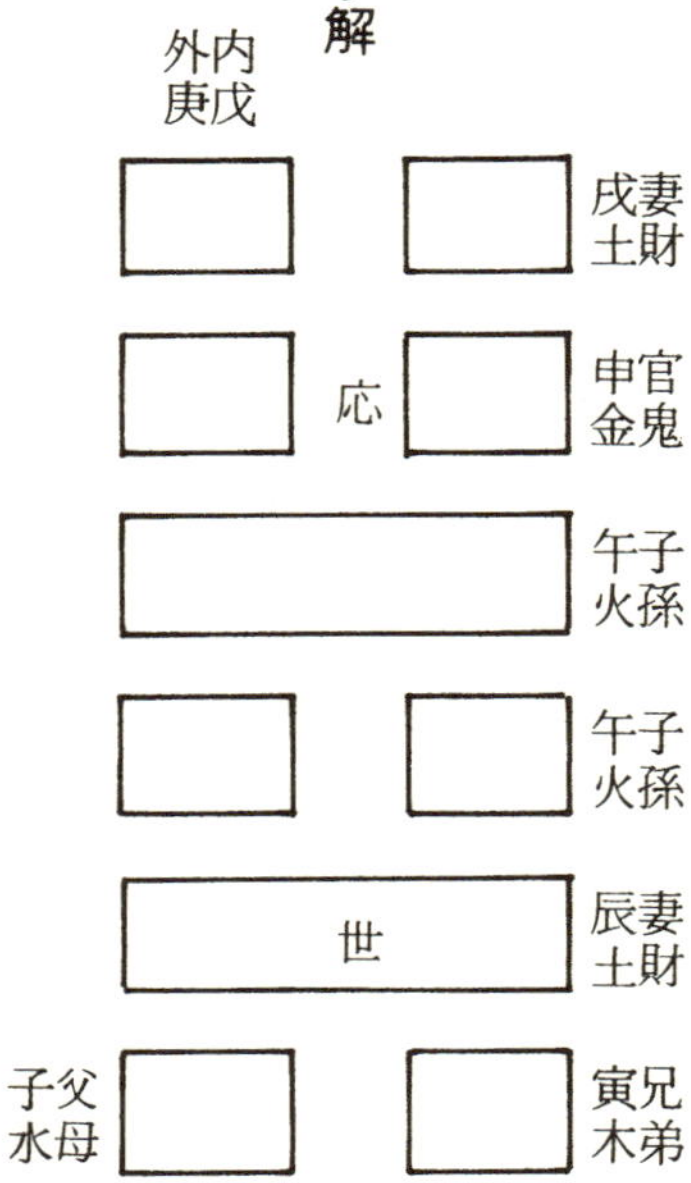

雷風恒

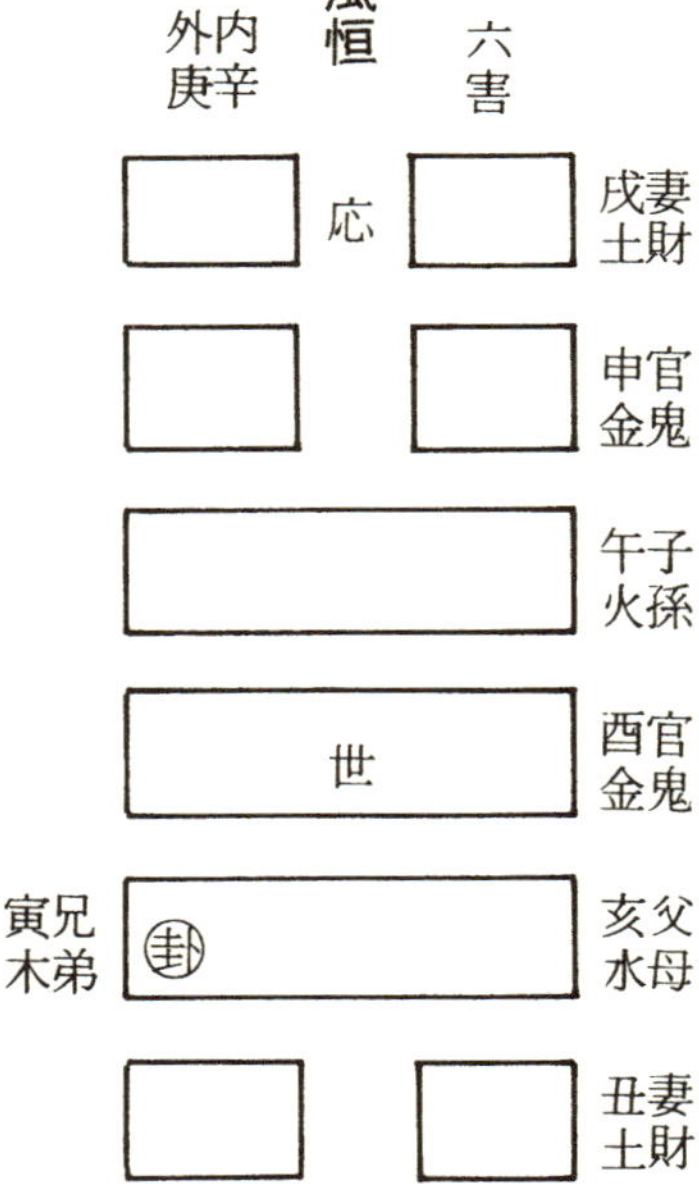

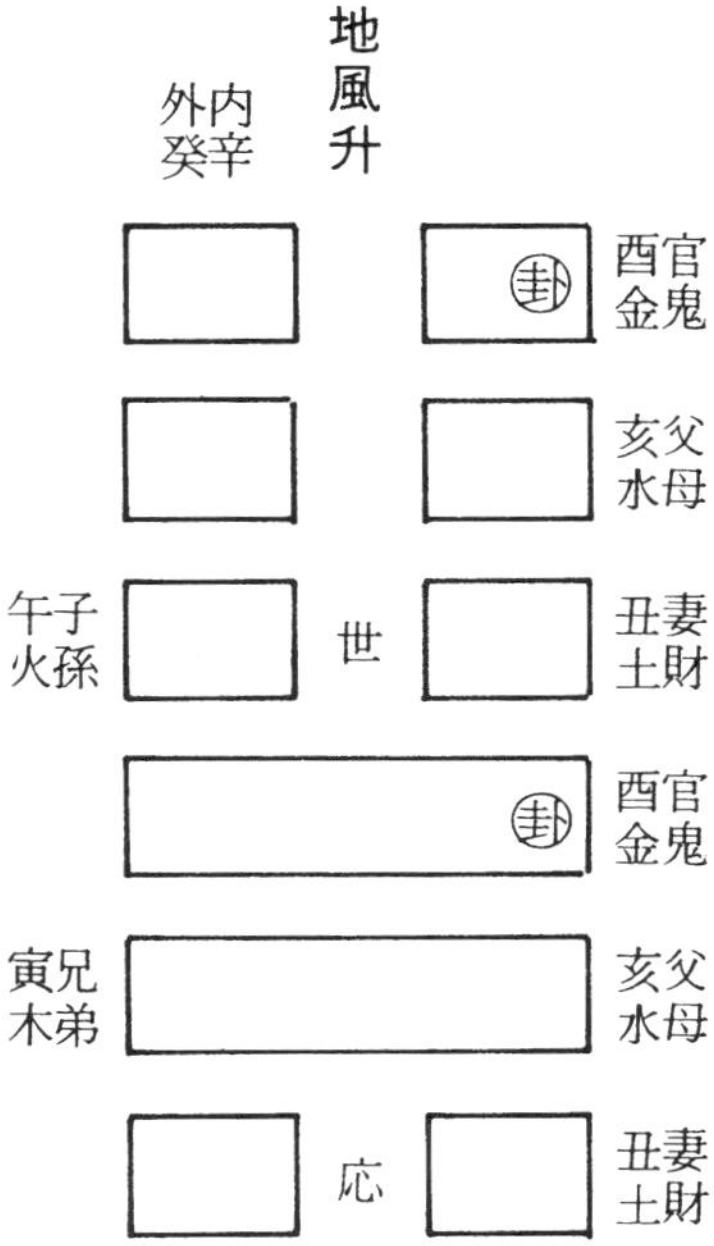
地風升
外内
癸辛
酉官
金鬼
亥父
水母
午子
火孫
世
丑妻
土財
酉官
金鬼
寅兄
木弟
亥父
水母
応
丑妻
土財

艮 寅 子 戌 申 午 辰

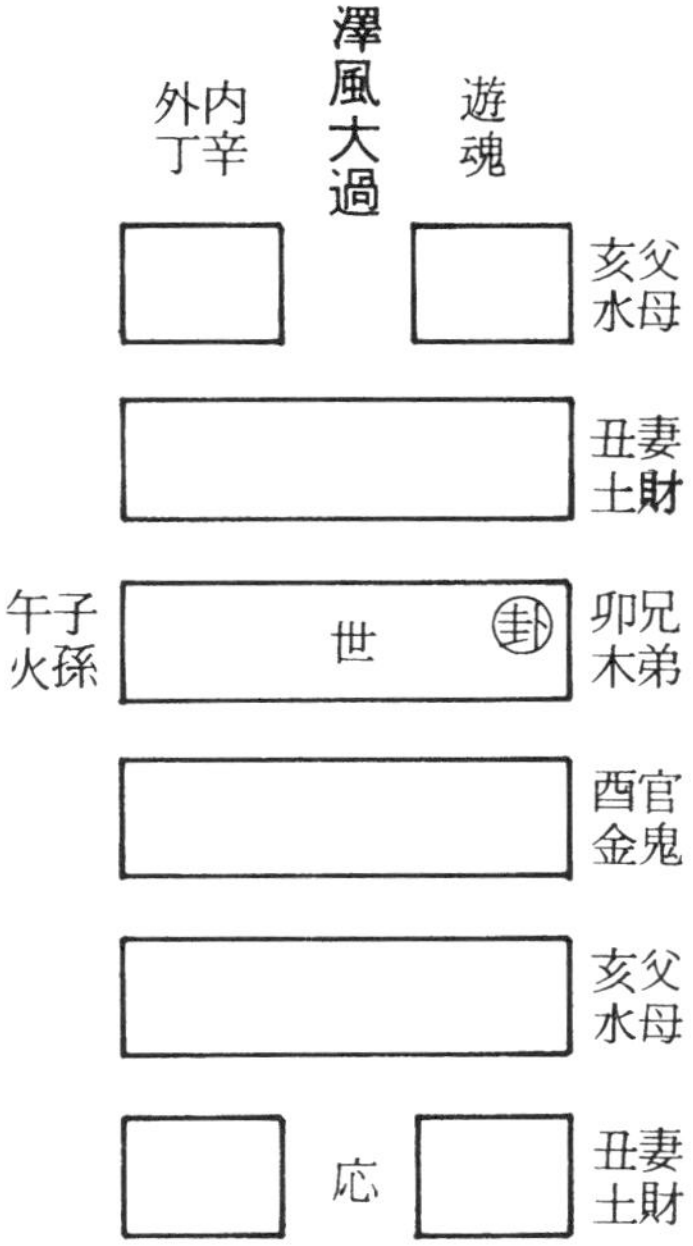
澤風大過
外内
丁辛
遊
魂
亥父
水母
丑妻
土財
午子
火孫
世
卯兄
木弟
酉官
金鬼
亥父
水母
応
丑妻
土財

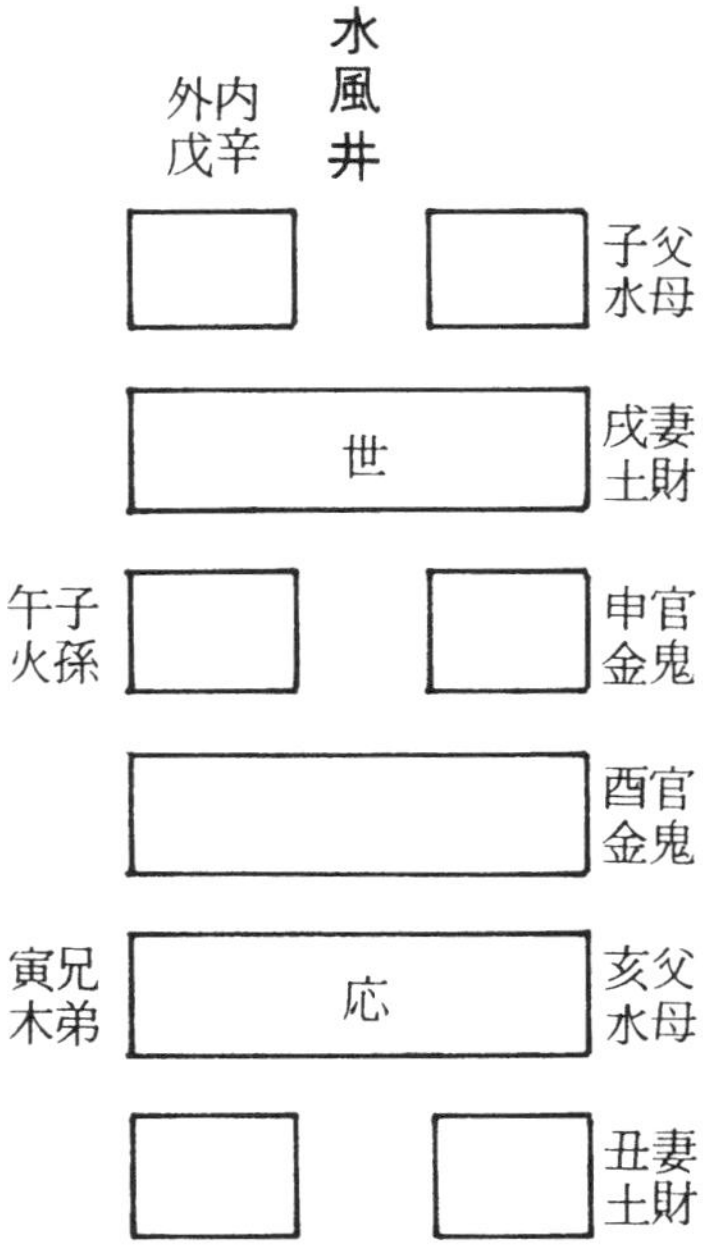
水風井
外内
戊辛
子父
水母
世
戌妻
土財
午子
火孫
申官
金鬼
酉官
金鬼
寅兄
木弟
応
亥父
水母
丑妻
土財

巽 卯 巳 未 × × ×

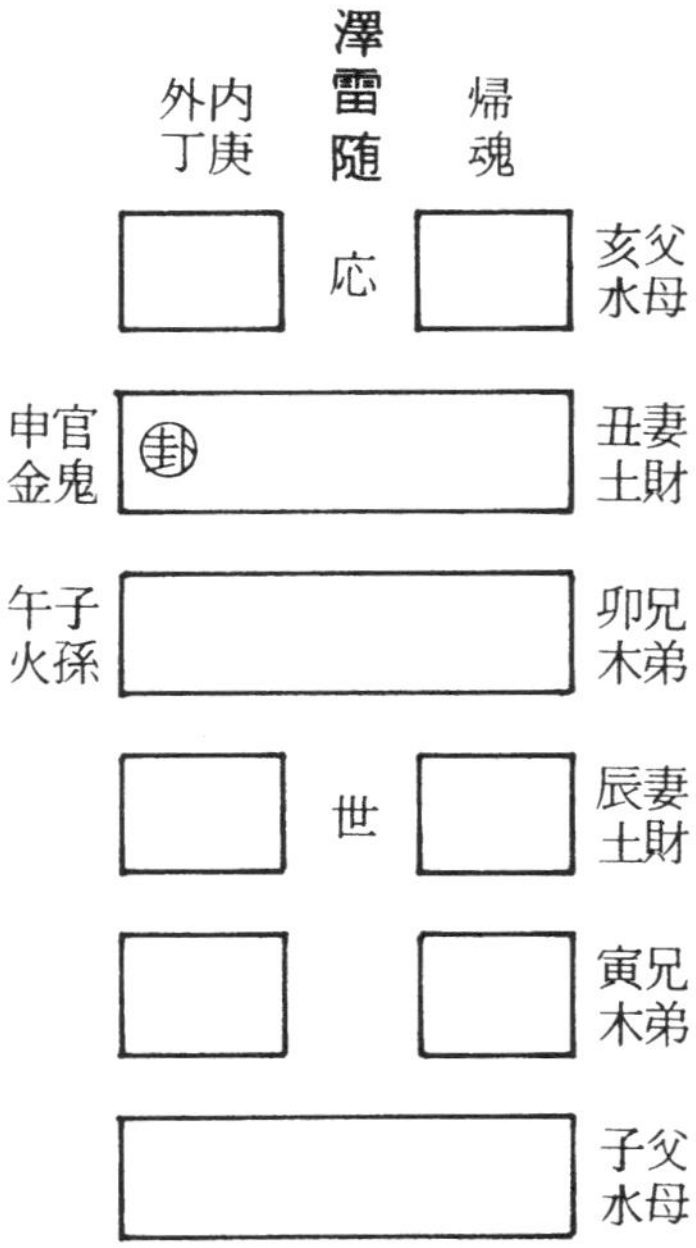
澤雷随
外内
丁庚
帰
魂
応
亥父
水母
申官
金鬼
丑妻
土財
午子
火孫
卯兄
木弟
世
辰妻
土財
寅兄
木弟
子父
水母

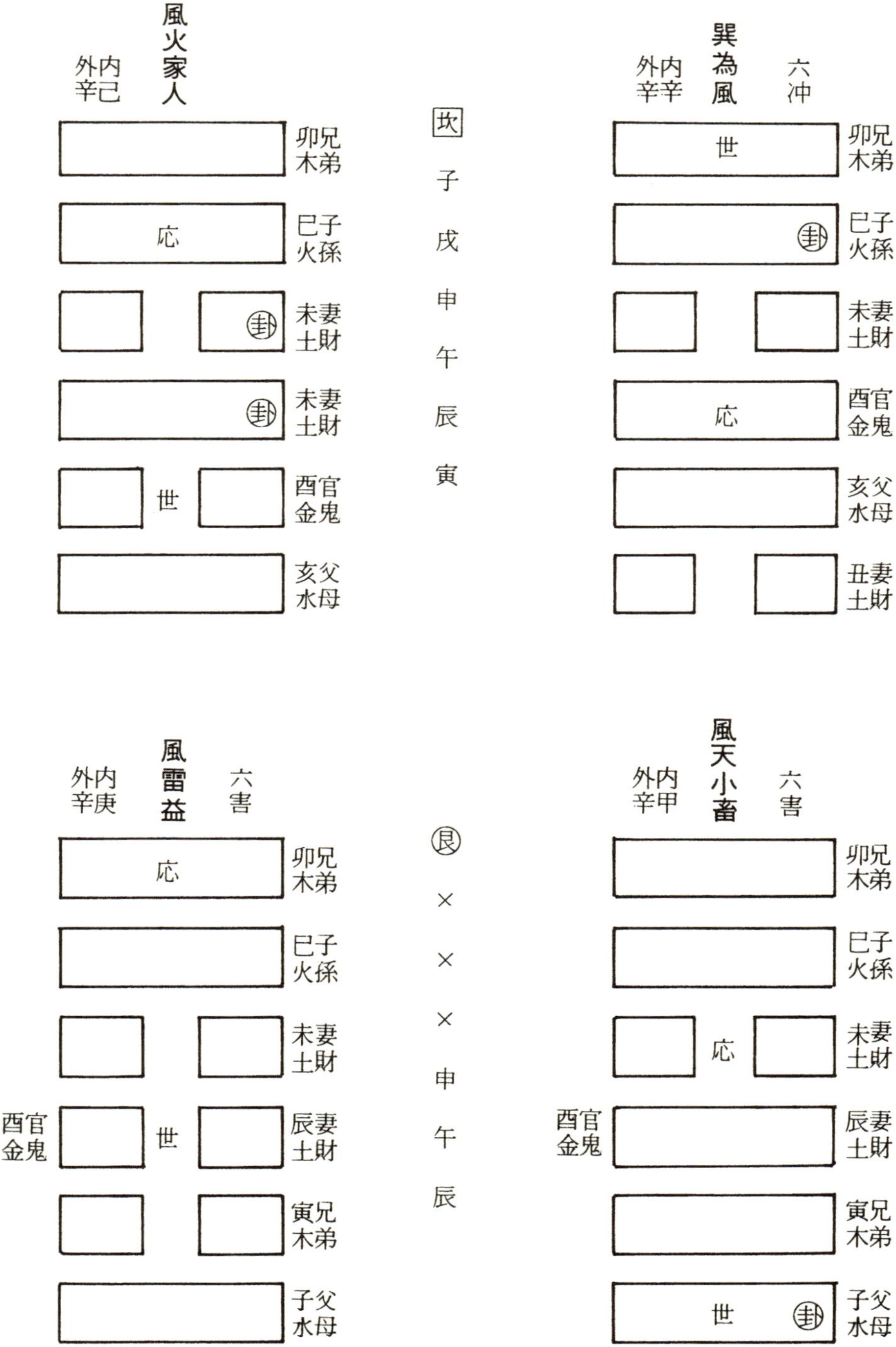

風火家人

外内
辛己

	卯兄木弟
応	巳子火孫
㊣	未妻土財
㊣	未妻土財
世	酉官金鬼
	亥父水母

坎
子戌申午辰寅

巽為風　六冲

外内
辛辛

世	卯兄木弟
㊣	巳子火孫
	未妻土財
応	酉官金鬼
	亥父水母
	丑妻土財

風雷益　六害

外内
辛庚

応	卯兄木弟
	巳子火孫
	未妻土財
酉官金鬼　世	辰妻土財
	寅兄木弟
	子父水母

艮
×　×　×　申午辰

風天小畜　六害

外内
辛甲

	卯兄木弟
	巳子火孫
応	未妻土財
酉官金鬼	辰妻土財
	寅兄木弟
世　㊣	子父水母

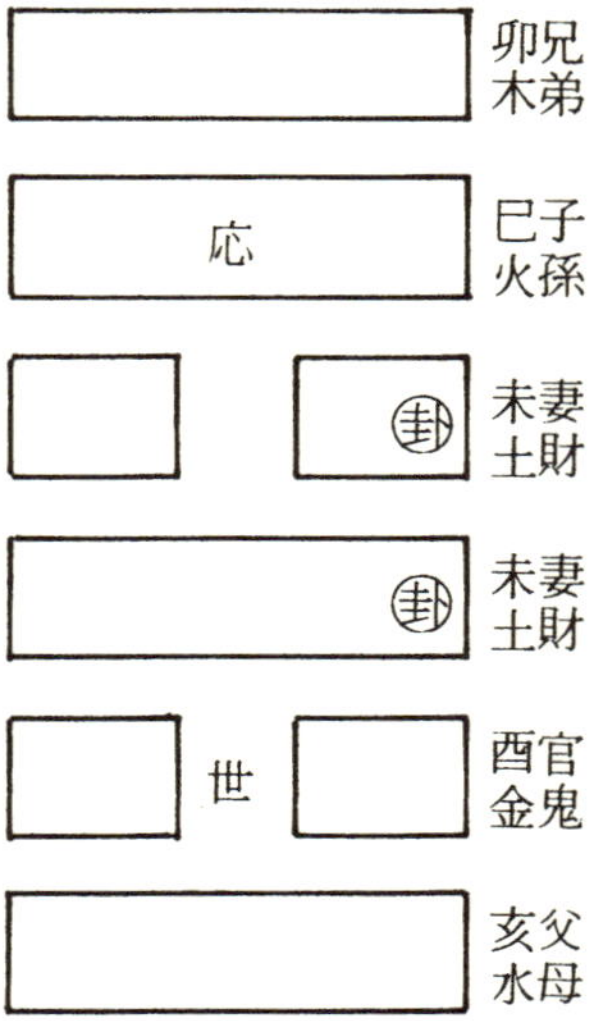

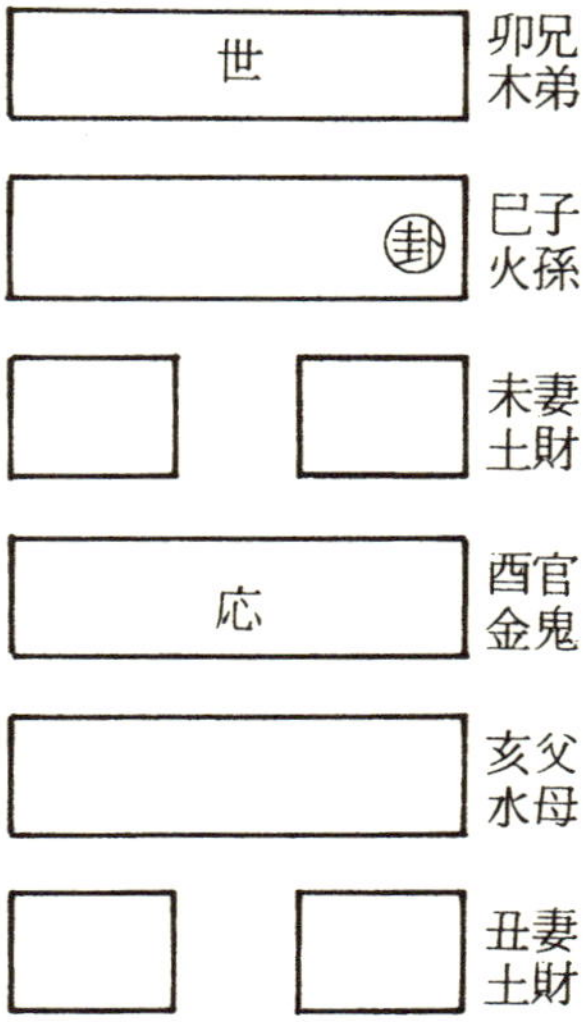

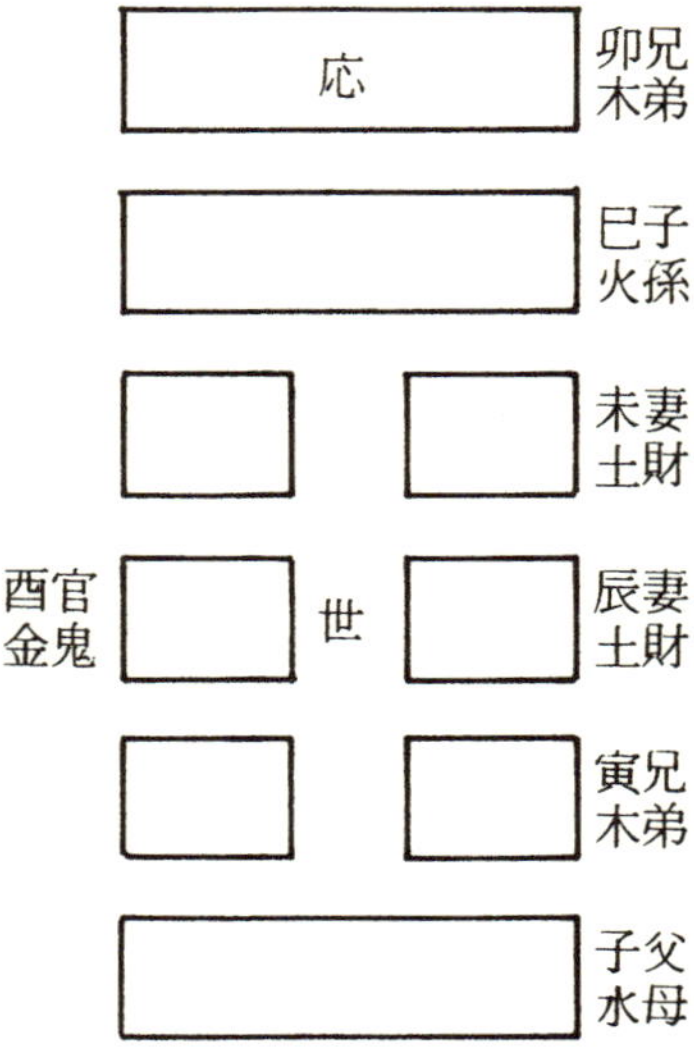

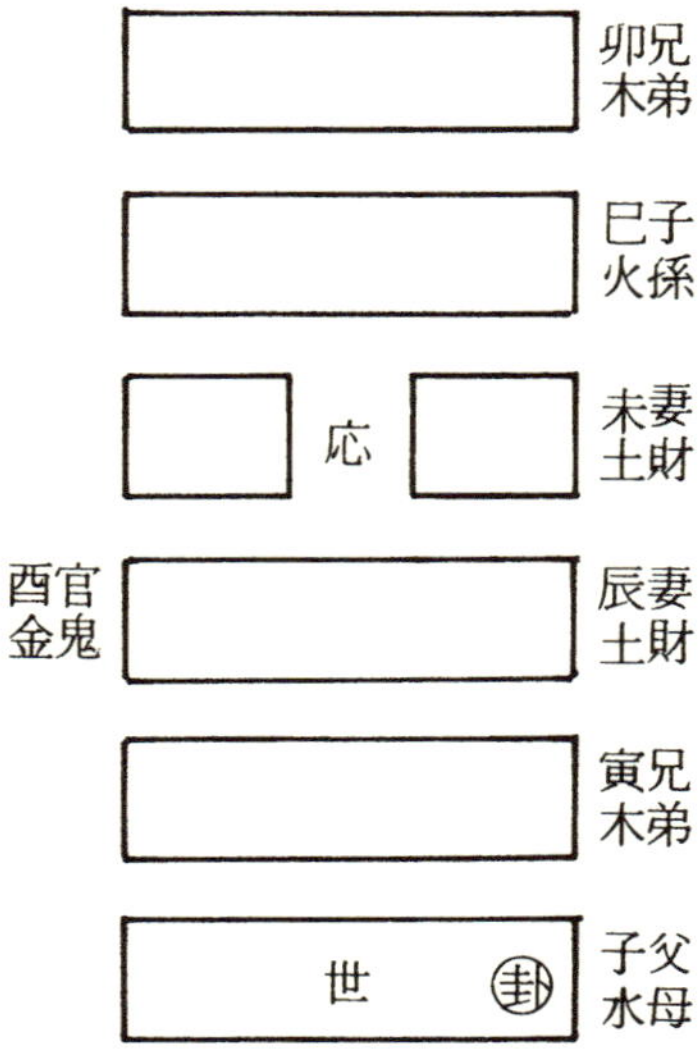

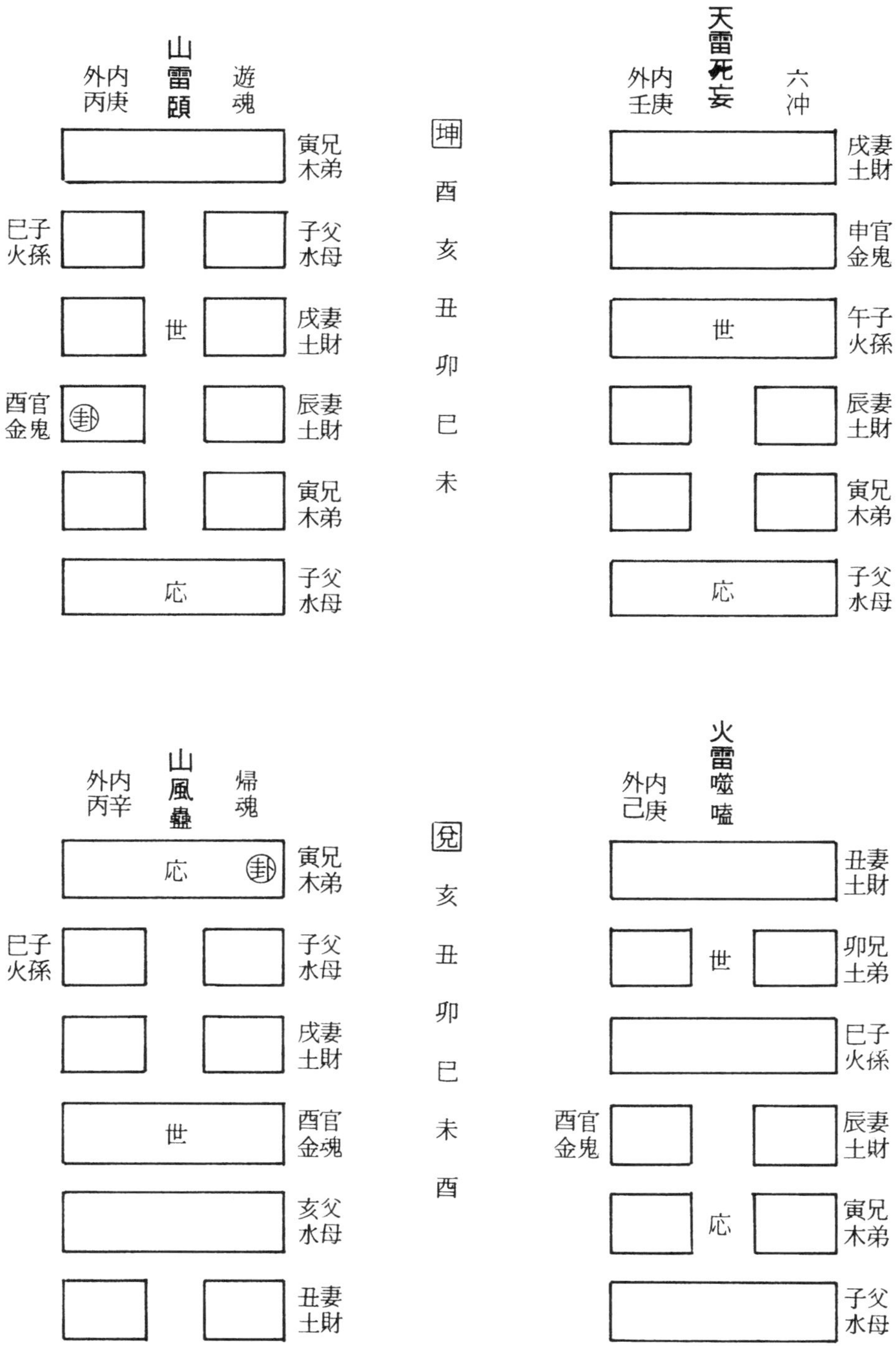

天雷无妄
外内
壬庚
六冲
戌妻
土財
申官
金鬼
世
午子
火孫
辰妻
土財
寅兄
木弟
応
子父
水母
山雷頤
外内
丙庚
遊魂
寅兄
木弟
巳子
火孫
子父
水母
世
戌妻
土財
酉官
金鬼
卦
辰妻
土財
寅兄
木弟
応
子父
水母
坤
酉
亥
丑
卯
巳
未
火雷噬嗑
外内
己庚
丑妻
土財
世
卯兄
土弟
巳子
火孫
酉官
金鬼
辰妻
土財
応
寅兄
木弟
子父
水母
山風蠱
外内
丙辛
帰魂
応
卦
寅兄
木弟
巳子
火孫
子父
水母
戌妻
土財
世
酉官
金魂
亥父
水母
丑妻
土財
兌
亥
丑
卯
巳
未
酉

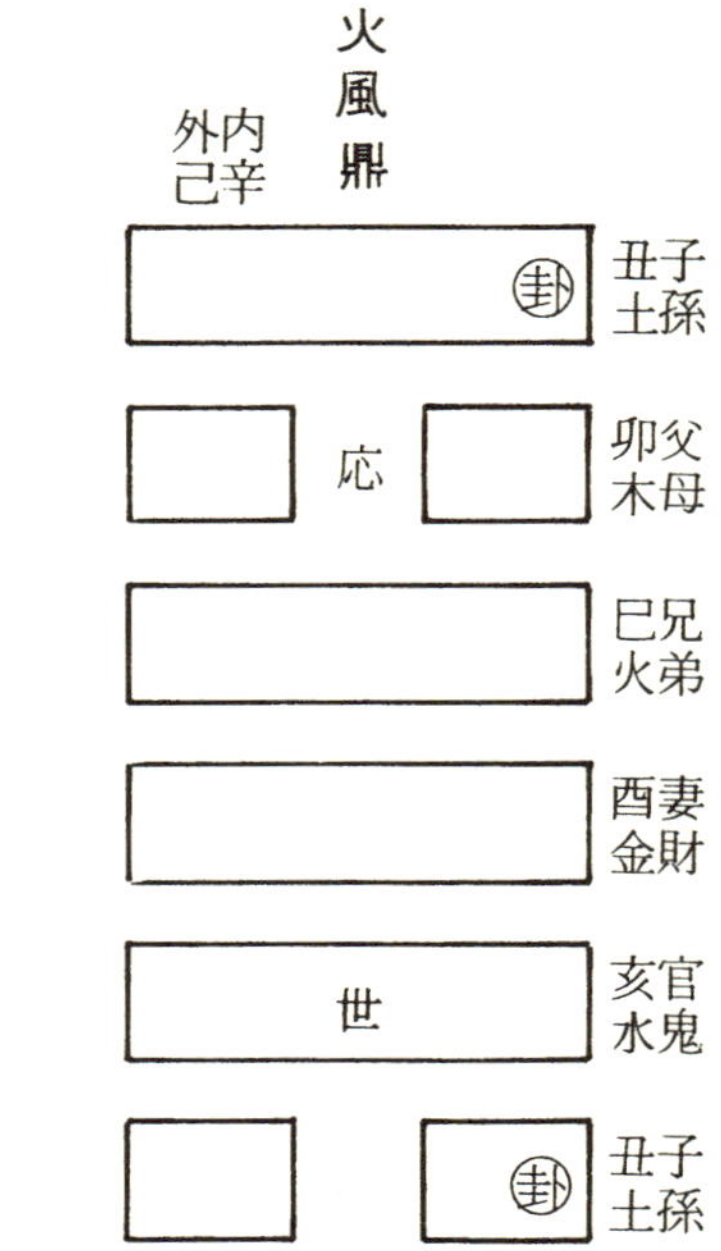

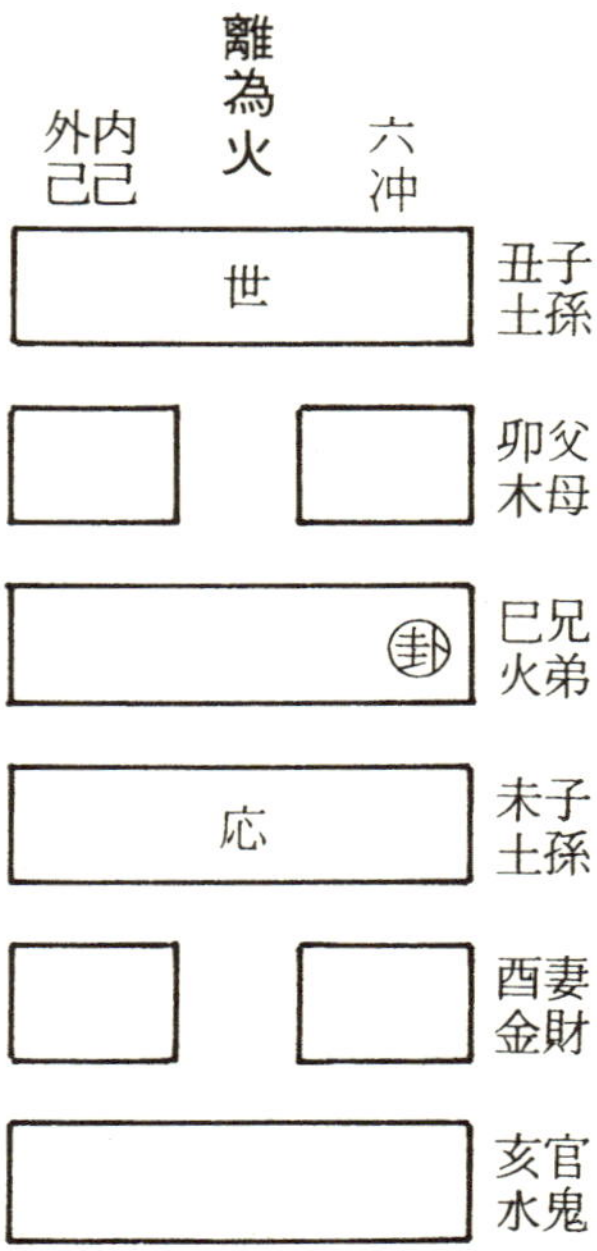

坤
酉
亥
丑
卯
巳
未

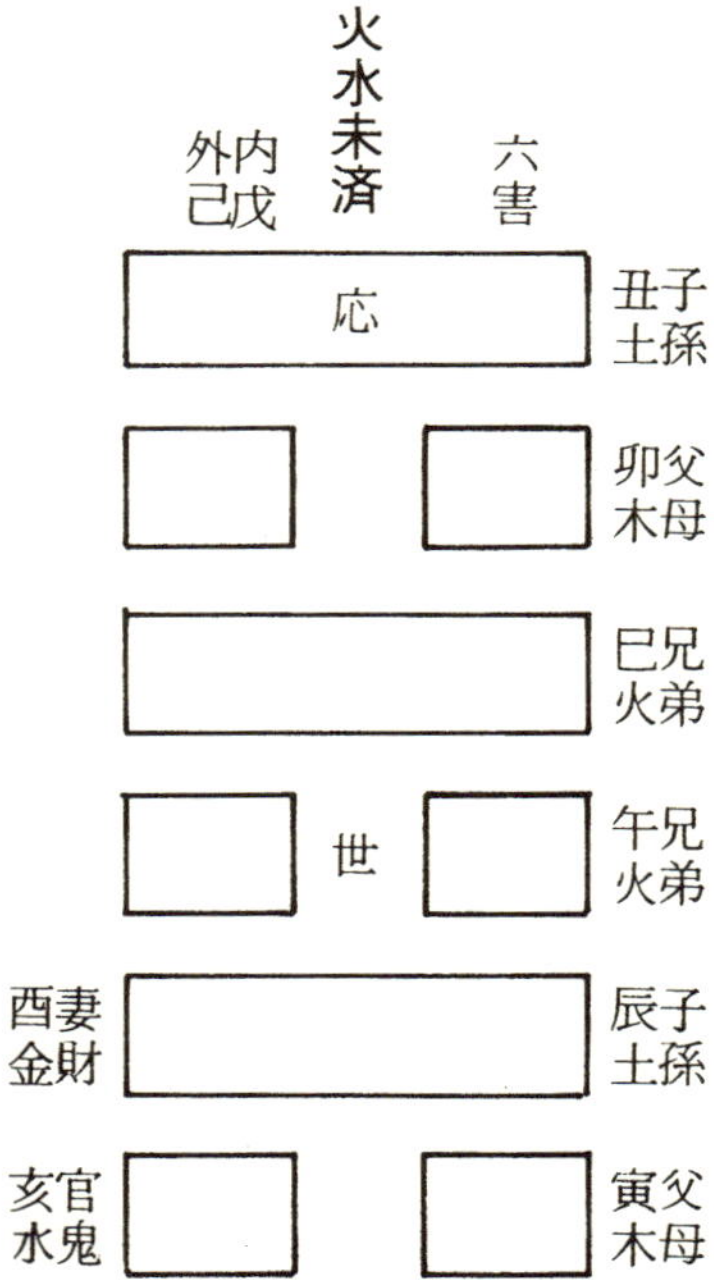

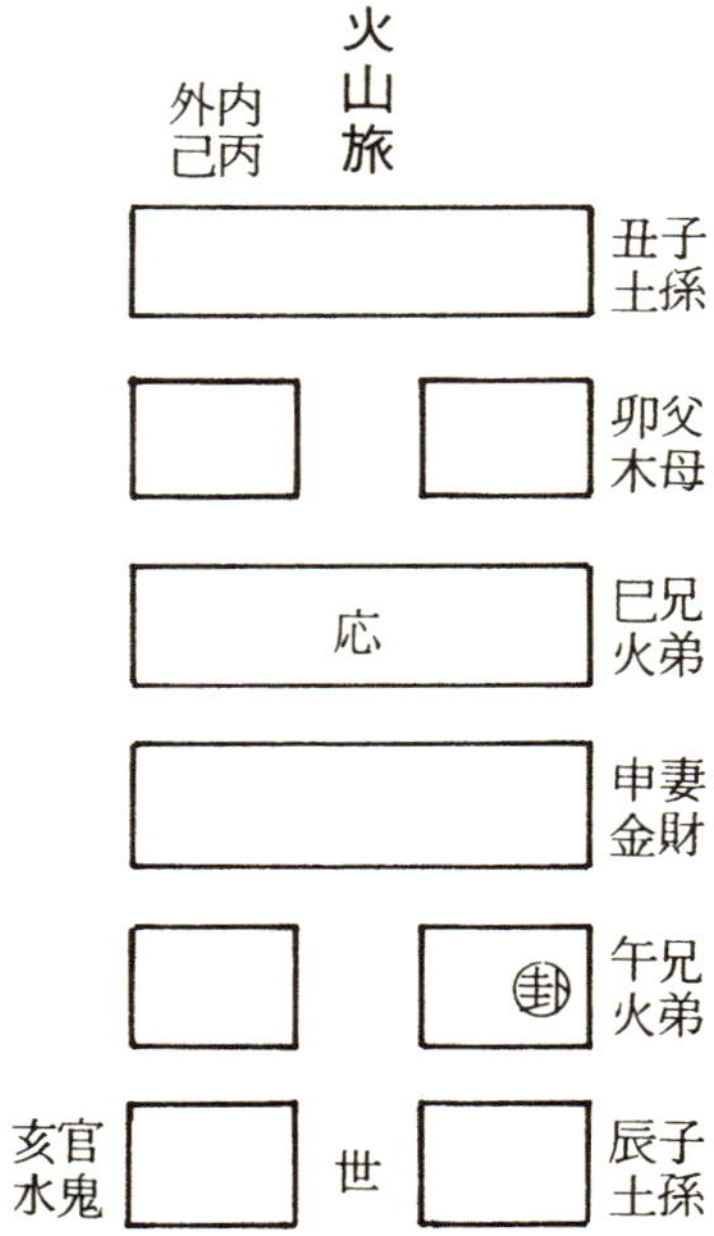

乾
×
×
×
辰
寅
子

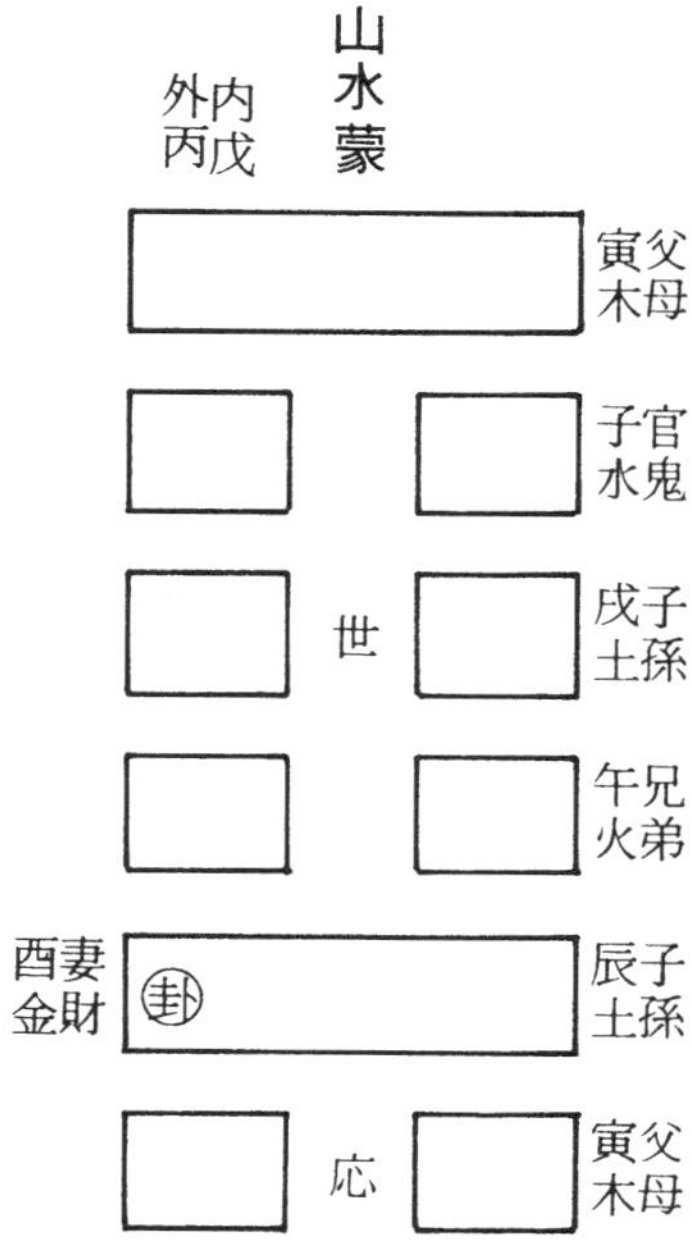

兌
亥
丑
卯
巳
未
酉

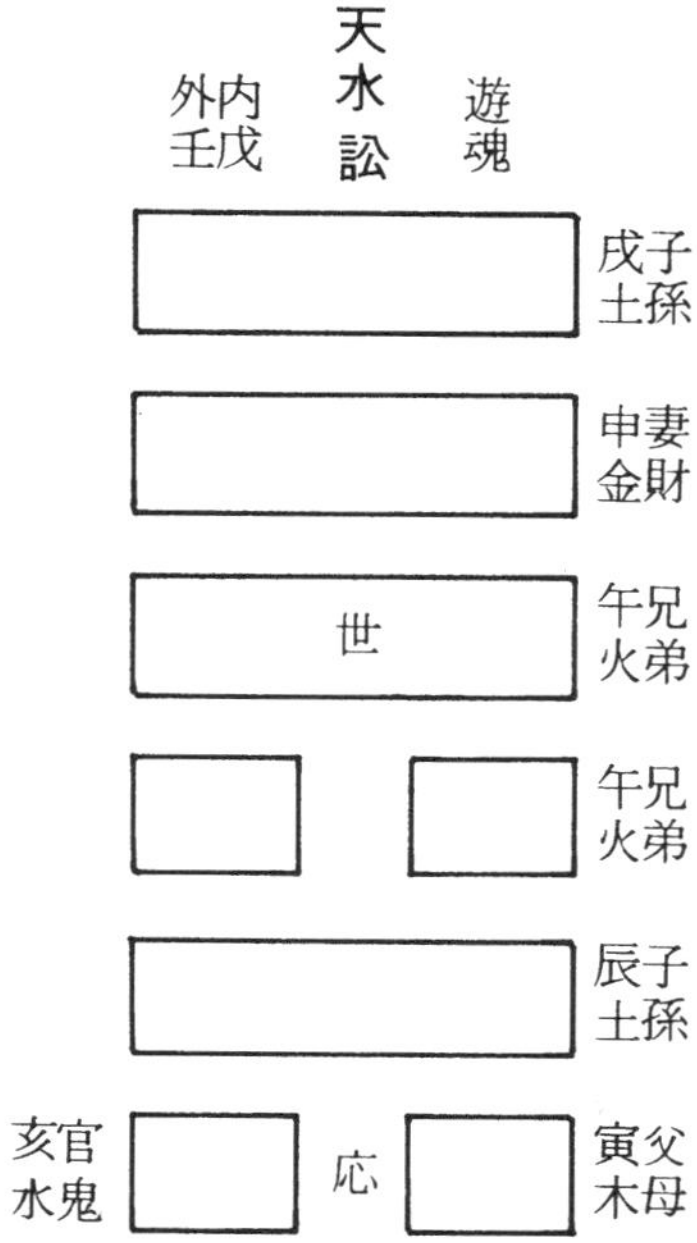

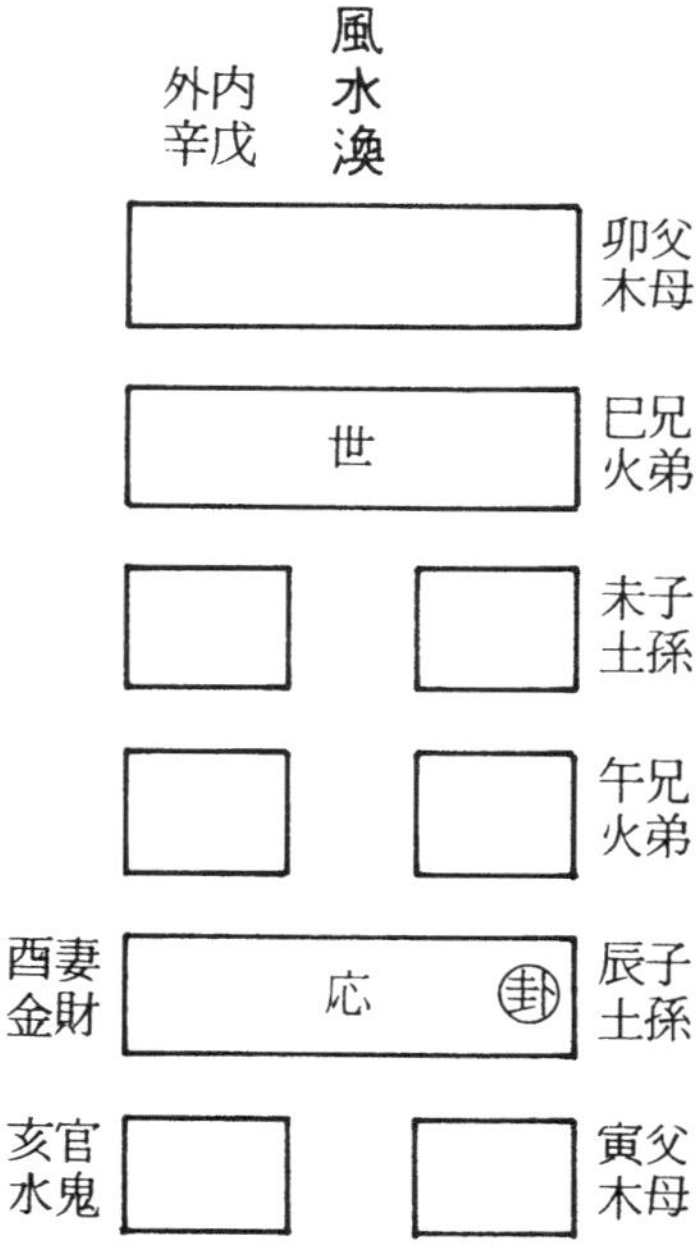

坎
子
戌
申
×
×
×

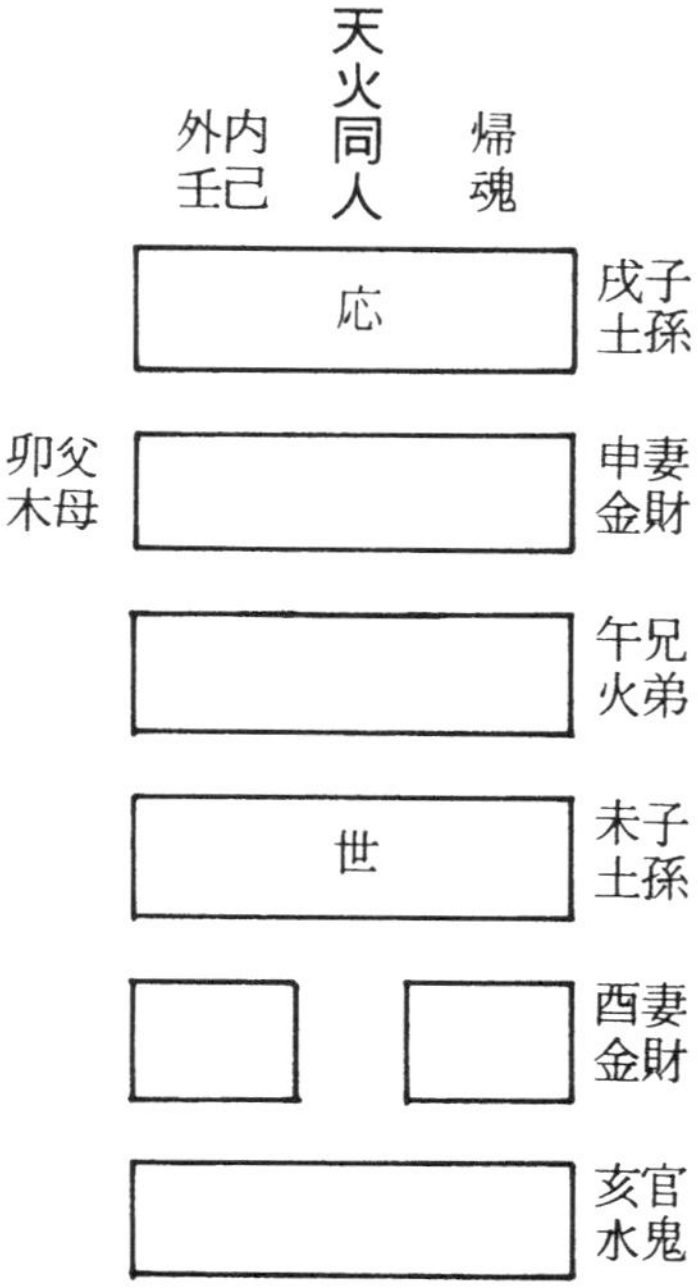

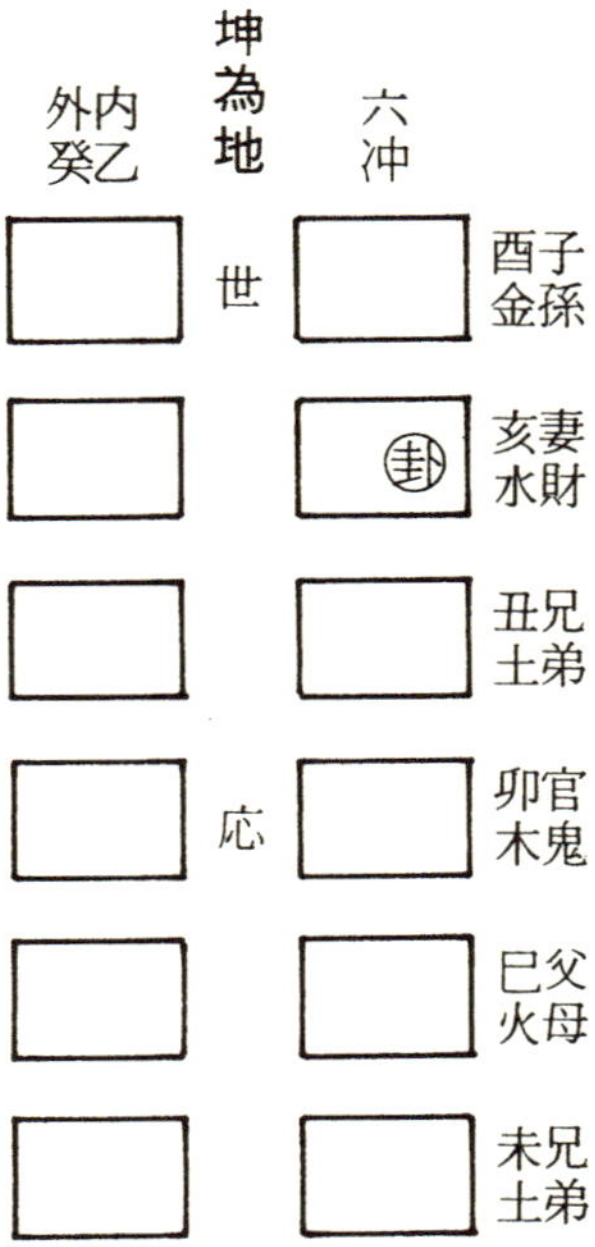

艮
寅
子
戌
申
午
辰

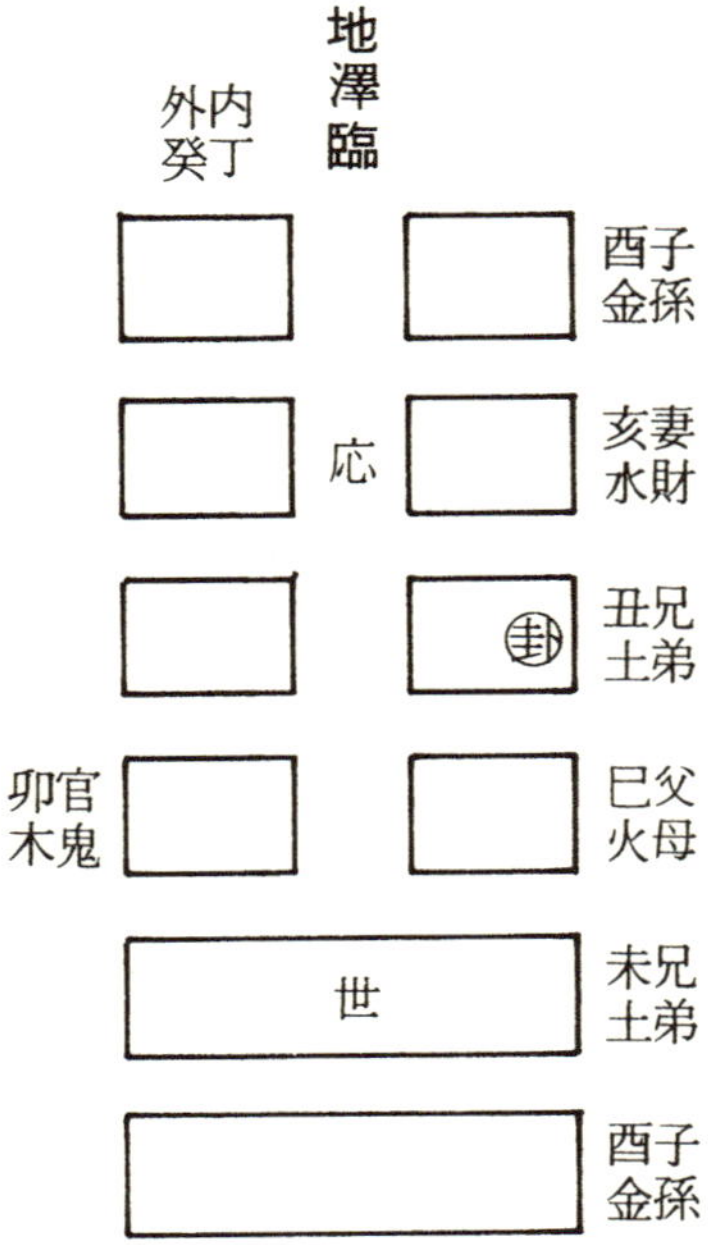

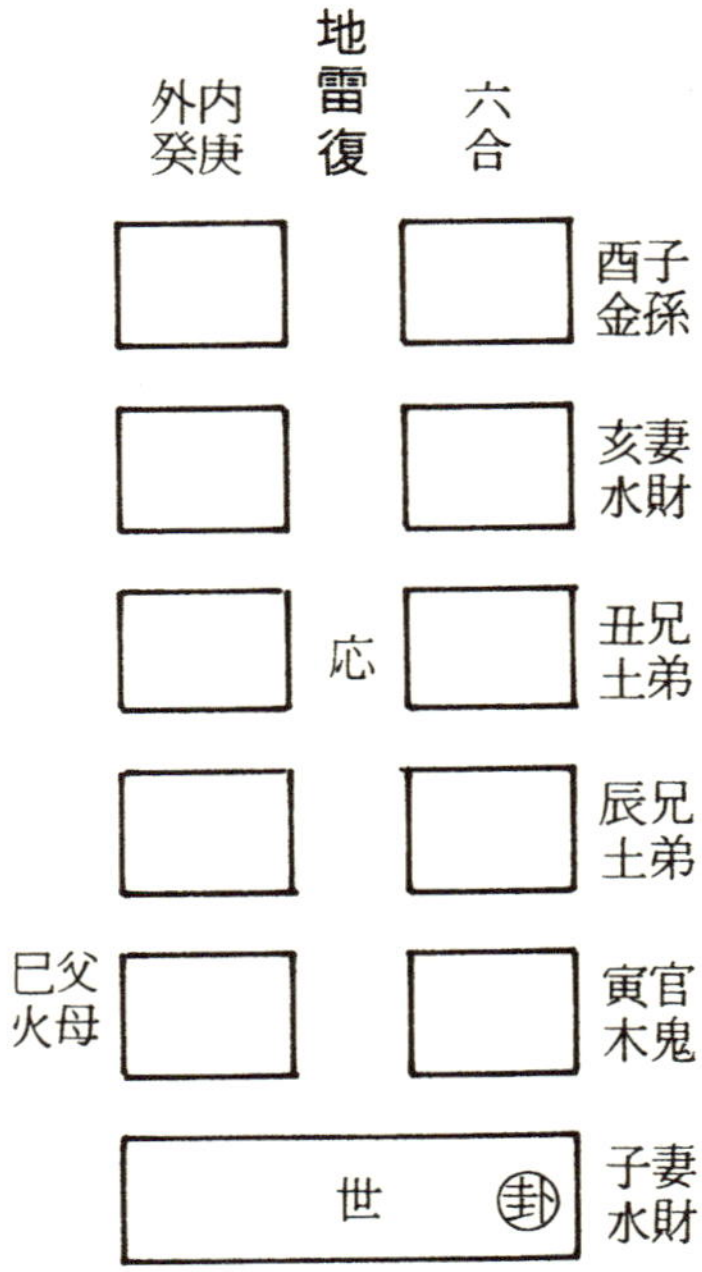

坎
×
×
×
午
辰
寅

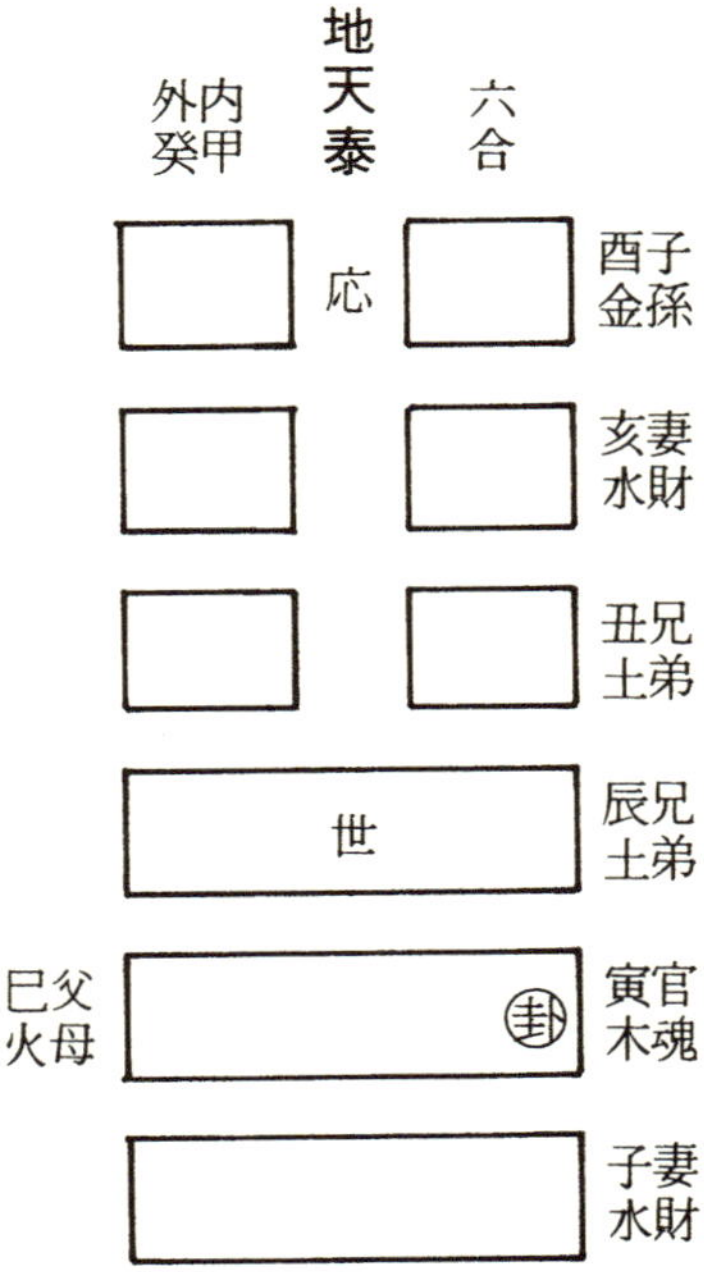

水天需

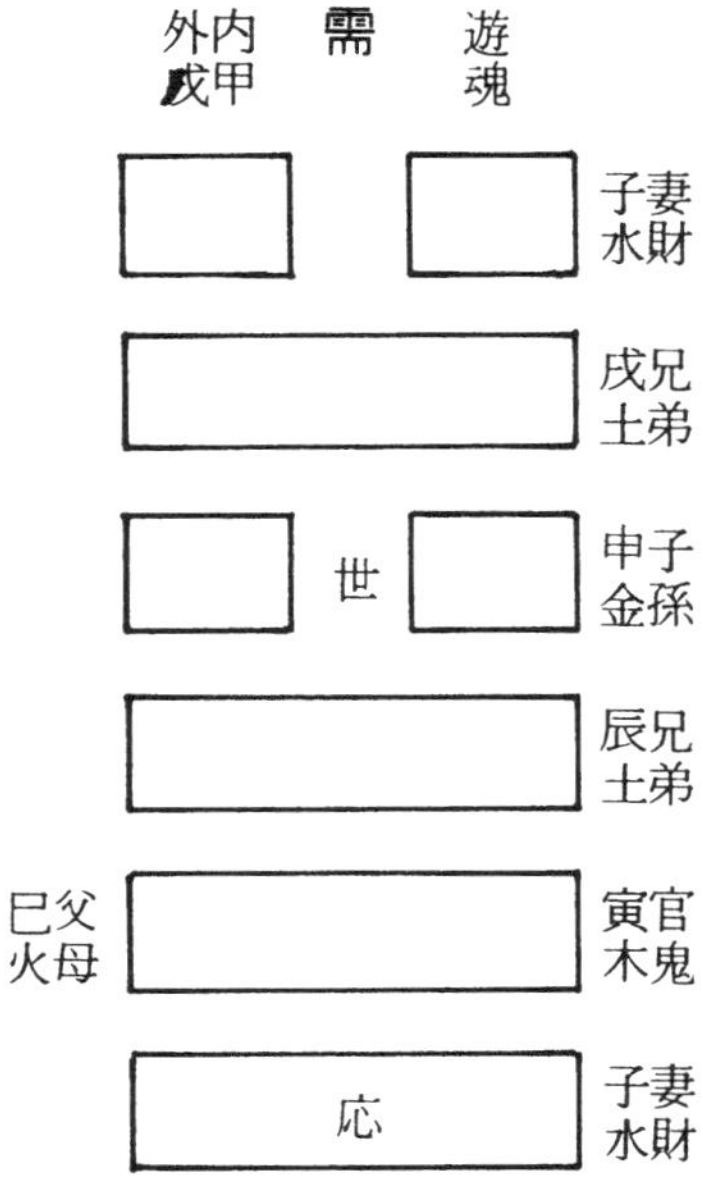

雷天大壮

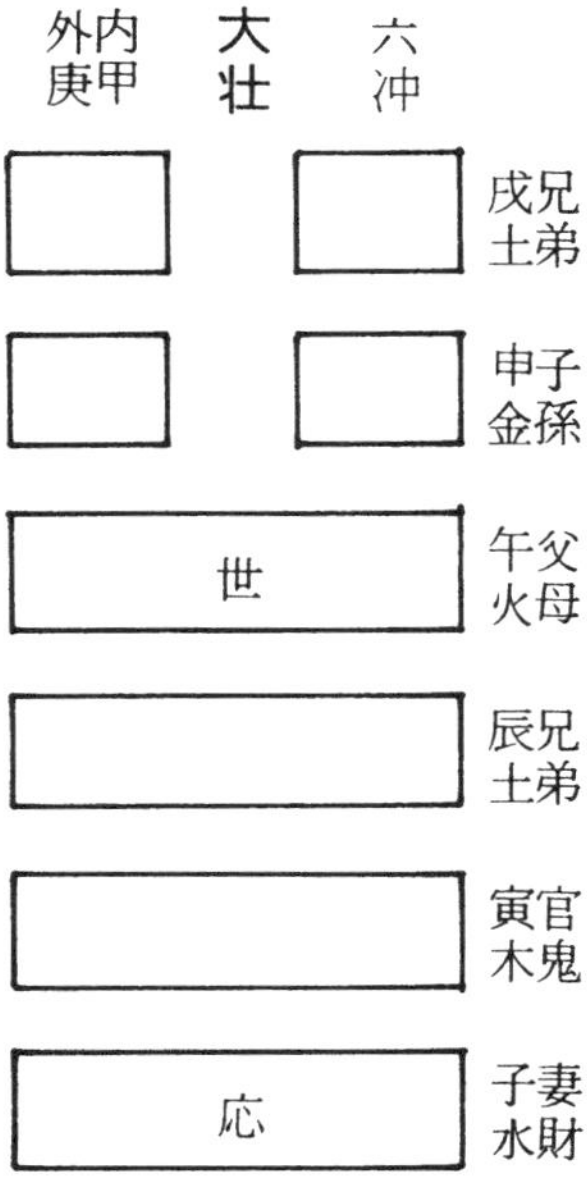

離

丑
卯
巳
未
酉
亥

水地比

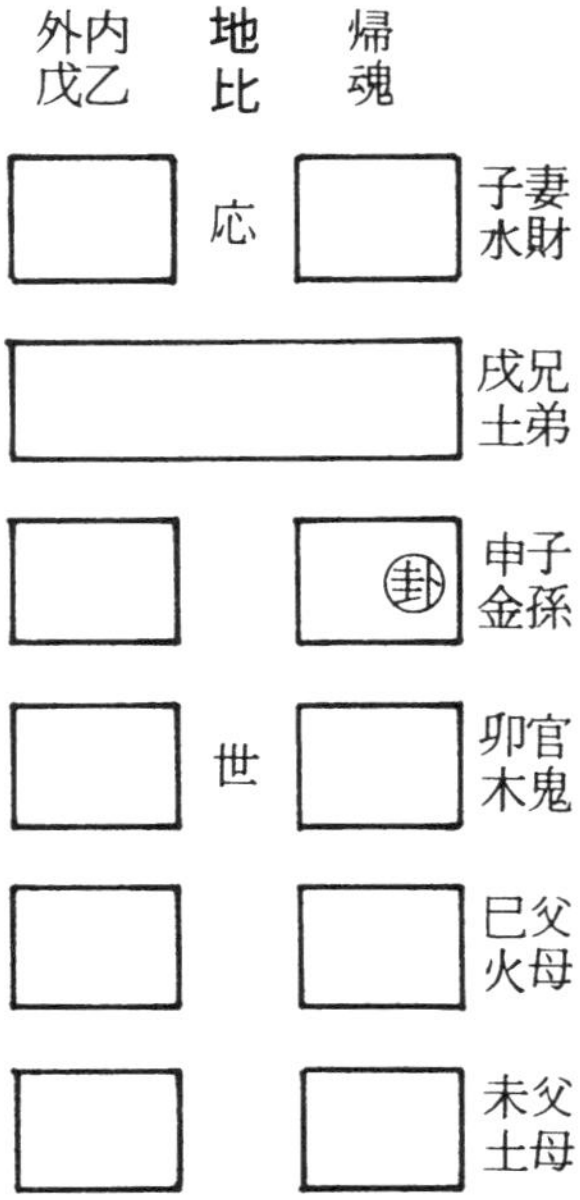

巽

卯
巳
未
酉
亥
丑

澤天夬

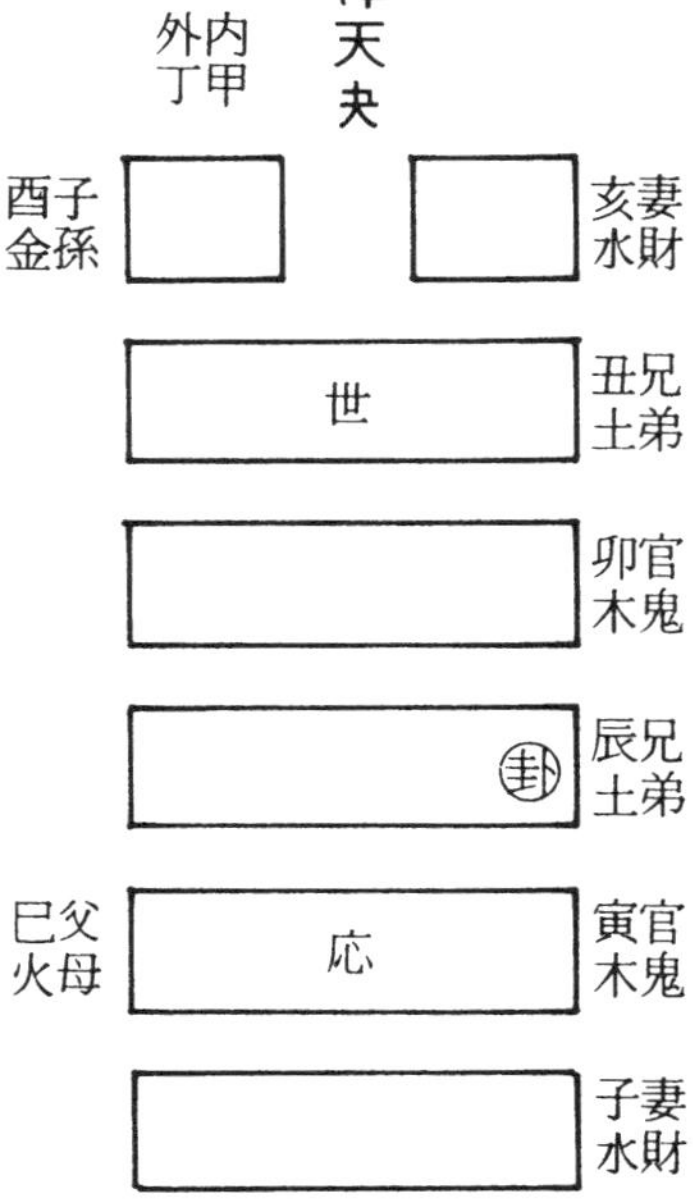

兌為澤

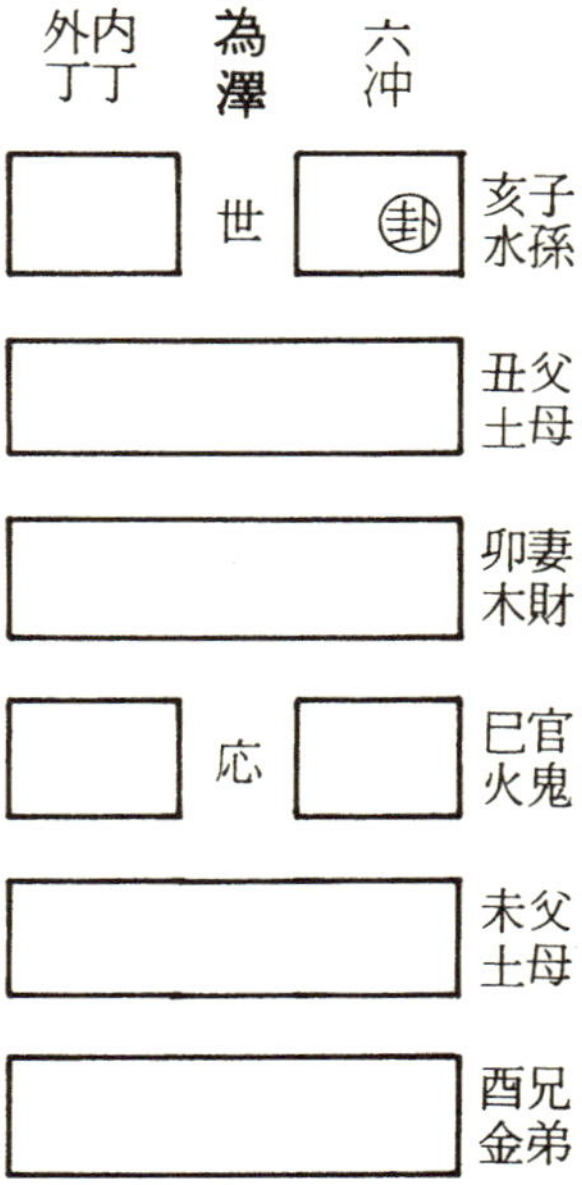

巽
卯
巳
未
酉
亥
丑

澤地萃

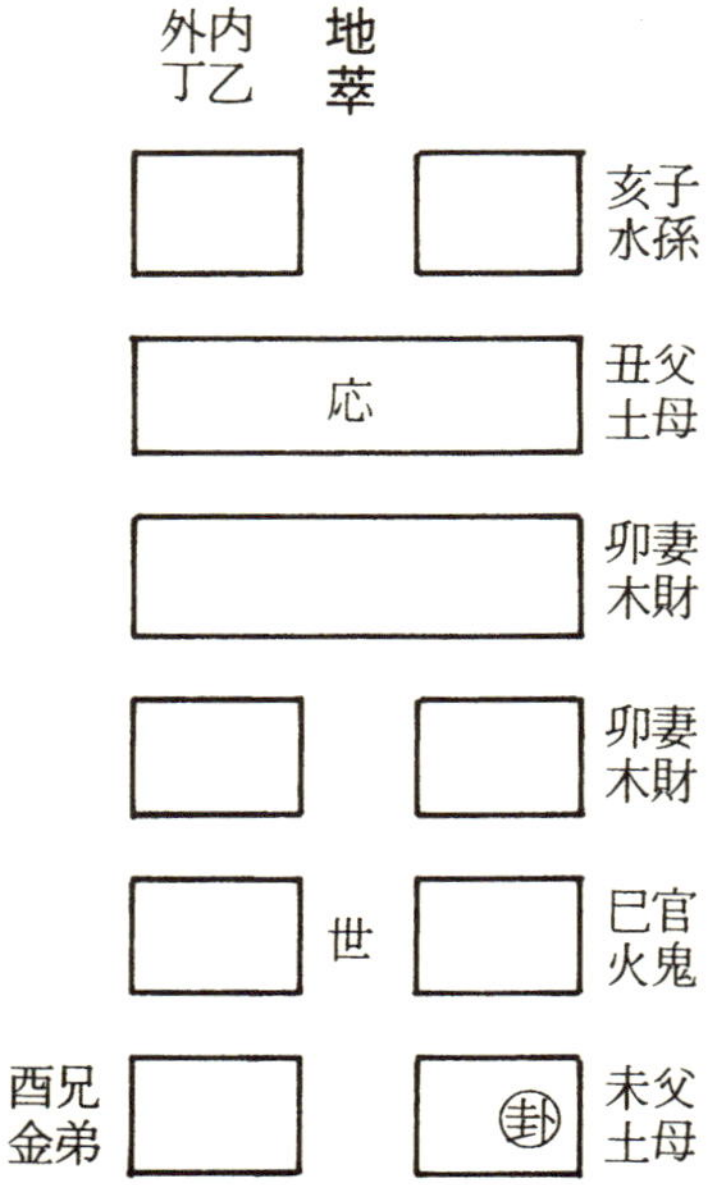

澤水困

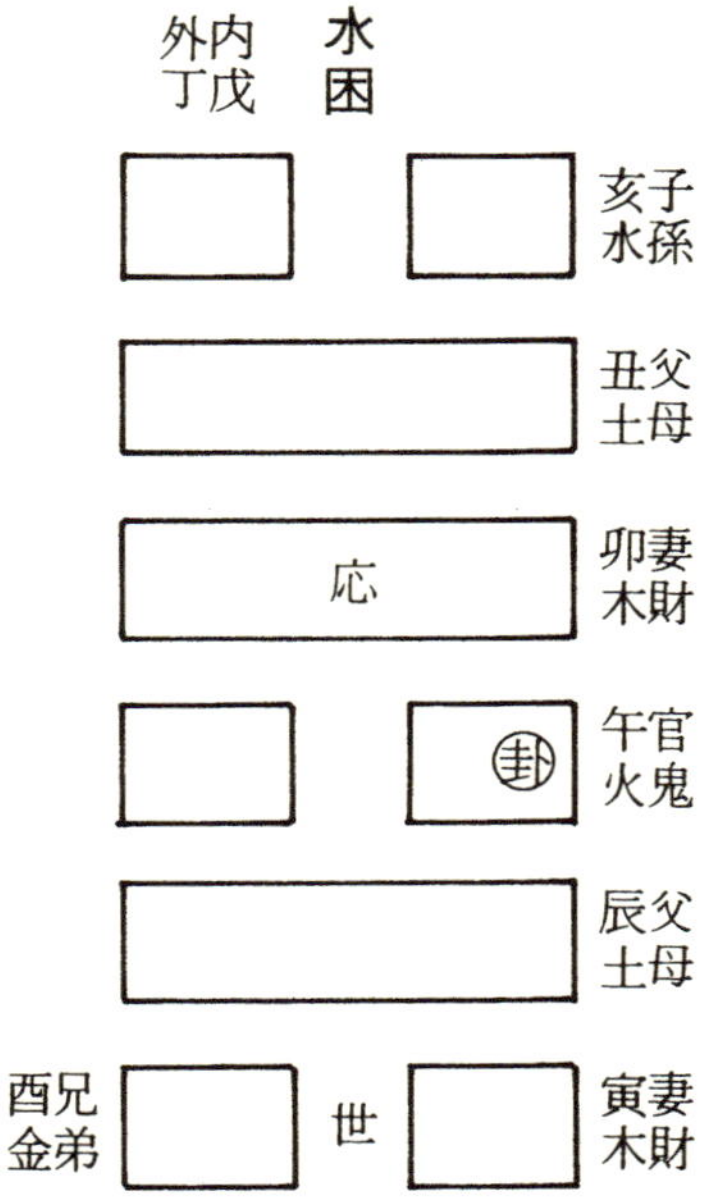

乾
×
×
×
辰
寅
子

澤山咸

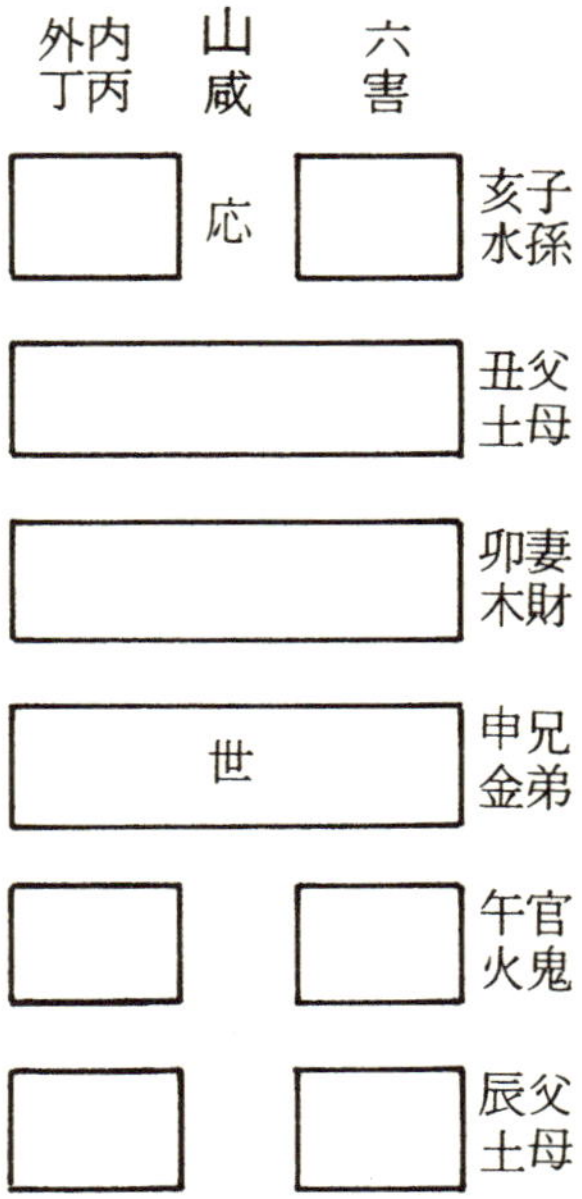

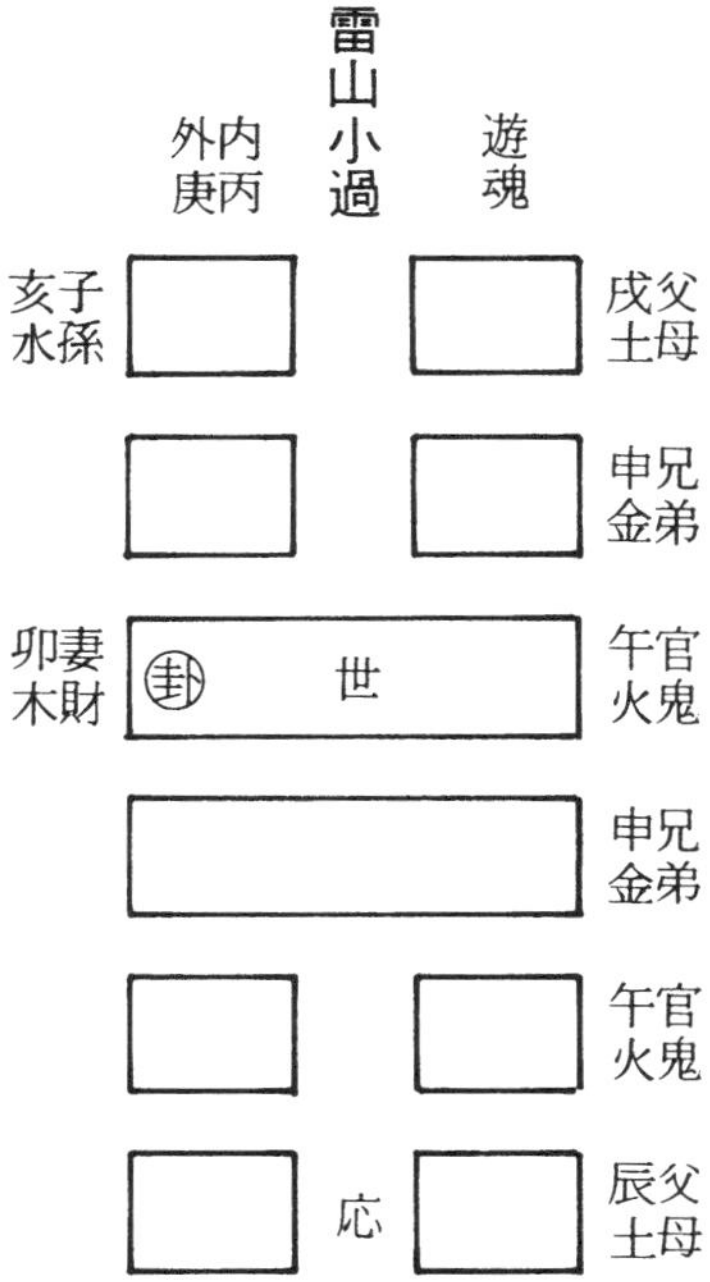
雷山小過
外内
庚丙
遊魂
亥子
水孫
戌父
土母
申兄
金弟
卯妻
木財
卦
世
午官
火鬼
申兄
金弟
午官
火鬼
応
辰父
土母

離

丑

卯

巳

未

酉

亥

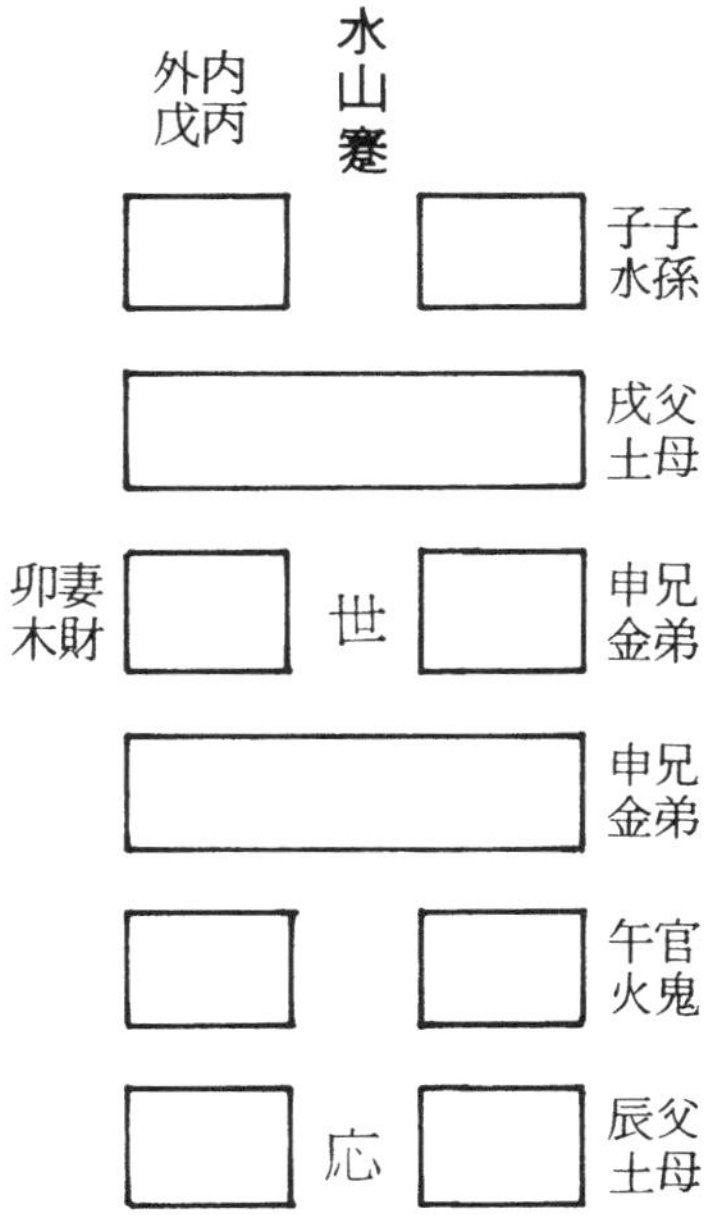
水山蹇
外内
戊丙
子子
水孫
戌父
土母
卯妻
木財
世
申兄
金弟
申兄
金弟
午官
火鬼
応
辰父
土母

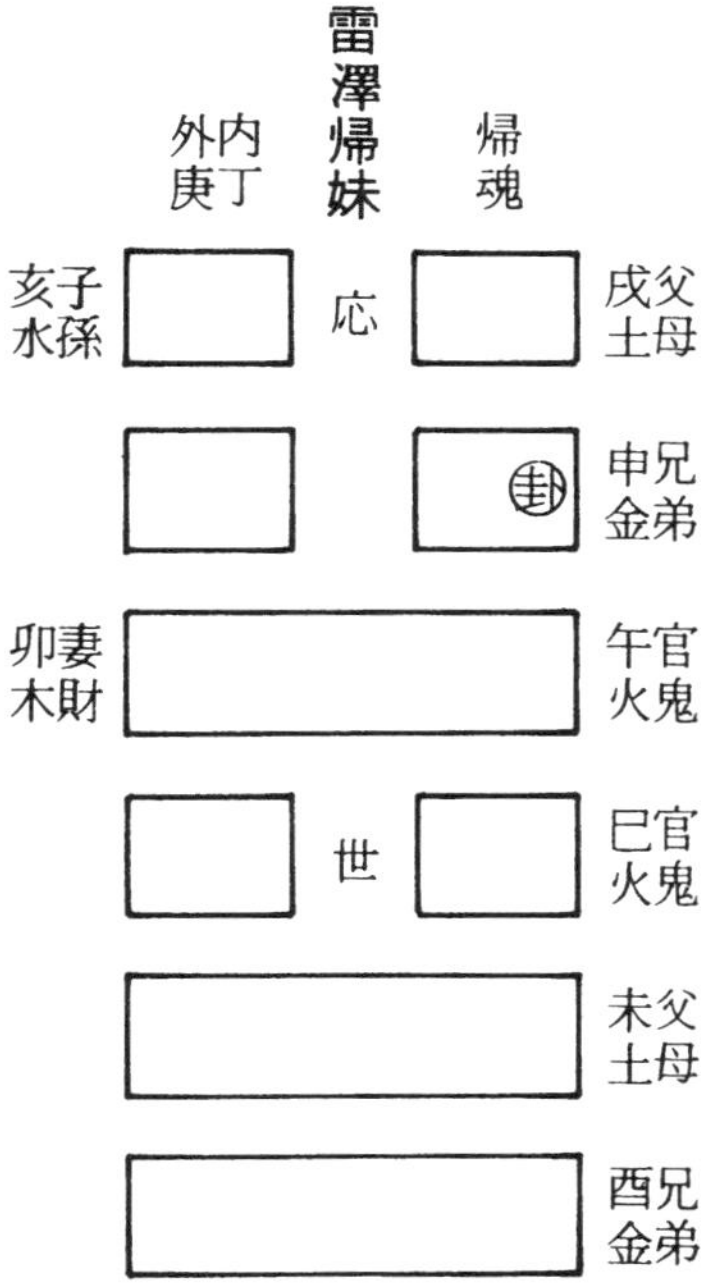
雷澤帰妹
外内
庚丁
帰魂
亥子
水孫
応
戌父
土母
卦
申兄
金弟
卯妻
木財
午官
火鬼
世
巳官
火鬼
未父
土母
酉兄
金弟

艮

寅

子

戌

×

×

×

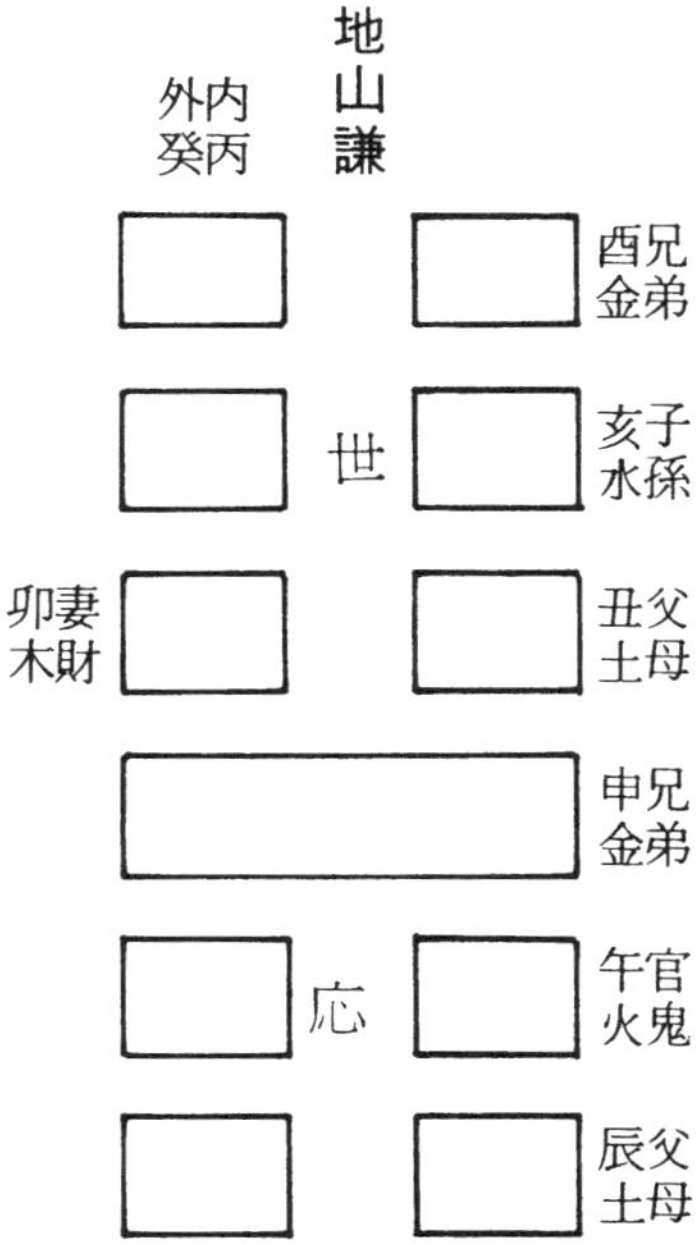
地山謙
外内
癸丙
酉兄
金弟
世
亥子
水孫
卯妻
木財
丑父
土母
申兄
金弟
応
午官
火鬼
辰父
土母

三刑

A　寅巳申　勢をたのむ刑
B　丑戌未　無恩の刑
C　子　卯　無礼の刑
D　辰午酉亥　自已を傷みの刑

（男女間に於ては）
A　勢力を争い融和し難い
B　冷たく和合を欠く
C　不倫のための破れ
D　互いに損い永続せず

十干禄

（貴人と同じにて吉祥なり）

甲の禄	寅
乙の禄	卯
丙の禄	巳
丁の禄	午
戊の禄	巳
己の禄	午
庚の禄	申
辛の禄	酉
壬の禄	亥
癸の禄	子

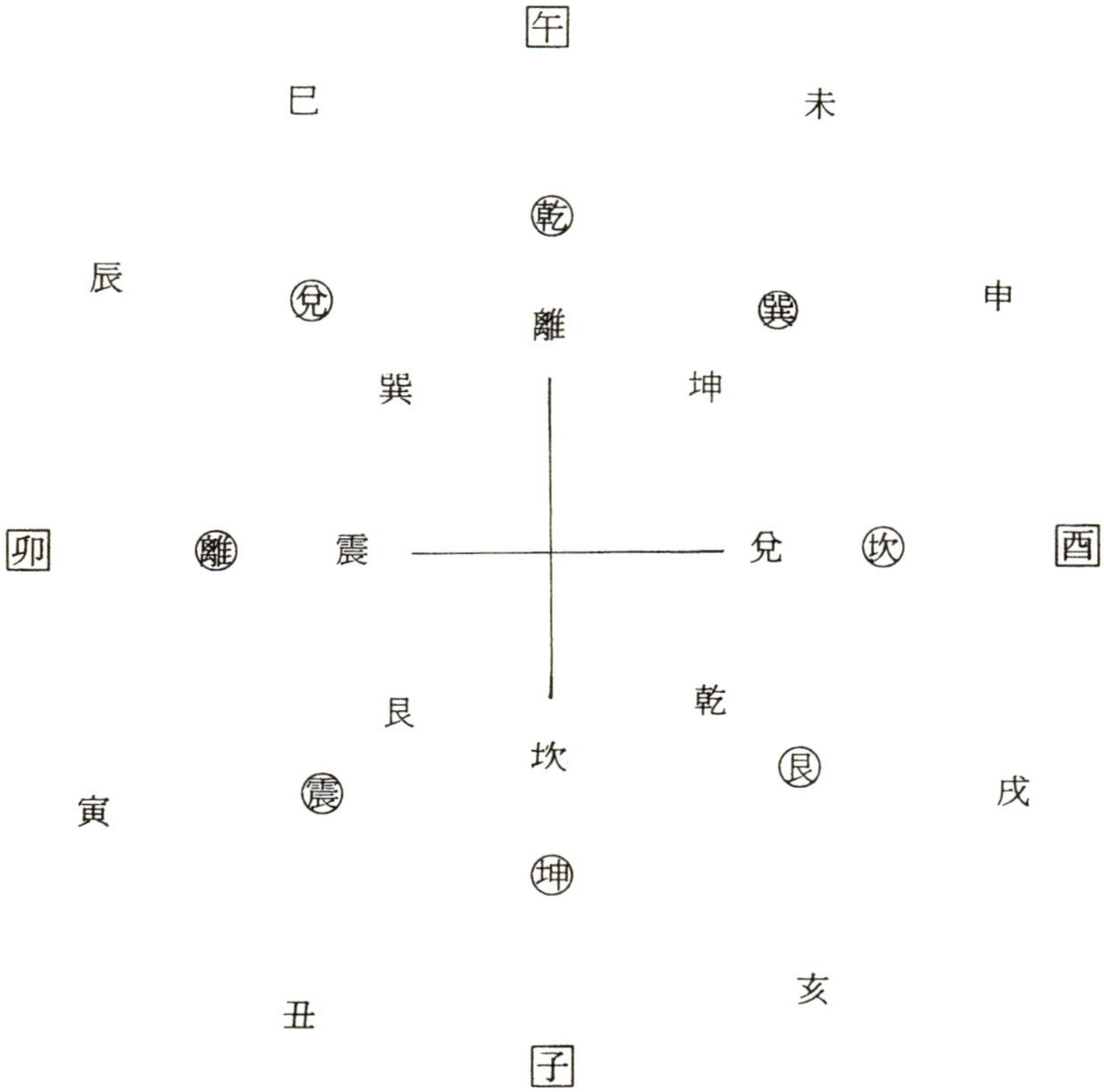

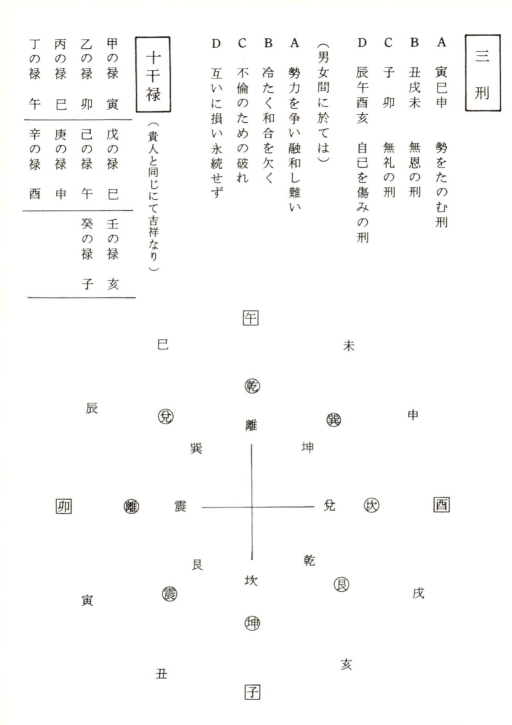

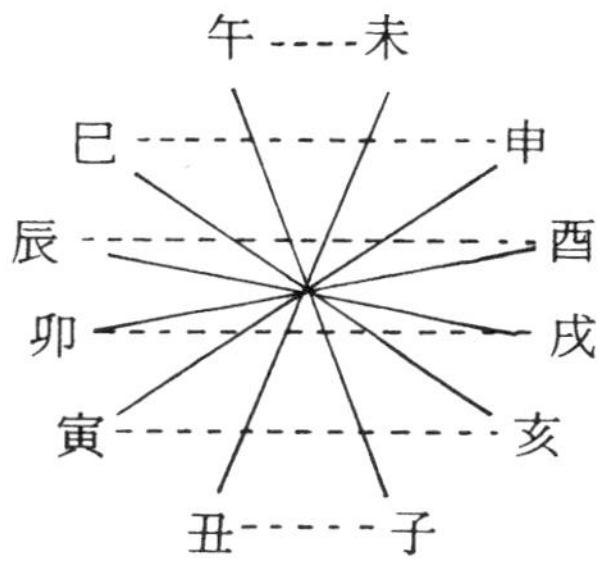

……線は合
——線は冲

申―亥　酉―戌
午―丑　未―子
辰―卯　巳―寅
害

未―戌　酉―子
辰―丑　卯―午
破

甲子	乙丑	丙寅	丁卯	戊辰	己巳	庚午	辛未	壬申	癸酉	（戌亥）	空亡
甲戌	乙亥	丙子	丁丑	戊寅	己卯	庚辰	辛巳	壬午	癸未	（申酉）	
甲申	乙酉	丙戌	丁亥	戊子	己丑	庚寅	辛卯	壬辰	癸巳	（午未）	
甲午	乙未	丙申	丁酉	戊戌	己亥	庚子	辛丑	壬寅	癸卯	（辰巳）	
甲辰	乙巳	丙午	丁未	戊申	己酉	庚戌	辛亥	壬子	癸丑	（寅卯）	
甲寅	乙卯	丙辰	丁巳	戊午	己未	庚申	辛酉	壬戌	癸亥	（子丑）	

卦＼占日	甲乙の日	丙丁の日	戊の日	己の日	庚辛の日	壬癸の日
上爻	玄武	青竜	朱雀	勾陳	螣蛇	白虎
五爻	白虎	玄武	青竜	朱雀	勾陳	螣蛇
四爻	螣蛇	白虎	玄武	青竜	朱雀	勾陳
三爻	勾陳	螣蛇	白虎	玄武	青竜	朱雀
二爻	朱雀	勾陳	螣蛇	白虎	玄武	青竜
初爻	青竜	朱雀	勾陳	螣蛇	白虎	玄武

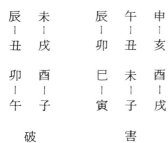

貴人

傷なければ官禄を益す
元神に附せば貴人の引立あり

乙己日……子申
丙丁日……亥酉
壬癸日……卯巳
庚辛日……午寅
甲戊日……丑未

天喜（大吉祥。病人に特によし）

丑月	酉
巳月	丑
酉月	巳
寅月	戌
午月	寅
戌月	午
卯月	亥
未月	卯
亥月	未
辰月	子
申月	辰
子月	申

駅馬（転宅・旅行に吉）

申子辰の馬　寅
寅午戌の馬　申
巳酉丑の馬　亥
亥卯未の馬　巳

劫煞（劫盗・強奪・殺傷等の悪星）

申子辰の日　巳
亥卯未の日　申
寅午戌の日　亥
巳酉丑の日　寅

咸池煞

酉
子
卯
午

火珠林　断易納甲表・万年暦

陽卦第一　乾宮八卦

六冲卦　1 乾為天

	▅▅▅▅▅	世	父母	戌
	▅▅▅▅▅		兄弟	申
	▅▅▅▅▅		官鬼	午
	▅▅▅▅▅	応	父母	辰
	▅▅▅▅▅		妻財	寅
	▅▅▅▅▅		子孫	子

2 天風姤

	▅▅▅▅▅		父母	戌
	▅▅▅▅▅		兄弟	申
	▅▅▅▅▅	応　卦身	官鬼	午
	▅▅▅▅▅		兄弟	酉
妻財 寅	▅▅▅▅▅		子孫	亥
	▅▅　▅▅	世	父母	丑

3 天山遯

	▅▅▅▅▅		父母	戌
	▅▅▅▅▅	応	兄弟	申
	▅▅▅▅▅		官鬼	午
	▅▅▅▅▅		兄弟	申
妻財 寅	▅▅　▅▅	世	官鬼	午
子孫 子	▅▅　▅▅		父母	辰

六合卦　4 天地否

	▅▅▅▅▅	応	父母	戌
	▅▅▅▅▅	卦身	兄弟	申
	▅▅▅▅▅		官鬼	午
	▅▅　▅▅	世	妻財	卯
	▅▅　▅▅		官鬼	巳
子孫 子	▅▅　▅▅		父母	未

5 風地観

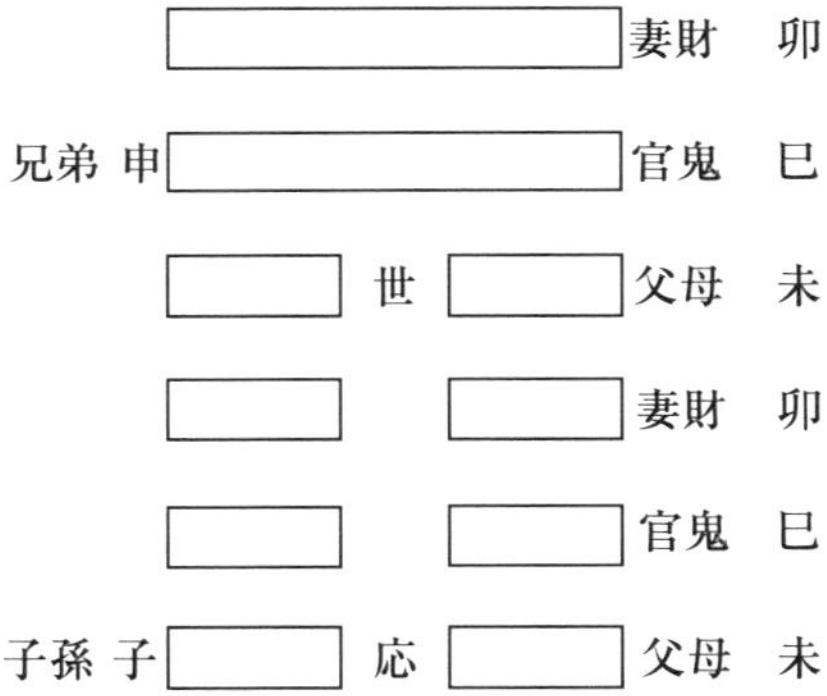

6 山地剥

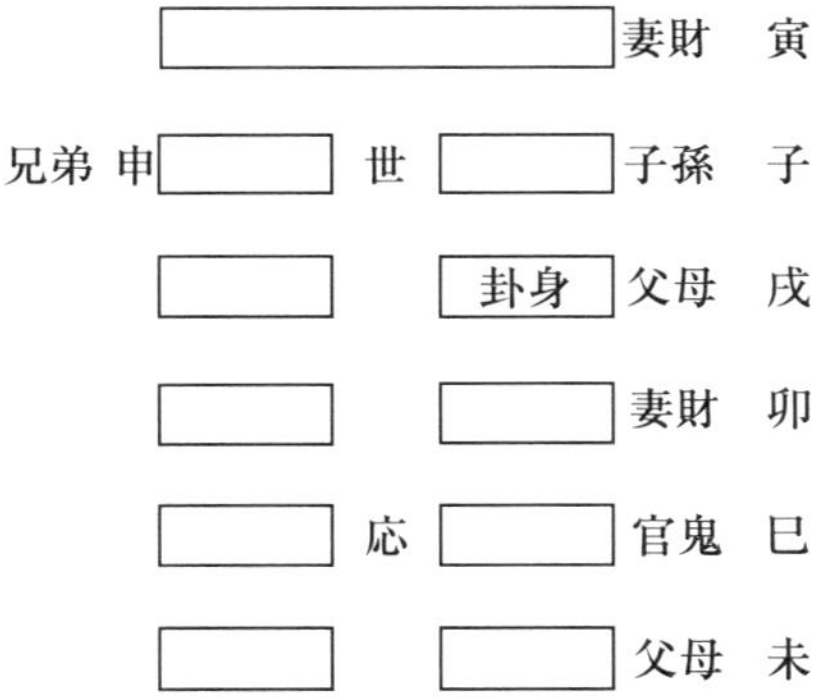

遊魂卦

7 火地晋

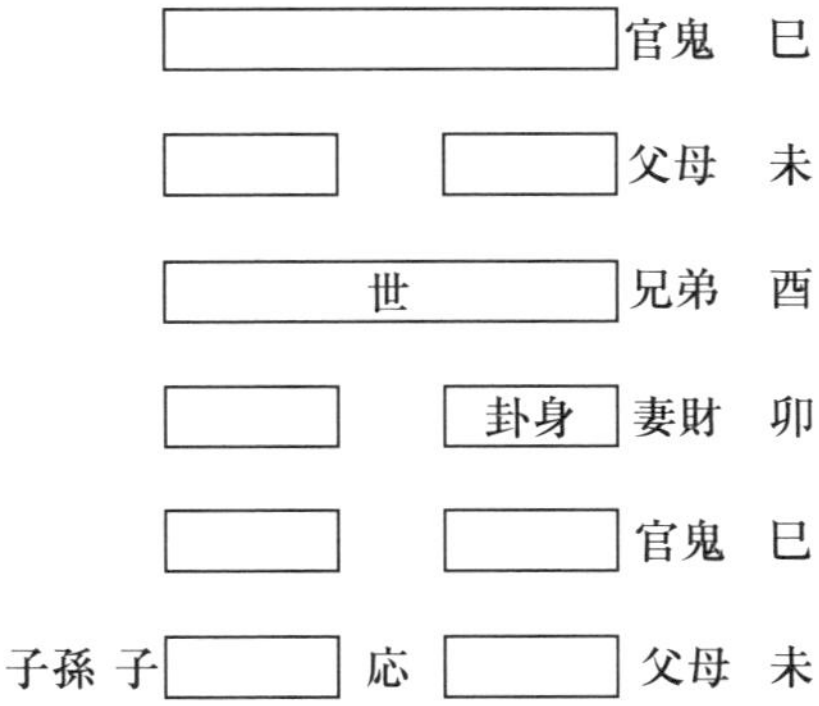

帰魂卦

8 火天大有

陽卦第二　震宮八卦

六合卦　10 水沢節

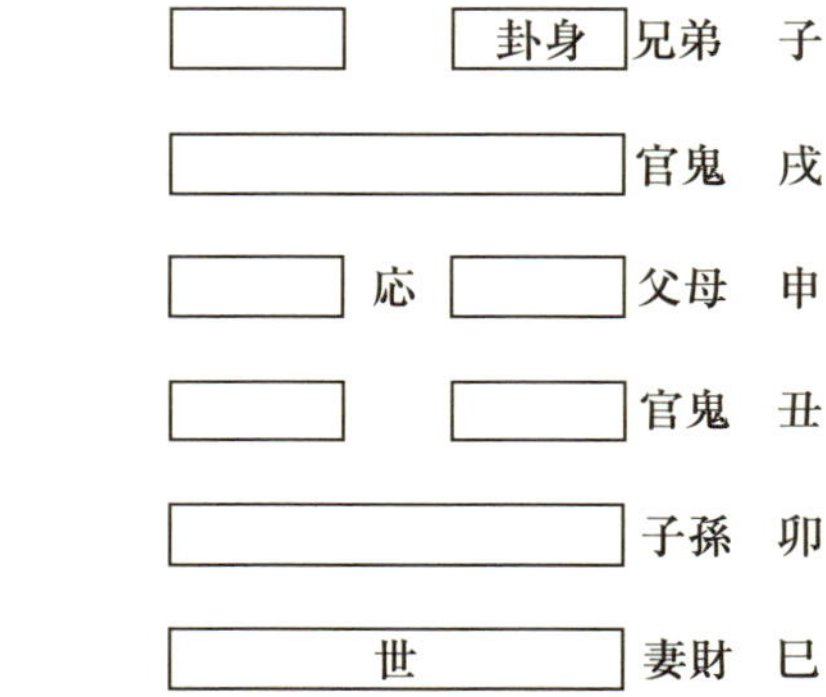

六冲卦　9 坎為水

12 水火既済

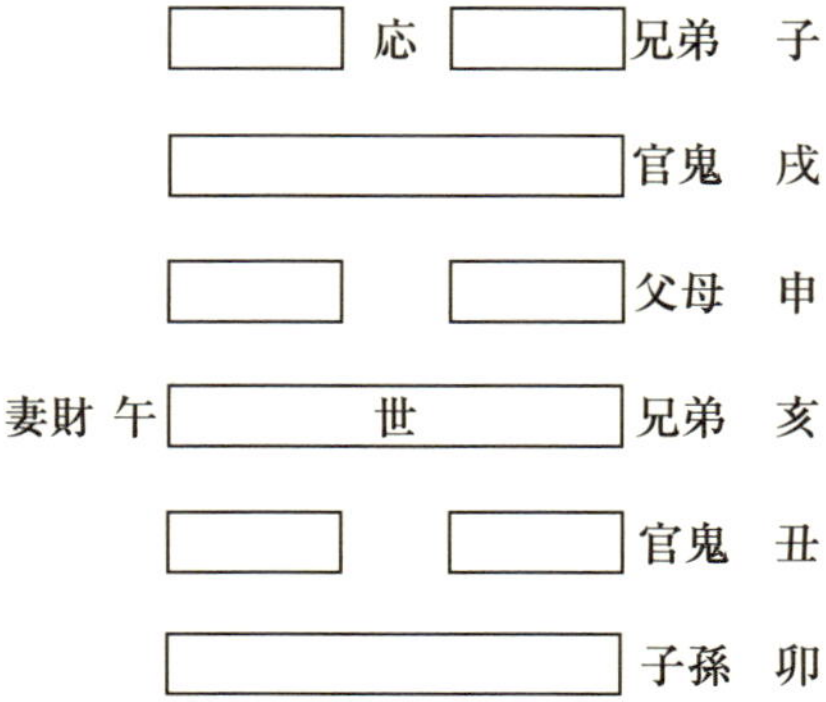

11 水雷屯

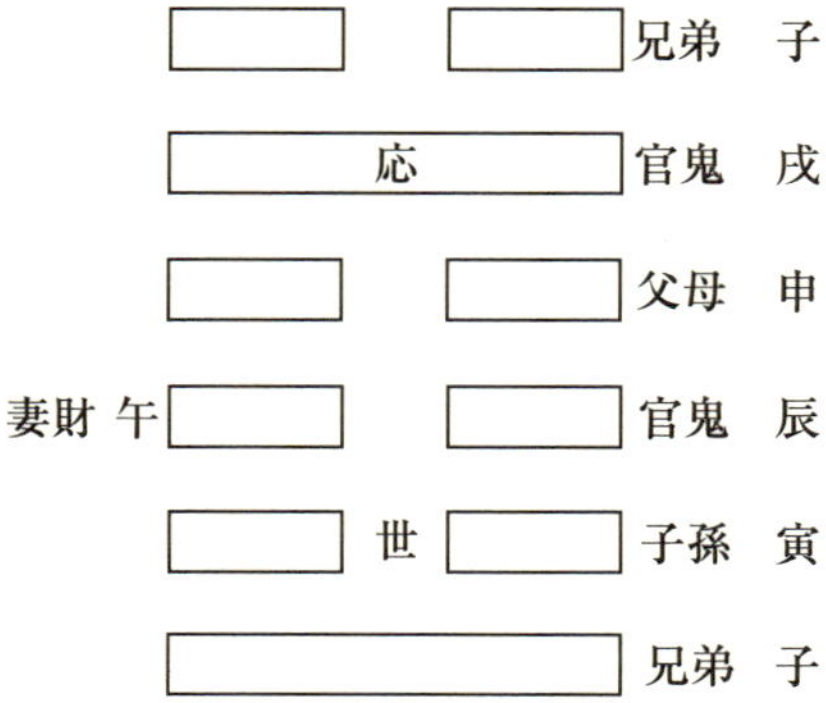

14 雷火豊

	⚋	卦身	官鬼	戌
	⚋	世	父母	申
	⚊		妻財	午
	⚊		兄弟	亥
	⚋	応	官鬼	丑
	⚊		子孫	卯

13 沢火革

	⚋		官鬼	未
	⚊		父母	酉
	⚊	世	兄弟	亥
妻財 午	⚊		兄弟	亥
	⚋		官鬼	丑
	⚊	応　卦身	子孫	卯

帰魂卦

16 地水師

	⚋	応	父母	酉
	⚋		兄弟	亥
	⚋		官鬼	丑
	⚋	世	妻財	午
	⚊		官鬼	辰
	⚋		子孫	寅

遊魂卦

15 地火明夷

	⚋	卦身	父母	酉
	⚋		兄弟	亥
	⚋	世	官鬼	丑
妻財 午	⚊		兄弟	亥
	⚋		官鬼	丑
	⚊	応	子孫	卯

陽卦第三　坎宮八卦

六合卦　18 山火賁

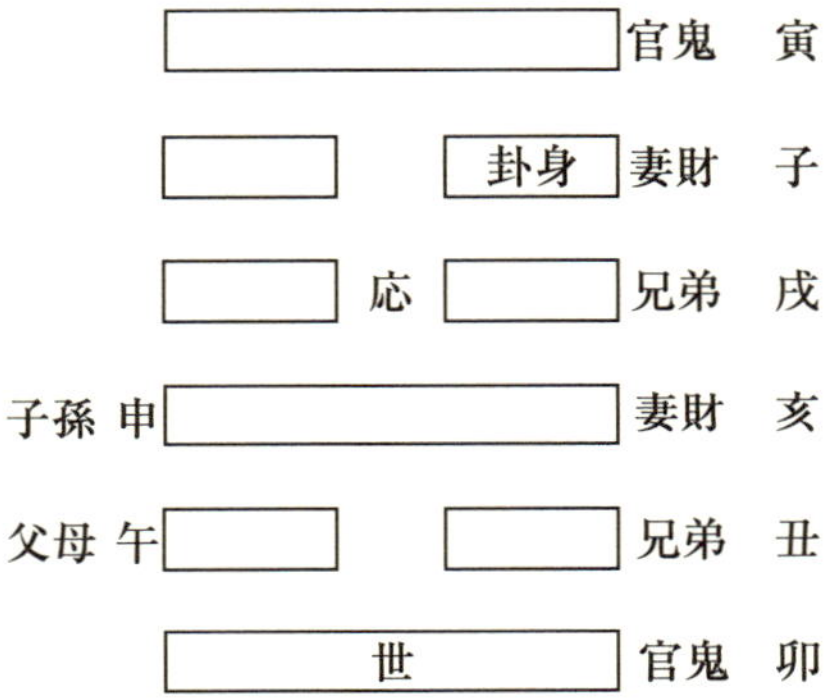

六冲卦　17 艮為山

20 山沢損

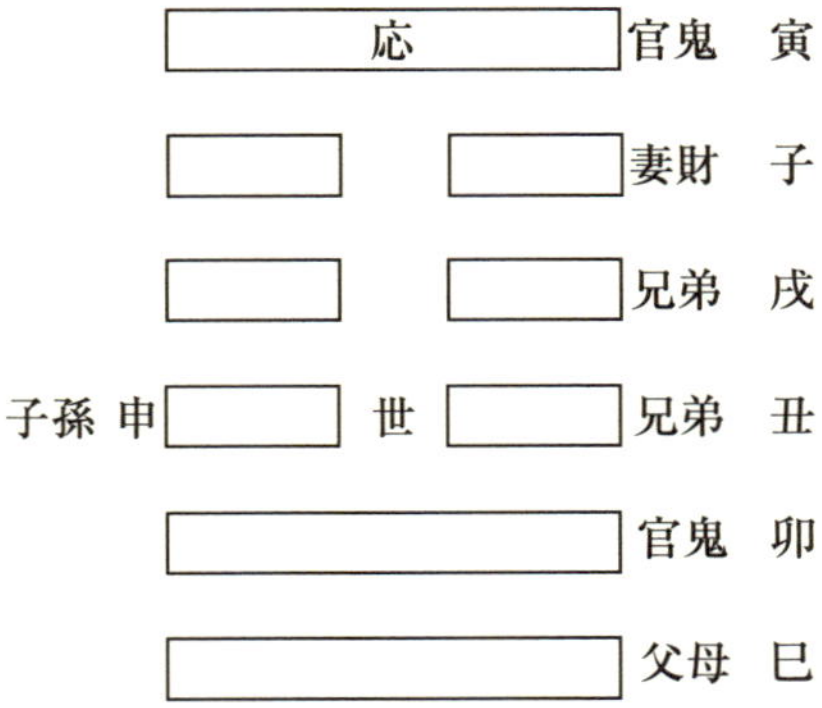

19 山天大畜

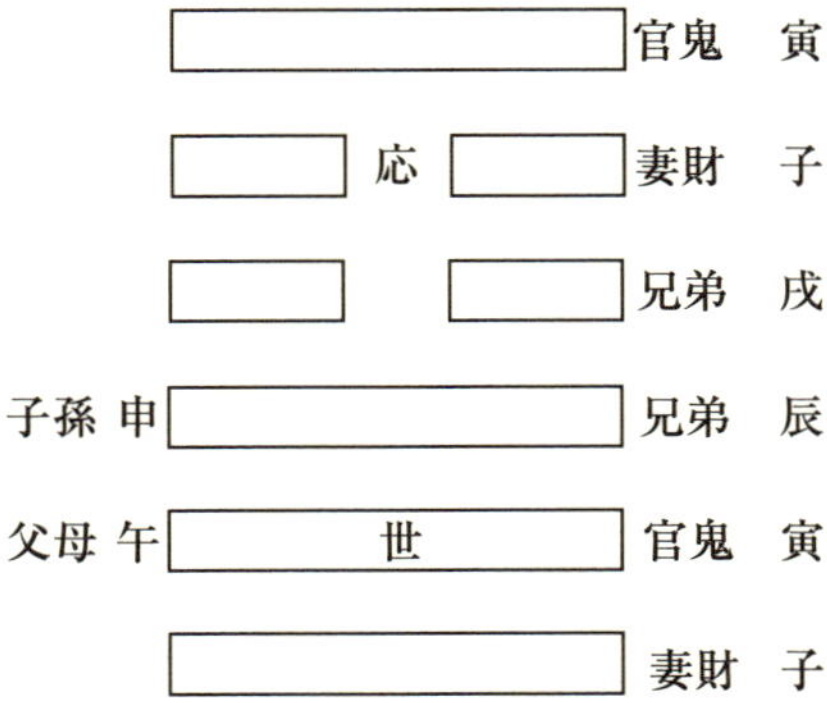

21 火沢睽

	⚊		父母	巳
妻財 子	⚋		兄弟	未
	⚊	世	子孫	酉
	⚋		兄弟	丑
	⚊	卦身	官鬼	卯
	⚊	応	父母	巳

22 天沢履

	⚊		兄弟	戌
妻財 子	⚊	世	子孫	申
	⚊		父母	午
	⚋		兄弟	丑
	⚊	応	官鬼	卯
	⚊		父母	巳

遊魂卦

23 風沢中孚

	⚊		官鬼	卯
妻財 子	⚊		父母	巳
	⚋	世	兄弟	未
子孫 申	⚋		兄弟	丑
	⚊		官鬼	卯
	⚊	応	父母	巳

帰魂卦

24 風山漸

	⚊	応	官鬼	卯
妻財 子	⚊		父母	巳
	⚋		兄弟	未
	⚊	世	子孫	申
	⚋		父母	午
	⚋		兄弟	辰

陽卦第四　艮宮八卦

六合卦　26 雷地予

	━━　━━		妻財	戌
	━━　━━		官鬼	申
	━━━━━━	応　卦身	子孫	午
	━━　━━		兄弟	卯
	━━　━━		子孫	巳
父母 子	━━　━━	世	妻財	未

六冲卦　25 震為雷

	━━　━━	世	妻財	戌
	━━　━━		官鬼	申
	━━━━━━		子孫	午
	━━　━━	応	妻財	辰
	━━　━━		兄弟	寅
	━━━━━━		父母	子

28 雷風恒

	━━　━━	応	妻財	戌
	━━　━━		官鬼	申
	━━━━━━		子孫	午
	━━━━━━	世	官鬼	酉
兄弟 寅	━━━━━━		父母	亥
	━━　━━		妻財	丑

27 雷水解

	━━　━━		妻財	戌
	━━　━━	応	官鬼	申
	━━━━━━		子孫	午
	━━　━━		子孫	午
	━━━━━━	世	妻財	辰
父母 子	━━　━━		兄弟	寅

29 地風升

	⚋	卦身	官鬼	酉
	⚋		父母	亥
子孫 午	⚋	世	妻財	丑
	⚊	卦身	官鬼	酉
兄弟 寅	⚊		父母	亥
	⚋	応	妻財	丑

30 水風井

	⚋		父母	子
	⚊	世	妻財	戌
子孫 午	⚋		官鬼	申
	⚊		官鬼	酉
兄弟 寅	⚊	応	父母	亥
	⚋		妻財	丑

遊魂卦

31 沢風大過

	⚋		妻財	未
	⚊		官鬼	酉
子孫 午	⚊	世	父母	亥
	⚊		官鬼	酉
兄弟 寅	⚊		父母	亥
	⚋	応	妻財	丑

帰魂卦

32 沢雷随

	⚋	応	妻財	未
	⚊		官鬼	酉
子孫 午	⚊		父母	亥
	⚋	世	妻財	辰
	⚋		兄弟	寅
	⚊		父母	子

陰卦第一　坤宮八卦

六冲卦　33 巽為風

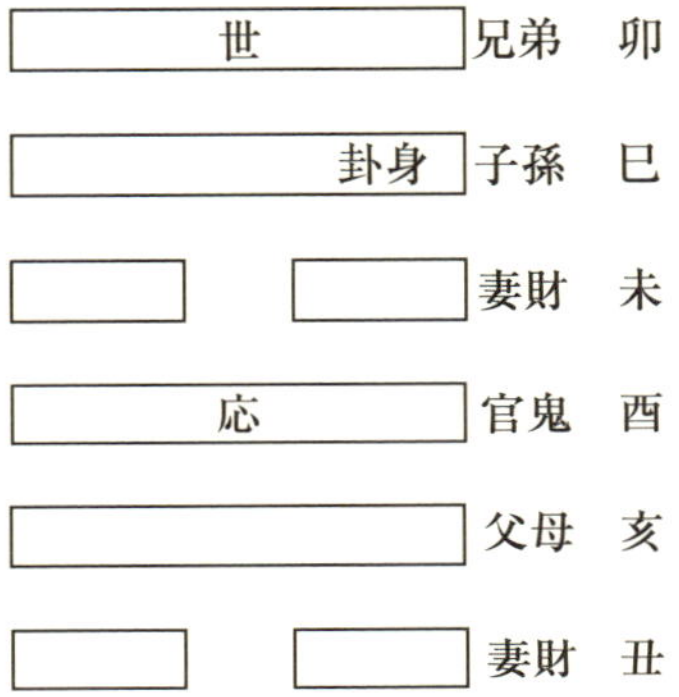

34 風天小畜

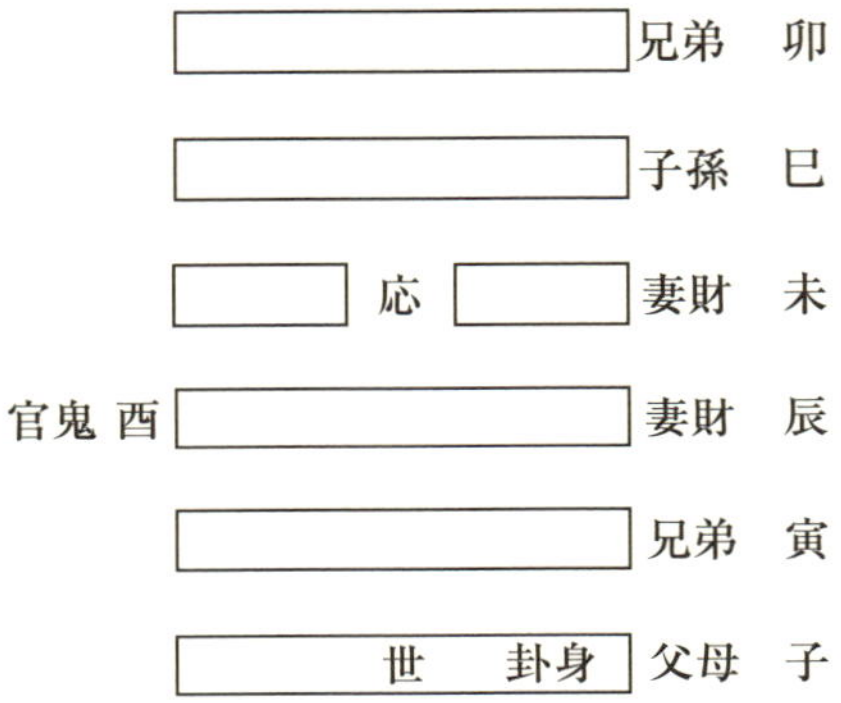

35 風火家人

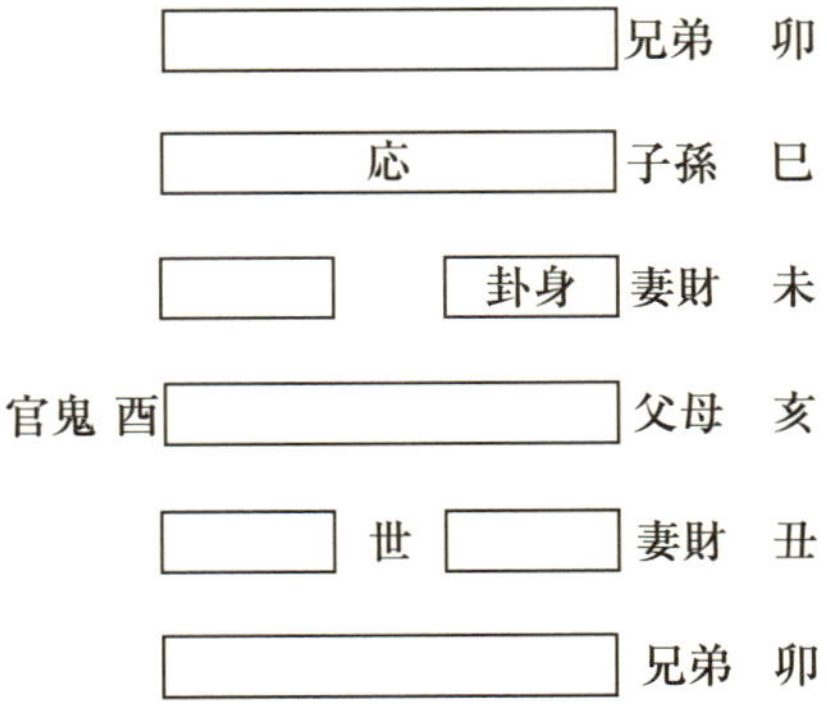

36 風雷益

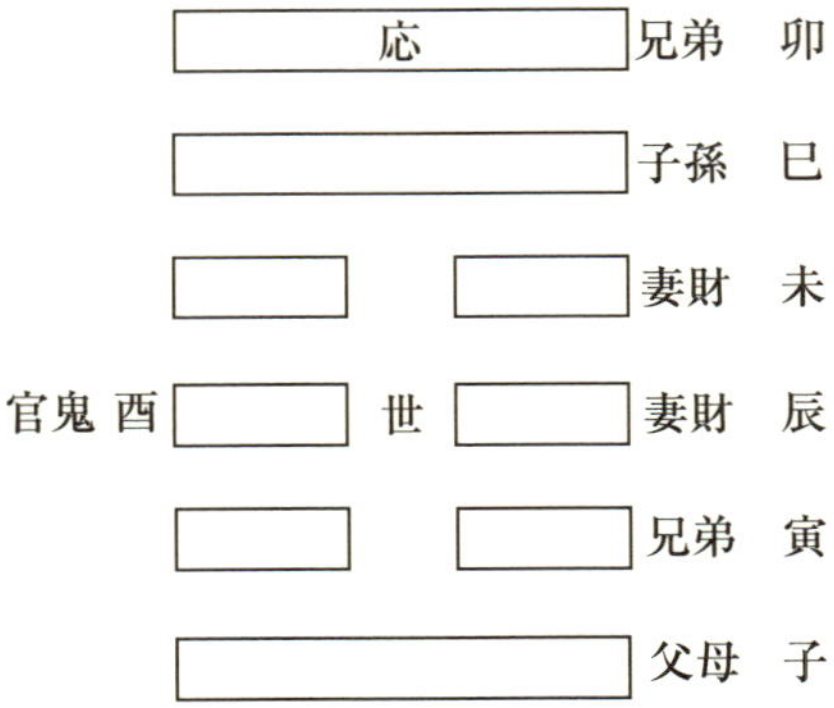

六冲卦　37 天雷无妄

妻財 戌	
官鬼 申	
世 子孫 午	
妻財 辰	
兄弟 寅	
應 父母 子	

38 火雷噬嗑

子孫 巳	
世 妻財 未	
官鬼 酉	
妻財 辰	
應 兄弟 寅	
父母 子	

遊魂卦　39 山雷頤

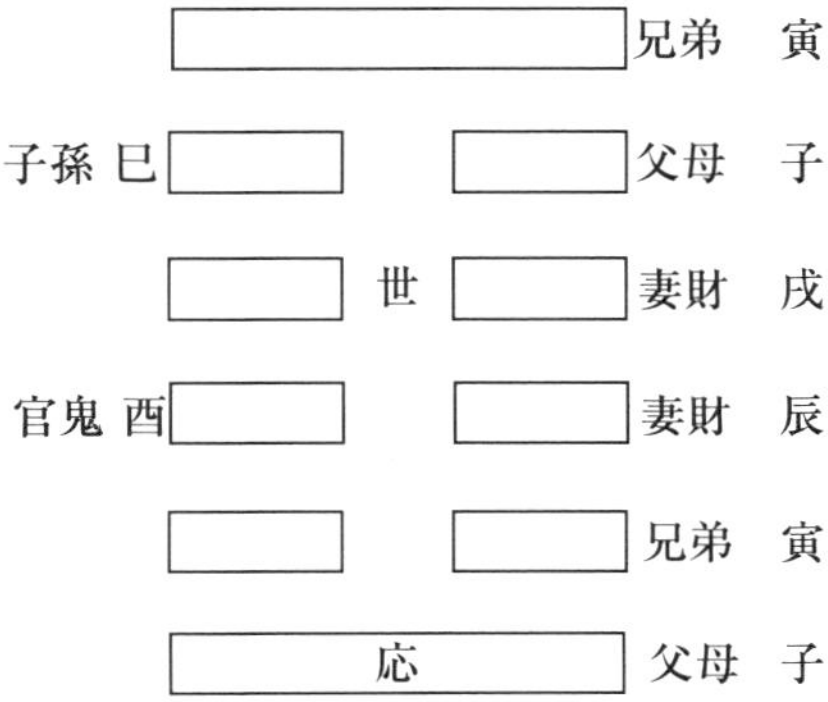

兄弟 寅	
子孫 巳　父母 子	
世 妻財 戌	
官鬼 酉　妻財 辰	
兄弟 寅	
應 父母 子	

帰魂卦　40 山風蠱

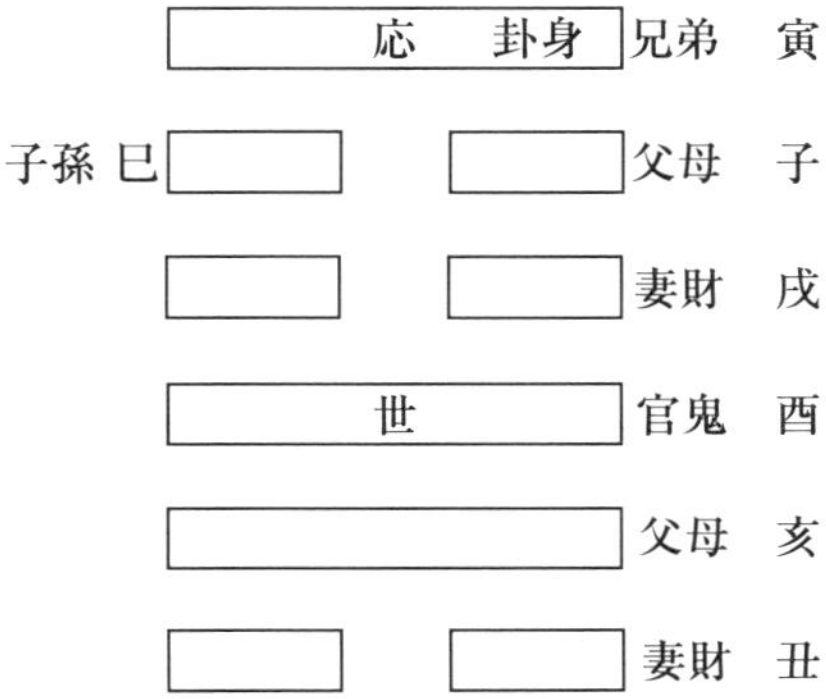

應　卦身 兄弟 寅	
子孫 巳　父母 子	
妻財 戌	
世 官鬼 酉	
父母 亥	
妻財 丑	

陰卦第二　巽宮八卦

六冲卦　41 離為火

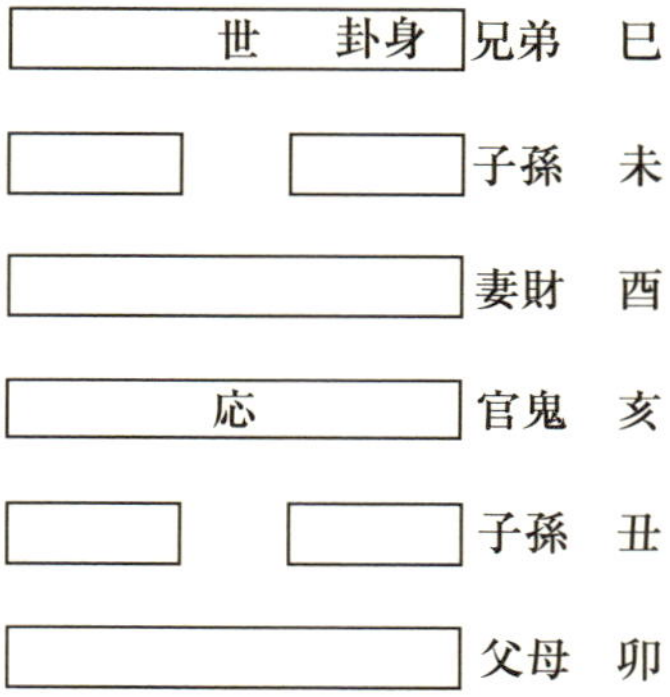

六合卦　42 火山旅

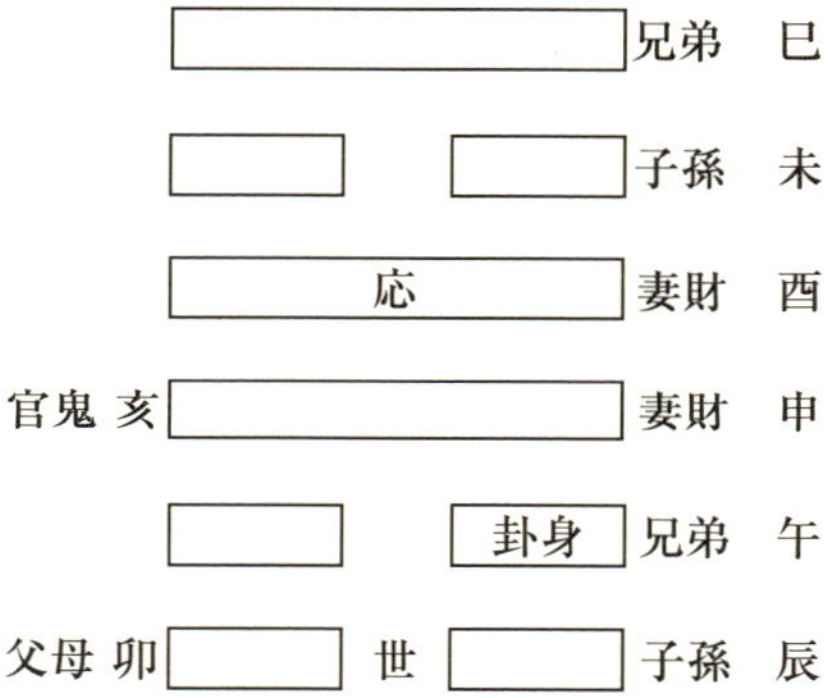

43 火風鼎

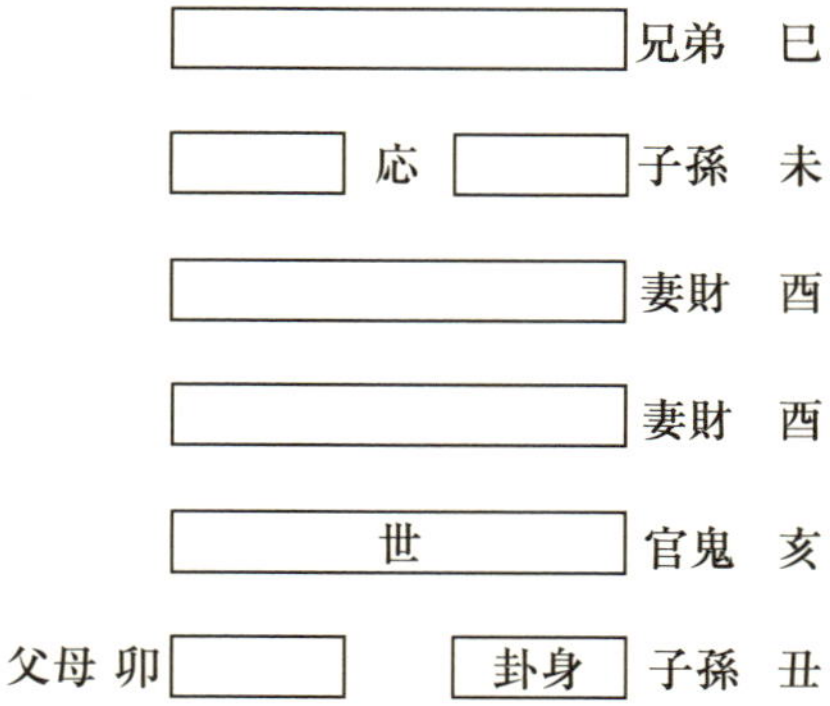

44 火水未済

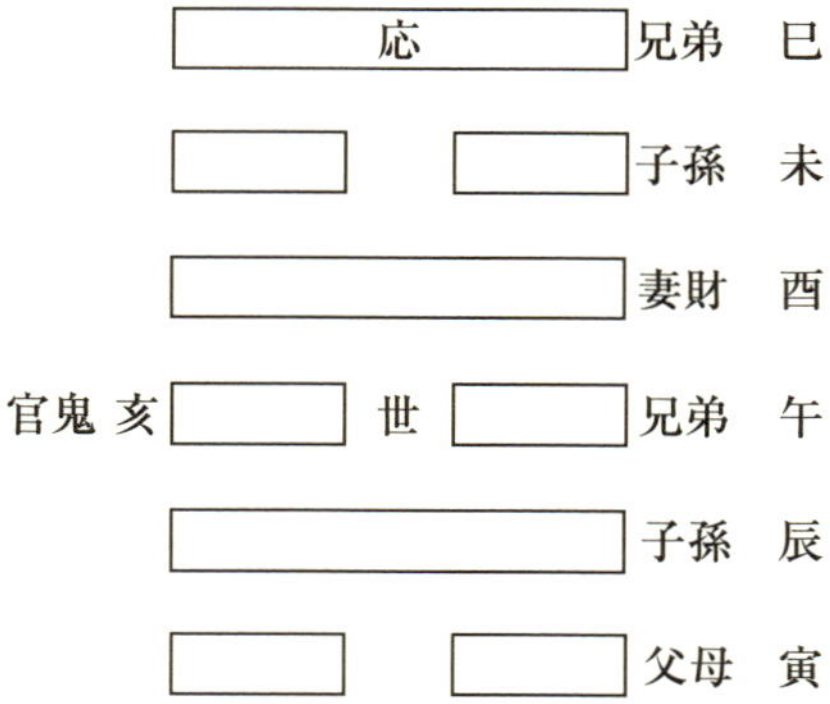

45 山水蒙

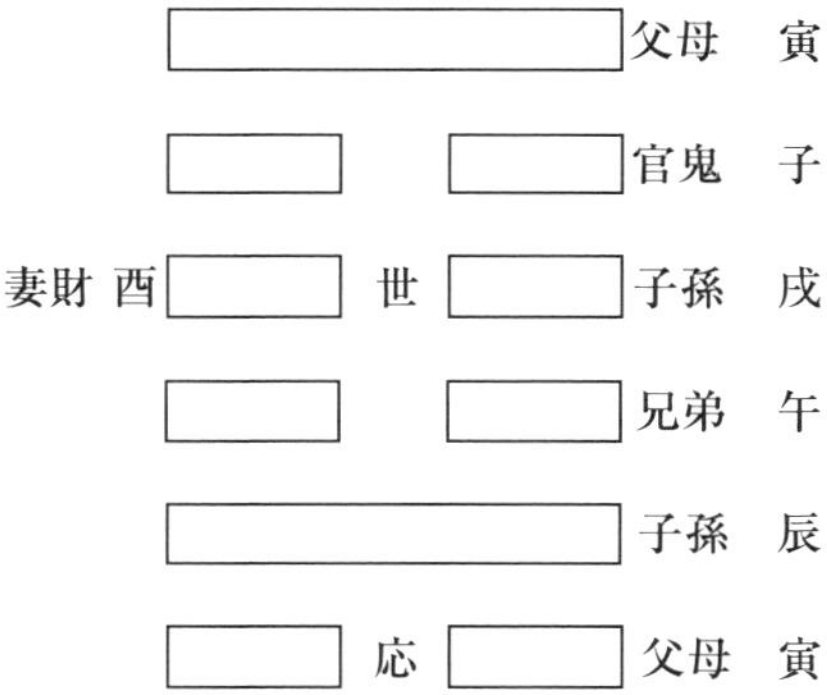

46 風水渙

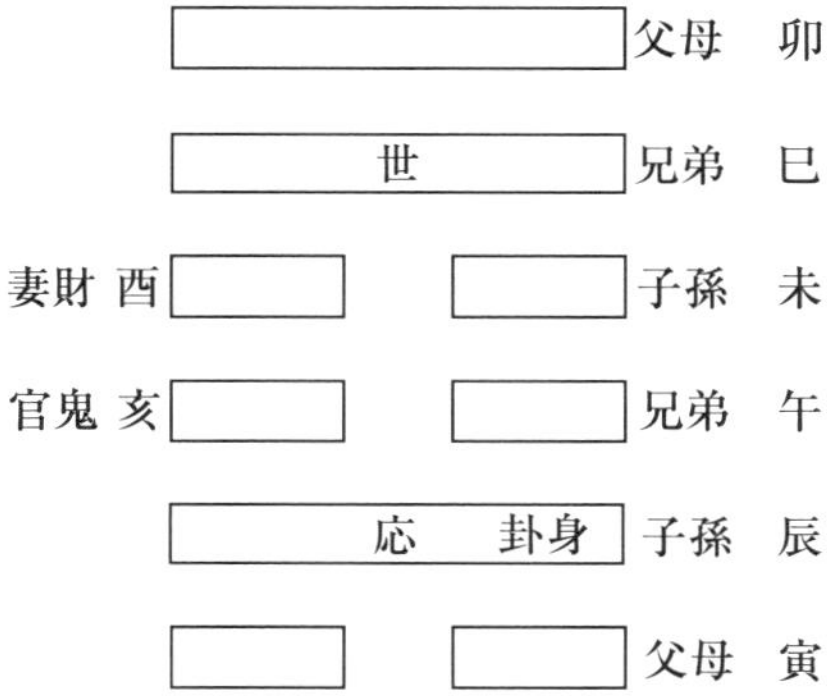

遊魂卦

47 天水訟

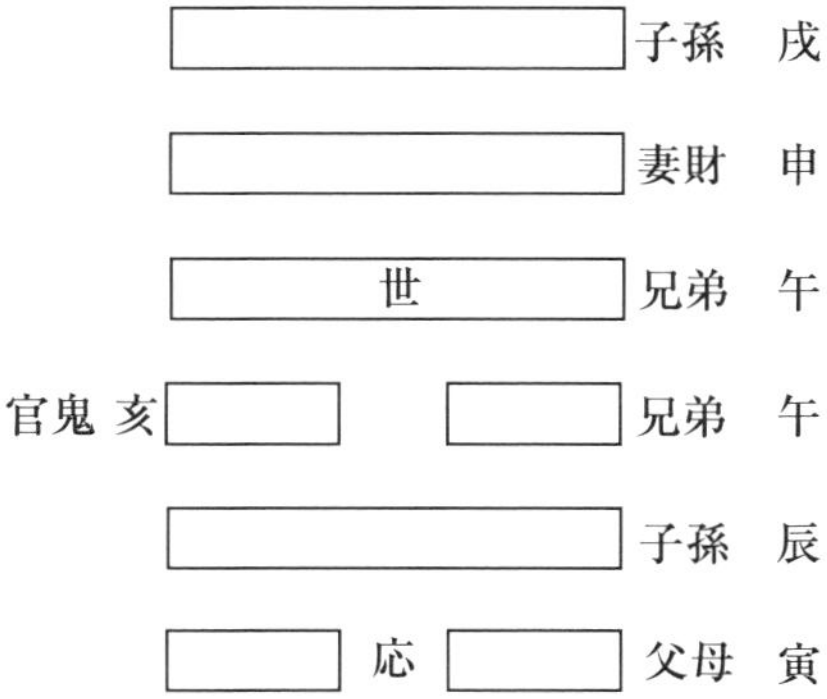

帰魂卦

48 天火同人

陰卦第三　離宮八卦

六合卦　50 地雷復

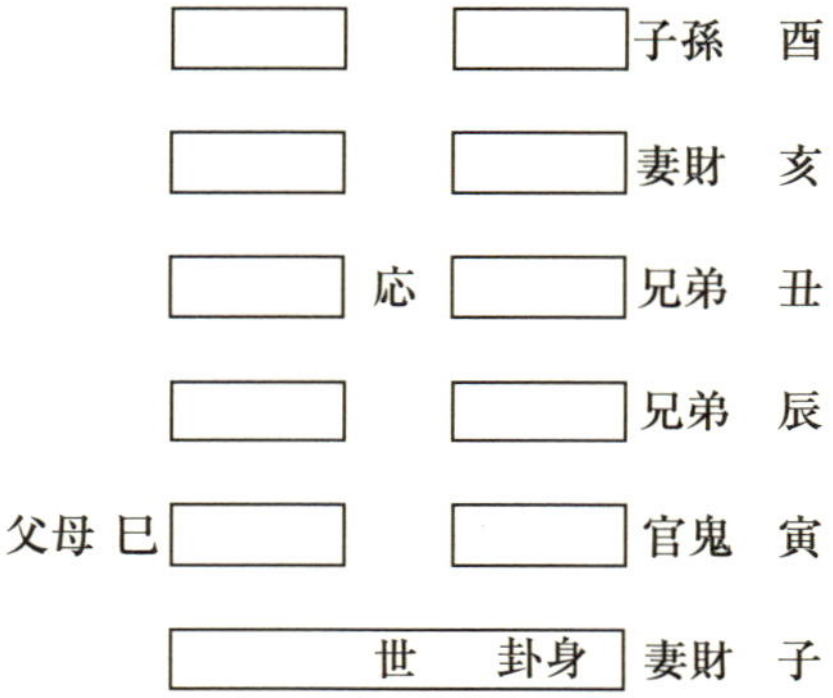

六冲卦　49 坤為地

六合卦　52 地天泰

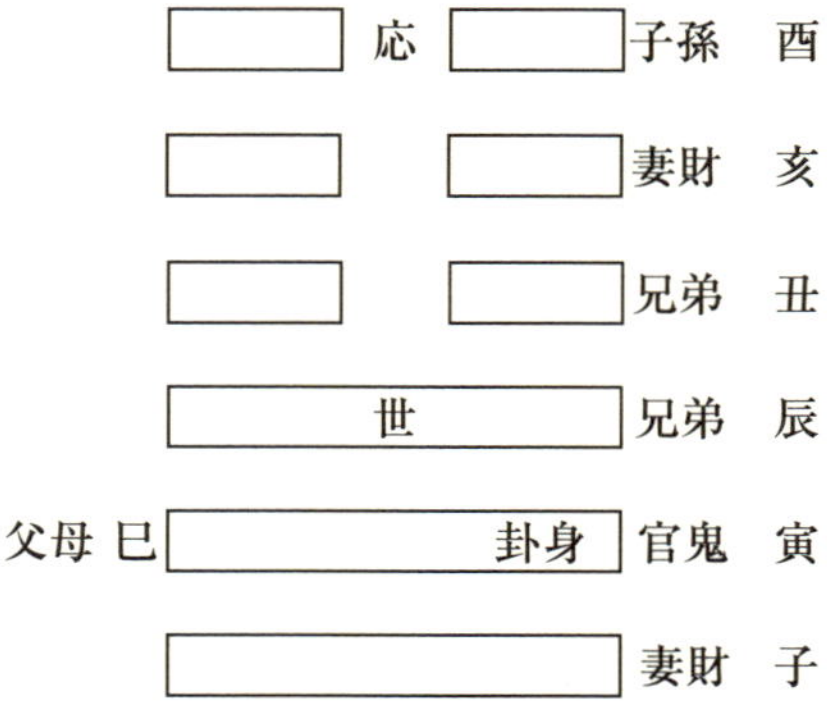

51 地沢臨

54 沢天夬

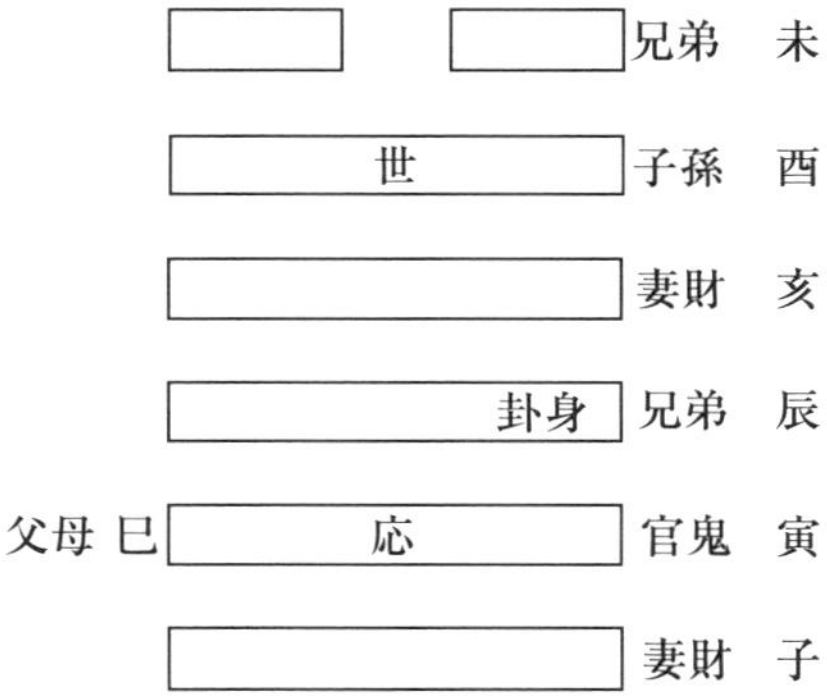

六冲卦　53 雷天大壮

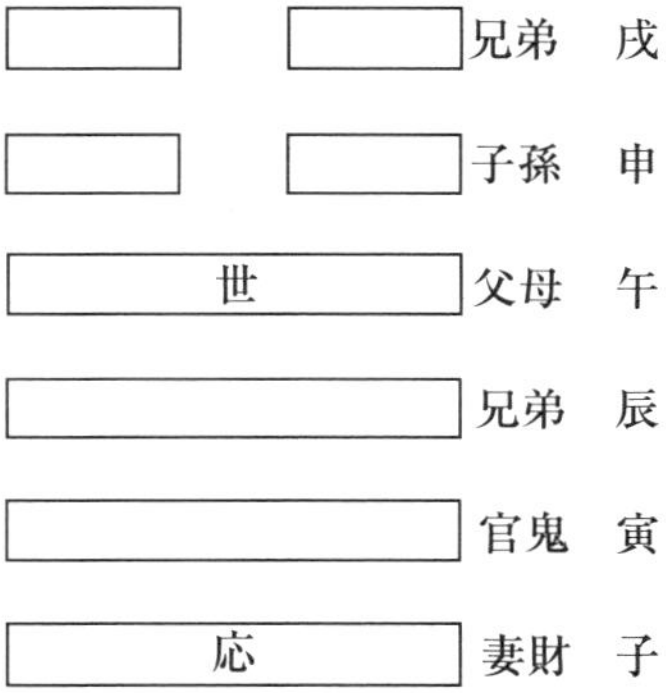

帰魂卦　56 水地比

遊魂卦　55 水天需

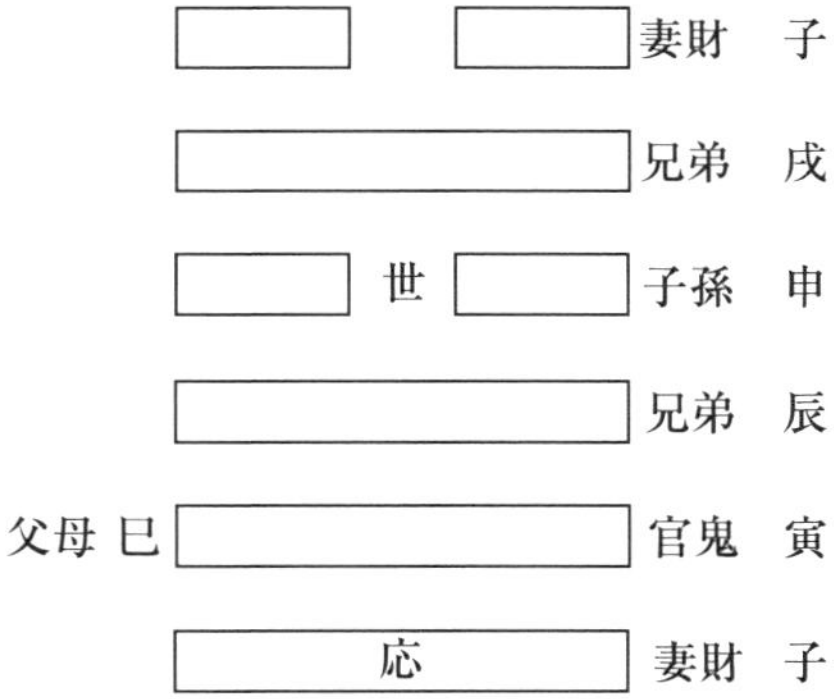

六合卦

58 沢水困

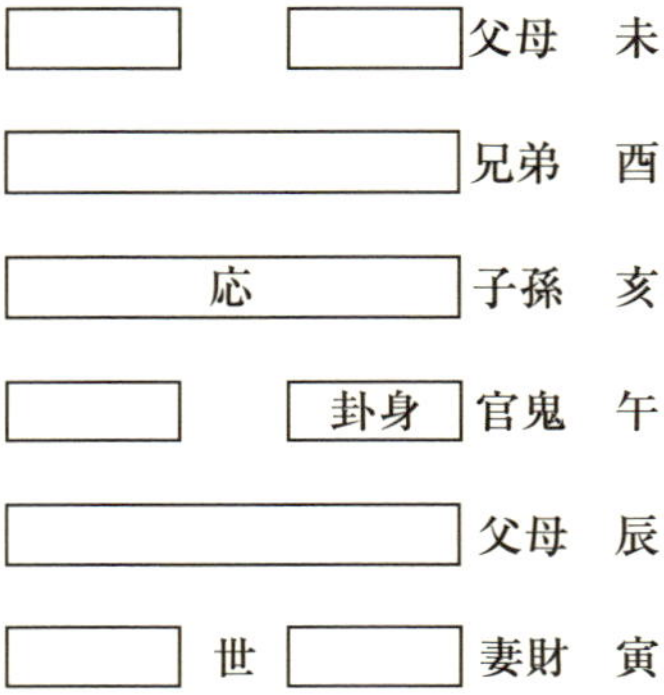

六冲卦

57 兌為沢

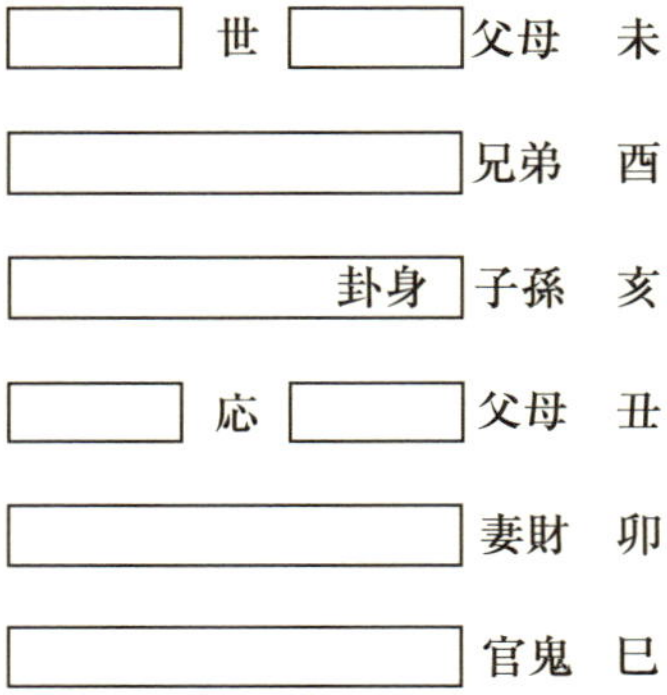

60 沢山咸

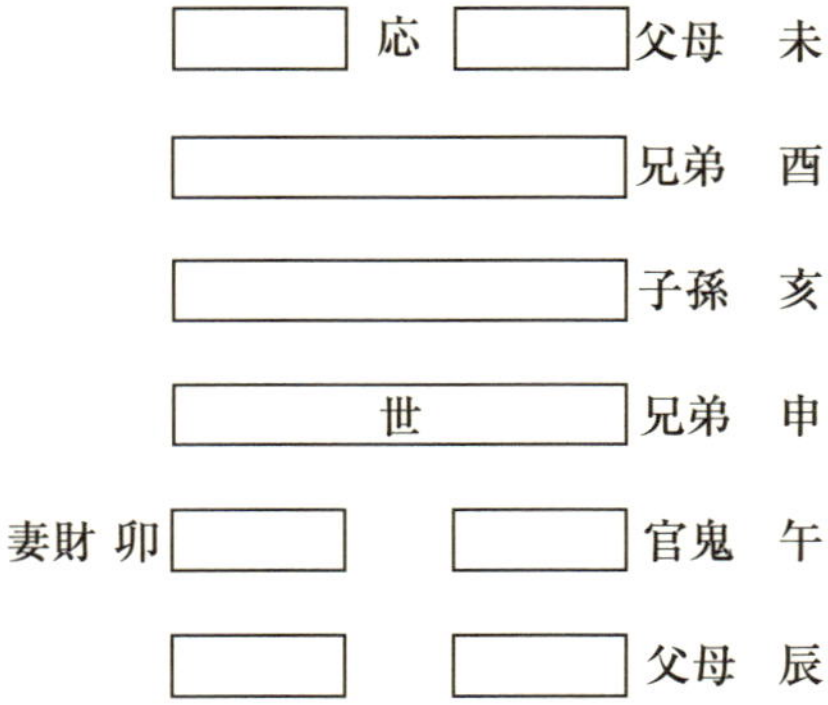

59 沢地萃

61 水山蹇

	━━ ━━		子孫	子
	━━━━━		父母	戌
	━━ ━━	世	兄弟	申
	━━━━━		兄弟	申
妻財 卯	━━ ━━		官鬼	午
	━━ ━━	応	父母	辰

62 地山謙

	━━ ━━		兄弟	酉
	━━ ━━	世	子孫	亥
	━━ ━━		父母	丑
	━━━━━		兄弟	申
妻財 卯	━━ ━━	応	官鬼	午
	━━ ━━		父母	辰

遊魂卦

63 雷山小過

	━━ ━━		父母	戌
	━━ ━━		兄弟	申
子孫 亥	━━━━━	世	官鬼	午
	━━━━━		兄弟	申
妻財 卯	━━ ━━		官鬼	午
	━━ ━━	応	父母	辰

帰魂卦

64 雷沢帰妹

	━━ ━━	応	父母	戌
	━━ ━━	卦身	兄弟	申
子孫 亥	━━━━━		官鬼	午
	━━ ━━	世	父母	丑
	━━━━━		妻財	卯
	━━━━━		官鬼	巳

6月庚午			5月己巳			4月戊辰			3月丁卯			2月丙寅			1月乙丑			
6日 08：05			6日 04：01			5日 10：51			6日 06：10			4日 12：15			6日 00：39			
22日 00：53			21日 16：57			20日 17：54			21日 06：58			19日 08：04			20日 18：00			
七赤金星			八白土星			九紫火星			一白水星			二黒土星			三碧木星			
月28日	四緑	己巳	3月27日	二黒	戊戌	2月26日	八白	戊辰	1月25日	四緑	丁酉	12月27日	三碧	己巳	11月26日	八白	戊戌	1
月29日	三碧	庚午	3月28日	三碧	己亥	2月27日	九紫	己巳	1月26日	五黄	戊戌	12月28日	四緑	庚午	11月27日	九紫	己亥	2
月1日	二黒	辛未	3月29日	四緑	庚子	2月28日	一白	庚午	1月27日	六白	己亥	12月29日	五黄	辛未	11月28日	一白	庚子	3
月2日	一白	壬申	3月30日	五黄	辛丑	2月29日	二黒	辛未	1月28日	七赤	庚子	12月30日	六白	壬申	11月29日	二黒	辛丑	4
月3日	九紫	癸酉	4月1日	六白	壬寅	3月1日	三碧	壬申	1月29日	八白	辛丑	1月1日	七赤	癸酉	11月30日	三碧	壬寅	5
月4日	八白	甲戌	4月2日	七赤	癸卯	3月2日	四緑	癸酉	1月30日	九紫	壬寅	1月2日	八白	甲戌	12月1日	四緑	癸卯	6
月5日	七赤	乙亥	4月3日	八白	甲辰	3月3日	五黄	甲戌	2月1日	一白	癸卯	1月3日	九紫	乙亥	12月2日	五黄	甲辰	7
月6日	六白	丙子	4月4日	九紫	乙巳	3月4日	六白	乙亥	2月2日	二黒	甲辰	1月4日	一白	丙子	12月3日	六白	乙巳	8
月7日	五黄	丁丑	4月5日	一白	丙午	3月5日	七赤	丙子	2月3日	三碧	乙巳	1月5日	二黒	丁丑	12月4日	七赤	丙午	9
月8日	四緑	戊寅	4月6日	二黒	丁未	3月6日	八白	丁丑	2月4日	四緑	丙午	1月6日	三碧	戊寅	12月5日	八白	丁未	10
月9日	三碧	己卯	4月7日	三碧	戊申	3月7日	九紫	戊寅	2月5日	五黄	丁未	1月7日	四緑	己卯	12月6日	九紫	戊申	11
月10日	二黒	庚辰	4月8日	四緑	己酉	3月8日	一白	己卯	2月6日	六白	戊申	1月8日	五黄	庚辰	12月7日	一白	己酉	12
月11日	一白	辛巳	4月9日	五黄	庚戌	3月9日	二黒	庚辰	2月7日	七赤	己酉	1月9日	六白	辛巳	12月8日	二黒	庚戌	13
月12日	九紫	壬午	4月10日	六白	辛亥	3月10日	三碧	辛巳	2月8日	八白	庚戌	1月10日	七赤	壬午	12月9日	三碧	辛亥	14
月13日	八白	癸未	4月11日	七赤	壬子	3月11日	四緑	壬午	2月9日	九紫	辛亥	1月11日	八白	癸未	12月10日	四緑	壬子	15
月14日	七赤	甲申	4月12日	八白	癸丑	3月12日	五黄	癸未	2月10日	一白	壬子	1月12日	九紫	甲申	12月11日	五黄	癸丑	16
月15日	六白	乙酉	4月13日	九紫	甲寅	3月13日	六白	甲申	2月11日	二黒	癸丑	1月13日	一白	乙酉	12月12日	六白	甲寅	17
月16日	五黄	丙戌	4月14日	一白	乙卯	3月14日	七赤	乙酉	2月12日	三碧	甲寅	1月14日	二黒	丙戌	12月13日	七赤	乙卯	18
月17日	四緑	丁亥	4月15日	二黒	丙辰	3月15日	八白	丙戌	2月13日	四緑	乙卯	1月15日	三碧	丁亥	12月14日	八白	丙辰	19
月18日	三碧	戊子	4月16日	三碧	丁巳	3月16日	九紫	丁亥	2月14日	五黄	丙辰	1月16日	四緑	戊子	12月15日	九紫	丁巳	20
月19日	二黒	己丑	4月17日	四緑	戊午	3月17日	一白	戊子	2月15日	六白	丁巳	1月17日	五黄	己丑	12月16日	一白	戊午	21
月20日	一白	庚寅	4月18日	五黄	己未	3月18日	二黒	己丑	2月16日	七赤	戊午	1月18日	六白	庚寅	12月17日	二黒	己未	22
月21日	九紫	辛卯	4月19日	六白	庚申	3月19日	三碧	庚寅	2月17日	八白	己未	1月19日	七赤	辛卯	12月18日	三碧	庚申	23
月22日	八白	壬辰	4月20日	七赤	辛酉	3月20日	四緑	辛卯	2月18日	九紫	庚申	1月20日	八白	壬辰	12月19日	四緑	辛酉	24
月23日	七赤	癸巳	4月21日	八白	壬戌	3月21日	五黄	壬辰	2月19日	一白	辛酉	1月21日	九紫	癸巳	12月20日	五黄	壬戌	25
月24日	六白	甲午	4月22日	九紫	癸亥	3月22日	六白	癸巳	2月20日	二黒	壬戌	1月22日	一白	甲午	12月21日	六白	癸亥	26
月25日	五黄	乙未	4月23日	九紫	甲子	3月23日	七赤	甲午	2月21日	三碧	癸亥	1月23日	二黒	乙未	12月22日	七赤	甲子	27
月26日	四緑	丙申	4月24日	八白	乙丑	3月24日	八白	乙未	2月22日	四緑	甲子	1月24日	三碧	丙申	12月23日	八白	乙丑	28
月27日	三碧	丁酉	4月25日	七赤	丙寅	3月25日	九紫	丙申	2月23日	五黄	乙丑				12月24日	九紫	丙寅	29
月28日	二黒	戊戌	4月26日	六白	丁卯	3月26日	一白	丁酉	2月24日	六白	丙寅				12月25日	一白	丁卯	30
			4月27日	五黄	戊辰				2月25日	七赤	丁卯				12月26日	二黒	戊辰	31

令和元年	2019年		己亥年		八白土星													
	12月丙子			11月乙亥			10月甲戌			9月癸酉			8月壬申			7月辛未		
	7日 19：18			8日 02：23			8日 23：05			8日 07：17			8日 04：13			7日 18：20		
	22日 13：19			22日 23：58			24日 02：19			23日 16：50			23日 19：02			23日 11：50		
	一白水星			二黒土星			三碧木星			四緑木星			五黄土星			六白金星		
1	11月5日	一白	壬申	10月5日	四緑	壬寅	9月3日	八白	辛未	8月3日	二黒	辛丑	7月1日	六白	庚午	5月29日	一白	己
2	11月6日	九紫	癸酉	10月6日	三碧	癸卯	9月4日	七赤	壬申	8月4日	一白	壬寅	7月2日	五黄	辛未	5月30日	九紫	庚
3	11月7日	八白	甲戌	10月7日	二黒	甲辰	9月5日	六白	癸酉	8月5日	九紫	癸卯	7月3日	四緑	壬申	6月1日	八白	辛
4	11月8日	七赤	乙亥	10月8日	一白	乙巳	9月6日	五黄	甲戌	8月6日	八白	甲辰	7月4日	三碧	癸酉	6月2日	七赤	壬
5	11月9日	六白	丙子	10月9日	九紫	丙午	9月7日	四緑	乙亥	8月7日	七赤	乙巳	7月5日	二黒	甲戌	6月3日	六白	癸
6	11月10日	五黄	丁丑	10月10日	八白	丁未	9月8日	三碧	丙子	8月8日	六白	丙午	7月6日	一白	乙亥	6月4日	五黄	甲
7	11月11日	四緑	戊寅	10月11日	七赤	戊申	9月9日	二黒	丁丑	8月9日	五黄	丁未	7月7日	九紫	丙子	6月5日	四緑	乙
8	11月12日	三碧	己卯	10月12日	六白	己酉	9月10日	一白	戊寅	8月10日	四緑	戊申	7月8日	八白	丁丑	6月6日	三碧	丙
9	11月13日	二黒	庚辰	10月13日	五黄	庚戌	9月11日	九紫	己卯	8月11日	三碧	己酉	7月9日	七赤	戊寅	6月7日	二黒	丁
10	11月14日	一白	辛巳	10月14日	四緑	辛亥	9月12日	八白	庚辰	8月12日	二黒	庚戌	7月10日	六白	己卯	6月8日	一白	戊
11	11月15日	九紫	壬午	10月15日	三碧	壬子	9月13日	七赤	辛巳	8月13日	一白	辛亥	7月11日	五黄	庚辰	6月9日	九紫	己
12	11月16日	八白	癸未	10月16日	二黒	癸丑	9月14日	六白	壬午	8月14日	九紫	壬子	7月12日	四緑	辛巳	6月10日	八白	庚
13	11月17日	七赤	甲申	10月17日	一白	甲寅	9月15日	五黄	癸未	8月15日	八白	癸丑	7月13日	三碧	壬午	6月11日	七赤	辛
14	11月18日	六白	乙酉	10月18日	九紫	乙卯	9月16日	四緑	甲申	8月16日	七赤	甲寅	7月14日	二黒	癸未	6月12日	六白	壬
15	11月19日	五黄	丙戌	10月19日	八白	丙辰	9月17日	三碧	乙酉	8月17日	六白	乙卯	7月15日	一白	甲申	6月13日	五黄	癸
16	11月20日	四緑	丁亥	10月20日	七赤	丁巳	9月18日	二黒	丙戌	8月18日	五黄	丙辰	7月16日	九紫	乙酉	6月14日	四緑	甲
17	11月21日	三碧	戊子	10月21日	六白	戊午	9月19日	一白	丁亥	8月19日	四緑	丁巳	7月17日	八白	丙戌	6月15日	三碧	乙
18	11月22日	二黒	己丑	10月22日	五黄	己未	9月20日	九紫	戊子	8月20日	三碧	戊午	7月18日	七赤	丁亥	6月16日	二黒	丙
19	11月23日	一白	庚寅	10月23日	四緑	庚申	9月21日	八白	己丑	8月21日	二黒	己未	7月19日	六白	戊子	6月17日	一白	丁
20	11月24日	九紫	辛卯	10月24日	三碧	辛酉	9月22日	七赤	庚寅	8月22日	一白	庚申	7月20日	五黄	己丑	6月18日	九紫	戊
21	11月25日	八白	壬辰	10月25日	二黒	壬戌	9月23日	六白	辛卯	8月23日	九紫	辛酉	7月21日	四緑	庚寅	6月19日	八白	己
22	11月26日	七赤	癸巳	10月26日	一白	癸亥	9月24日	五黄	壬辰	8月24日	八白	壬戌	7月22日	三碧	辛卯	6月20日	七赤	庚
23	11月27日	七赤	甲午	10月27日	九紫	甲子	9月25日	四緑	癸巳	8月25日	七赤	癸亥	7月23日	二黒	壬辰	6月21日	六白	辛
24	11月28日	八白	乙未	10月28日	八白	乙丑	9月26日	三碧	甲午	8月26日	六白	甲子	7月24日	一白	癸巳	6月22日	五黄	壬
25	11月29日	九紫	丙申	10月29日	七赤	丙寅	9月27日	二黒	乙未	8月27日	五黄	乙丑	7月25日	九紫	甲午	6月23日	四緑	癸
26	12月1日	一白	丁酉	10月30日	六白	丁卯	9月28日	一白	丙申	8月28日	四緑	丙寅	7月26日	八白	乙未	6月24日	三碧	甲
27	12月2日	二黒	戊戌	11月1日	五黄	戊辰	9月29日	九紫	丁酉	8月29日	三碧	丁卯	7月27日	七赤	丙申	6月25日	二黒	乙
28	12月3日	三碧	己亥	11月2日	四緑	己巳	10月1日	八白	戊戌	8月30日	二黒	戊辰	7月28日	六白	丁酉	6月26日	一白	丙
29	12月4日	四緑	庚子	11月3日	三碧	庚午	10月2日	七赤	己亥	9月1日	一白	己巳	7月29日	五黄	戊戌	6月27日	九紫	丁
30	12月5日	五黄	辛丑	11月4日	二黒	辛未	10月3日	六白	庚子	9月2日	九紫	庚午	8月1日	四緑	己亥	6月28日	八白	戊
31	12月6日	六白	壬寅				10月4日	五黄	辛丑				8月2日	三碧	庚子	6月29日	七赤	己

6月壬午			5月辛巳			4月庚辰			3月己卯			2月戊寅			1月丁丑			
5日 13：57			5日 09：50			4日 16：37			5日 11：57			4日 18：04			6日 06：30			
21日 06：43			20日 22：48			19日 23：44			20日 12：49			19日 13：58			20日 23：55			
四緑木星			五黄土星			六白金星			七赤金星			八白土星			九紫火星			
4月10日	六白	乙亥	4月9日	二黒	甲辰	3月9日	八白	甲戌	2月7日	四緑	癸卯	1月8日	二黒	甲戌	12月7日	七赤	癸卯	1
4月11日	七赤	丙子	4月10日	三碧	乙巳	3月10日	九紫	乙亥	2月8日	五黄	甲辰	1月9日	三碧	乙亥	12月8日	八白	甲辰	2
4月12日	八白	丁丑	4月11日	四緑	丙午	3月11日	一白	丙子	2月9日	六白	乙巳	1月10日	四緑	丙子	12月9日	九紫	乙巳	3
4月13日	九紫	戊寅	4月12日	五黄	丁未	3月12日	二黒	丁丑	2月10日	七赤	丙午	1月11日	五黄	丁丑	12月10日	一白	丙午	4
4月14日	一白	己卯	4月13日	六白	戊申	3月13日	三碧	戊寅	2月11日	八白	丁未	1月12日	六白	戊寅	12月11日	二黒	丁未	5
4月15日	二黒	庚辰	4月14日	七赤	己酉	3月14日	四緑	己卯	2月12日	九紫	戊申	1月13日	七赤	己卯	12月12日	三碧	戊申	6
4月16日	三碧	辛巳	4月15日	八白	庚戌	3月15日	五黄	庚辰	2月13日	一白	己酉	1月14日	八白	庚辰	12月13日	四緑	己酉	7
4月17日	四緑	壬午	4月16日	九紫	辛亥	3月16日	六白	辛巳	2月14日	二黒	庚戌	1月15日	九紫	辛巳	12月14日	五黄	庚戌	8
4月18日	五黄	癸未	4月17日	一白	壬子	3月17日	七赤	壬午	2月15日	三碧	辛亥	1月16日	一白	壬午	12月15日	六白	辛亥	9
4月19日	六白	甲申	4月18日	二黒	癸丑	3月18日	八白	癸未	2月16日	四緑	壬子	1月17日	二黒	癸未	12月16日	七赤	壬子	10
4月20日	七赤	乙酉	4月19日	三碧	甲寅	3月19日	九紫	甲申	2月17日	五黄	癸丑	1月18日	三碧	甲申	12月17日	八白	癸丑	11
4月21日	八白	丙戌	4月20日	四緑	乙卯	3月20日	一白	乙酉	2月18日	六白	甲寅	1月19日	四緑	乙酉	12月18日	九紫	甲寅	12
4月22日	九紫	丁亥	4月21日	五黄	丙辰	3月21日	二黒	丙戌	2月19日	七赤	乙卯	1月20日	五黄	丙戌	12月19日	一白	乙卯	13
4月23日	一白	戊子	4月22日	六白	丁巳	3月22日	三碧	丁亥	2月20日	八白	丙辰	1月21日	六白	丁亥	12月20日	二黒	丙辰	14
4月24日	二黒	己丑	4月23日	七赤	戊午	3月23日	四緑	戊子	2月21日	九紫	丁巳	1月22日	七赤	戊子	12月21日	三碧	丁巳	15
4月25日	三碧	庚寅	4月24日	八白	己未	3月24日	五黄	己丑	2月22日	一白	戊午	1月23日	八白	己丑	12月22日	四緑	戊午	16
4月26日	四緑	辛卯	4月25日	九紫	庚申	3月25日	六白	庚寅	2月23日	二黒	己未	1月24日	九紫	庚寅	12月23日	五黄	己未	17
4月27日	五黄	壬辰	4月26日	一白	辛酉	3月26日	七赤	辛卯	2月24日	三碧	庚申	1月25日	一白	辛卯	12月24日	六白	庚申	18
4月28日	六白	癸巳	4月27日	二黒	壬戌	3月27日	八白	壬辰	2月25日	四緑	辛酉	1月26日	二黒	壬辰	12月25日	七赤	辛酉	19
4月29日	七赤	甲午	4月28日	三碧	癸亥	3月28日	九紫	癸巳	2月26日	五黄	壬戌	1月27日	三碧	癸巳	12月26日	八白	壬戌	20
5月1日	八白	乙未	4月29日	四緑	甲子	3月29日	一白	甲午	2月27日	六白	癸亥	1月28日	四緑	甲午	12月27日	九紫	癸亥	21
5月2日	九紫	丙申	4月30日	五黄	乙丑	3月30日	二黒	乙未	2月28日	七赤	甲子	1月29日	五黄	乙未	12月28日	一白	甲子	22
5月3日	一白	丁酉	閏4月1日	六白	丙寅	4月1日	三碧	丙申	2月29日	八白	乙丑	1月30日	六白	丙申	12月29日	二黒	乙丑	23
5月4日	二黒	戊戌	閏4月2日	七赤	丁卯	4月2日	四緑	丁酉	3月1日	九紫	丙寅	2月1日	七赤	丁酉	12月30日	三碧	丙寅	24
5月5日	三碧	己亥	閏4月3日	八白	戊辰	4月3日	五黄	戊戌	3月2日	一白	丁卯	2月2日	八白	戊戌	1月1日	四緑	丁卯	25
5月6日	四緑	庚子	閏4月4日	九紫	己巳	4月4日	六白	己亥	3月3日	二黒	戊辰	2月3日	九紫	己亥	1月2日	五黄	戊辰	26
5月7日	五黄	辛丑	閏4月5日	一白	庚午	4月5日	七赤	庚子	3月4日	三碧	己巳	2月4日	一白	庚子	1月3日	六白	己巳	27
5月8日	六白	壬寅	閏4月6日	二黒	辛未	4月6日	八白	辛丑	3月5日	四緑	庚午	2月5日	二黒	辛丑	1月4日	七赤	庚午	28
5月9日	七赤	癸卯	閏4月7日	三碧	壬申	4月7日	九紫	壬寅	3月6日	五黄	辛未	2月6日	三碧	壬寅	1月5日	八白	辛未	29
5月10日	八白	甲辰	閏4月8日	四緑	癸酉	4月8日	一白	癸卯	3月7日	六白	壬申				1月6日	九紫	壬申	30
			閏4月9日	五黄	甲戌				3月8日	七赤	癸酉				1月7日	一白	癸酉	31

令和２年　2020年　庚子年　七赤金星

	12月戊子			11月丁亥			10月丙戌			9月乙酉			8月甲申			7月癸未	
	7日 01：09			7日 08：13			8日 04：54			7日 13：08			7日 10：07			7日 00：14	
	21日 19：02			22日 05：39			23日 07：58			22日 22：30			23日 00：45			22日 17：37	
	七赤金星			八白土星			九紫火星			一白水星			二黒土星			三碧木星	
1	10月17日	一白	戊寅	9月16日	四緑	戊申	8月15日	八白	丁丑	7月14日	二黒	丁未	6月12日	六白	丙子	5月11日	九紫
2	10月18日	九紫	己卯	9月17日	三碧	己酉	8月16日	七赤	戊寅	7月15日	一白	戊申	6月13日	五黄	丁丑	5月12日	一白
3	10月19日	八白	庚辰	9月18日	二黒	庚戌	8月17日	六白	己卯	7月16日	九紫	己酉	6月14日	四緑	戊寅	5月13日	二黒
4	10月20日	七赤	辛巳	9月19日	一白	辛亥	8月18日	五黄	庚辰	7月17日	八白	庚戌	6月15日	三碧	己卯	5月14日	三碧
5	10月21日	六白	壬午	9月20日	九紫	壬子	8月19日	四緑	辛巳	7月18日	七赤	辛亥	6月16日	二黒	庚辰	5月15日	四緑
6	10月22日	五黄	癸未	9月21日	八白	癸丑	8月20日	三碧	壬午	7月19日	六白	壬子	6月17日	一白	辛巳	5月16日	五黄
7	10月23日	四緑	甲申	9月22日	七赤	甲寅	8月21日	二黒	癸未	7月20日	五黄	癸丑	6月18日	九紫	壬午	5月17日	六白
8	10月24日	三碧	乙酉	9月23日	六白	乙卯	8月22日	一白	甲申	7月21日	四緑	甲寅	6月19日	八白	癸未	5月18日	七赤
9	10月25日	二黒	丙戌	9月24日	五黄	丙辰	8月23日	九紫	乙酉	7月22日	三碧	乙卯	6月20日	七赤	甲申	5月19日	八白
10	10月26日	一白	丁亥	9月25日	四緑	丁巳	8月24日	八白	丙戌	7月23日	二黒	丙辰	6月21日	六白	乙酉	5月20日	九紫
11	10月27日	九紫	戊子	9月26日	三碧	戊午	8月25日	七赤	丁亥	7月24日	一白	丁巳	6月22日	五黄	丙戌	5月21日	一白
12	10月28日	八白	己丑	9月27日	二黒	己未	8月26日	六白	戊子	7月25日	九紫	戊午	6月23日	四緑	丁亥	5月22日	二黒
13	10月29日	七赤	庚寅	9月28日	一白	庚申	8月27日	五黄	己丑	7月26日	八白	己未	6月24日	三碧	戊子	5月23日	三碧
14	10月30日	六白	辛卯	9月29日	九紫	辛酉	8月28日	四緑	庚寅	7月27日	七赤	庚申	6月25日	二黒	己丑	5月24日	四緑
15	11月1日	五黄	壬辰	10月1日	八白	壬戌	8月29日	三碧	辛卯	7月28日	六白	辛酉	6月26日	一白	庚寅	5月25日	五黄
16	11月2日	四緑	癸巳	10月2日	七赤	癸亥	8月30日	二黒	壬辰	7月29日	五黄	壬戌	6月27日	九紫	辛卯	5月26日	六白
17	11月3日	三碧	甲午	10月3日	六白	甲子	9月1日	一白	癸巳	8月1日	四緑	癸亥	6月28日	八白	壬辰	5月27日	七赤
18	11月4日	二黒	乙未	10月4日	五黄	乙丑	9月2日	九紫	甲午	8月2日	三碧	甲子	6月29日	七赤	癸巳	5月28日	八白
19	11月5日	一白	丙申	10月5日	四緑	丙寅	9月3日	八白	乙未	8月3日	二黒	乙丑	7月1日	六白	甲午	5月29日	九紫
20	11月6日	九紫	丁酉	10月6日	三碧	丁卯	9月4日	七赤	丙申	8月4日	一白	丙寅	7月2日	五黄	乙未	5月30日	九紫
21	11月7日	八白	戊戌	10月7日	二黒	戊辰	9月5日	六白	丁酉	8月5日	九紫	丁卯	7月3日	四緑	丙申	6月1日	八白
22	11月8日	七赤	己亥	10月8日	一白	己巳	9月6日	五黄	戊戌	8月6日	八白	戊辰	7月4日	三碧	丁酉	6月2日	七赤
23	11月9日	六白	庚子	10月9日	九紫	庚午	9月7日	四緑	己亥	8月7日	七赤	己巳	7月5日	二黒	戊戌	6月3日	六白
24	11月10日	五黄	辛丑	10月10日	八白	辛未	9月8日	三碧	庚子	8月8日	六白	庚午	7月6日	一白	己亥	6月4日	五黄
25	11月11日	四緑	壬寅	10月11日	七赤	壬申	9月9日	二黒	辛丑	8月9日	五黄	辛未	7月7日	九紫	庚子	6月5日	四緑
26	11月12日	三碧	癸卯	10月12日	六白	癸酉	9月10日	一白	壬寅	8月10日	四緑	壬申	7月8日	八白	辛丑	6月6日	三碧
27	11月13日	二黒	甲辰	10月13日	五黄	甲戌	9月11日	九紫	癸卯	8月11日	三碧	癸酉	7月9日	七赤	壬寅	6月7日	二黒
28	11月14日	一白	乙巳	10月14日	四緑	乙亥	9月12日	八白	甲辰	8月12日	二黒	甲戌	7月10日	六白	癸卯	6月8日	一白
29	11月15日	九紫	丙午	10月15日	三碧	丙子	9月13日	七赤	乙巳	8月13日	一白	乙亥	7月11日	五黄	甲辰	6月9日	九紫
30	11月16日	八白	丁未	10月16日	二黒	丁丑	9月14日	六白	丙午	8月14日	九紫	丙子	7月12日	四緑	乙巳	6月10日	八白
31	11月17日	七赤	戊申				9月15日	五黄	丁未				7月13日	三碧	丙午	6月11日	七赤

6月甲午			5月癸巳			4月壬辰			3月辛卯			2月庚寅			1月己丑			
5日 19：51			5日 15：46			4日 22：34			5日 17：53			3日 23：59			5日 12：24			
21日 12：32			21日 04：36			20日 05：32			20日 18：37			18日 19：44			20日 05：40			
一白水星			二黒土星			三碧木星			四緑木星			五黄土星			六白金星			
月21日	二黒	庚辰	3月20日	七赤	己酉	2月20日	四緑	己卯	1月18日	九紫	戊申	12月20日	八白	庚辰	11月18日	六白	己酉	1
月22日	三碧	辛巳	3月21日	八白	庚戌	2月21日	五黄	庚辰	1月19日	一白	己酉	12月21日	九紫	辛巳	11月19日	五黄	庚戌	2
月23日	四緑	壬午	3月22日	九紫	辛亥	2月22日	六白	辛巳	1月20日	二黒	庚戌	12月22日	一白	壬午	11月20日	四緑	辛亥	3
月24日	五黄	癸未	3月23日	一白	壬子	2月23日	七赤	壬午	1月21日	三碧	辛亥	12月23日	二黒	癸未	11月21日	三碧	壬子	4
月25日	六白	甲申	3月24日	二黒	癸丑	2月24日	八白	癸未	1月22日	四緑	壬子	12月24日	三碧	甲申	11月22日	二黒	癸丑	5
月26日	七赤	乙酉	3月25日	三碧	甲寅	2月25日	九紫	甲申	1月23日	五黄	癸丑	12月25日	四緑	乙酉	11月23日	一白	甲寅	6
月27日	八白	丙戌	3月26日	四緑	乙卯	2月26日	一白	乙酉	1月24日	六白	甲寅	12月26日	五黄	丙戌	11月24日	九紫	乙卯	7
月28日	九紫	丁亥	3月27日	五黄	丙辰	2月27日	二黒	丙戌	1月25日	七赤	乙卯	12月27日	六白	丁亥	11月25日	八白	丙辰	8
月29日	一白	戊子	3月28日	六白	丁巳	2月28日	三碧	丁亥	1月26日	八白	丙辰	12月28日	七赤	戊子	11月26日	七赤	丁巳	9
月1日	二黒	己丑	3月29日	七赤	戊午	2月29日	四緑	戊子	1月27日	九紫	丁巳	12月29日	八白	己丑	11月27日	六白	戊午	10
月2日	三碧	庚寅	3月30日	八白	己未	2月30日	五黄	己丑	1月28日	一白	戊午	12月30日	九紫	庚寅	11月28日	五黄	己未	11
月3日	四緑	辛卯	4月1日	九紫	庚申	3月1日	六白	庚寅	1月29日	二黒	己未	1月1日	一白	辛卯	11月29日	四緑	庚申	12
月4日	五黄	壬辰	4月2日	一白	辛酉	3月2日	七赤	辛卯	2月1日	三碧	庚申	1月2日	二黒	壬辰	12月1日	三碧	辛酉	13
月5日	六白	癸巳	4月3日	二黒	壬戌	3月3日	八白	壬辰	2月2日	四緑	辛酉	1月3日	三碧	癸巳	12月2日	二黒	壬戌	14
月6日	七赤	甲午	4月4日	三碧	癸亥	3月4日	九紫	癸巳	2月3日	五黄	壬戌	1月4日	四緑	甲午	12月3日	一白	癸亥	15
月7日	八白	乙未	4月5日	四緑	甲子	3月5日	一白	甲午	2月4日	六白	癸亥	1月5日	五黄	乙未	12月4日	一白	甲子	16
月8日	九紫	丙申	4月6日	五黄	乙丑	3月6日	二黒	乙未	2月5日	七赤	甲子	1月6日	六白	丙申	12月5日	二黒	乙丑	17
月9日	一白	丁酉	4月7日	六白	丙寅	3月7日	三碧	丙申	2月6日	八白	乙丑	1月7日	七赤	丁酉	12月6日	三碧	丙寅	18
月10日	二黒	戊戌	4月8日	七赤	丁卯	3月8日	四緑	丁酉	2月7日	九紫	丙寅	1月8日	八白	戊戌	12月7日	四緑	丁卯	19
月11日	三碧	己亥	4月9日	八白	戊辰	3月9日	五黄	戊戌	2月8日	一白	丁卯	1月9日	九紫	己亥	12月8日	五黄	戊辰	20
月12日	四緑	庚子	4月10日	九紫	己巳	3月10日	六白	己亥	2月9日	二黒	戊辰	1月10日	一白	庚子	12月9日	六白	己巳	21
月13日	五黄	辛丑	4月11日	一白	庚午	3月11日	七赤	庚子	2月10日	三碧	己巳	1月11日	二黒	辛丑	12月10日	七赤	庚午	22
月14日	六白	壬寅	4月12日	二黒	辛未	3月12日	八白	辛丑	2月11日	四緑	庚午	1月12日	三碧	壬寅	12月11日	八白	辛未	23
月15日	七赤	癸卯	4月13日	三碧	壬申	3月13日	九紫	壬寅	2月12日	五黄	辛未	1月13日	四緑	癸卯	12月12日	九紫	壬申	24
月16日	八白	甲辰	4月14日	四緑	癸酉	3月14日	一白	癸卯	2月13日	六白	壬申	1月14日	五黄	甲辰	12月13日	一白	癸酉	25
月17日	九紫	乙巳	4月15日	五黄	甲戌	3月15日	二黒	甲辰	2月14日	七赤	癸酉	1月15日	六白	乙巳	12月14日	二黒	甲戌	26
月18日	一白	丙午	4月16日	六白	乙亥	3月16日	三碧	乙巳	2月15日	八白	甲戌	1月16日	七赤	丙午	12月15日	三碧	乙亥	27
月19日	二黒	丁未	4月17日	七赤	丙子	3月17日	四緑	丙午	2月16日	九紫	乙亥	1月17日	八白	丁未	12月16日	四緑	丙子	28
月20日	三碧	戊申	4月18日	八白	丁丑	3月18日	五黄	丁未	2月17日	一白	丙子				12月17日	五黄	丁丑	29
月21日	四緑	己酉	4月19日	九紫	戊寅	3月19日	六白	戊申	2月18日	二黒	丁丑				12月18日	六白	戊寅	30
			4月20日	一白	己卯				2月19日	三碧	戊寅				12月19日	七赤	己卯	31

令和３年　2021年　辛丑年　六白金星

	12月庚子			11月己亥			10月戊戌			9月丁酉			8月丙申			7月乙未		
	7日 06：57			7日 13：58			8日 10：38			7日 18：52			7日 15：54			7日 06：06		
	22日 00：59			22日 11：33			23日 13：50			23日 04：20			23日 06：35			22日 23：2		
	四緑木星			五黄土星			六白金星			七赤金星			八白土星			九紫火星		
1	10月27日	五黄	癸未	9月27日	八白	癸丑	8月25日	三碧	壬午	7月25日	六白	壬子	6月23日	一白	辛巳	5月22日	五黄	庚
2	10月28日	四緑	甲申	9月28日	七赤	甲寅	8月26日	二黒	癸未	7月26日	五黄	癸丑	6月24日	九紫	壬午	5月23日	六白	辛
3	10月29日	三碧	乙酉	9月29日	六白	乙卯	8月27日	一白	甲申	7月27日	四緑	甲寅	6月25日	八白	癸未	5月24日	七赤	壬
4	11月1日	二黒	丙戌	9月30日	五黄	丙辰	8月28日	九紫	乙酉	7月28日	三碧	乙卯	6月26日	七赤	甲申	5月25日	八白	癸
5	11月2日	一白	丁亥	10月1日	四緑	丁巳	8月29日	八白	丙戌	7月29日	二黒	丙辰	6月27日	六白	乙酉	5月26日	九紫	甲
6	11月3日	九紫	戊子	10月2日	三碧	戊午	9月1日	七赤	丁亥	7月30日	一白	丁巳	6月28日	五黄	丙戌	5月27日	一白	乙
7	11月4日	八白	己丑	10月3日	二黒	己未	9月2日	六白	戊子	8月1日	九紫	戊午	6月29日	四緑	丁亥	5月28日	二黒	丙
8	11月5日	七赤	庚寅	10月4日	一白	庚申	9月3日	五黄	己丑	8月2日	八白	己未	7月1日	三碧	戊子	5月29日	三碧	丁
9	11月6日	六白	辛卯	10月5日	九紫	辛酉	9月4日	四緑	庚寅	8月3日	七赤	庚申	7月2日	二黒	己丑	5月30日	四緑	戊
10	11月7日	五黄	壬辰	10月6日	八白	壬戌	9月5日	三碧	辛卯	8月4日	六白	辛酉	7月3日	一白	庚寅	6月1日	五黄	己
11	11月8日	四緑	癸巳	10月7日	七赤	癸亥	9月6日	二黒	壬辰	8月5日	五黄	壬戌	7月4日	九紫	辛卯	6月2日	六白	庚
12	11月9日	三碧	甲午	10月8日	六白	甲子	9月7日	一白	癸巳	8月6日	四緑	癸亥	7月5日	八白	壬辰	6月3日	七赤	辛
13	11月10日	二黒	乙未	10月9日	五黄	乙丑	9月8日	九紫	甲午	8月7日	三碧	甲子	7月6日	七赤	癸巳	6月4日	八白	壬
14	11月11日	一白	丙申	10月10日	四緑	丙寅	9月9日	八白	乙未	8月8日	二黒	乙丑	7月7日	六白	甲午	6月5日	九紫	癸
15	11月12日	九紫	丁酉	10月11日	三碧	丁卯	9月10日	七赤	丙申	8月9日	一白	丙寅	7月8日	五黄	乙未	6月6日	九紫	甲
16	11月13日	八白	戊戌	10月12日	二黒	戊辰	9月11日	六白	丁酉	8月10日	九紫	丁卯	7月9日	四緑	丙申	6月7日	八白	乙
17	11月14日	七赤	己亥	10月13日	一白	己巳	9月12日	五黄	戊戌	8月11日	八白	戊辰	7月10日	三碧	丁酉	6月8日	七赤	丙
18	11月15日	六白	庚子	10月14日	九紫	庚午	9月13日	四緑	己亥	8月12日	七赤	己巳	7月11日	二黒	戊戌	6月9日	六白	丁
19	11月16日	五黄	辛丑	10月15日	八白	辛未	9月14日	三碧	庚子	8月13日	六白	庚午	7月12日	一白	己亥	6月10日	五黄	戊
20	11月17日	四緑	壬寅	10月16日	七赤	壬申	9月15日	二黒	辛丑	8月14日	五黄	辛未	7月13日	九紫	庚子	6月11日	四緑	己
21	11月18日	三碧	癸卯	10月17日	六白	癸酉	9月16日	一白	壬寅	8月15日	四緑	壬申	7月14日	八白	辛丑	6月12日	三碧	庚
22	11月19日	二黒	甲辰	10月18日	五黄	甲戌	9月17日	九紫	癸卯	8月16日	三碧	癸酉	7月15日	七赤	壬寅	6月13日	二黒	辛
23	11月20日	一白	乙巳	10月19日	四緑	乙亥	9月18日	八白	甲辰	8月17日	二黒	甲戌	7月16日	六白	癸卯	6月14日	一白	壬
24	11月21日	九紫	丙午	10月20日	三碧	丙子	9月19日	七赤	乙巳	8月18日	一白	乙亥	7月17日	五黄	甲辰	6月15日	九紫	癸
25	11月22日	八白	丁未	10月21日	二黒	丁丑	9月20日	六白	丙午	8月19日	九紫	丙子	7月18日	四緑	乙巳	6月16日	八白	甲
26	11月23日	七赤	戊申	10月22日	一白	戊寅	9月21日	五黄	丁未	8月20日	八白	丁丑	7月19日	三碧	丙午	6月17日	七赤	乙
27	11月24日	六白	己酉	10月23日	九紫	己卯	9月22日	四緑	戊申	8月21日	七赤	戊寅	7月20日	二黒	丁未	6月18日	六白	丙
28	11月25日	五黄	庚戌	10月24日	八白	庚辰	9月23日	三碧	己酉	8月22日	六白	己卯	7月21日	一白	戊申	6月19日	五黄	丁
29	11月26日	四緑	辛亥	10月25日	七赤	辛巳	9月24日	二黒	庚戌	8月23日	五黄	庚辰	7月22日	九紫	己酉	6月20日	四緑	戊
30	11月27日	三碧	壬子	10月26日	六白	壬午	9月25日	一白	辛亥	8月24日	四緑	辛巳	7月23日	八白	庚戌	6月21日	三碧	己
31	11月28日	二黒	癸丑				9月26日	九紫	壬子				7月24日	七赤	辛亥	6月22日	二黒	庚

6月丙午			5月乙巳			4月甲辰			3月癸卯			2月壬寅			1月辛丑			
6日 01：25			5日 21：25			5日 04：19			5日 23：43			4日 05：51			5日 18：15			
21日 18：14			21日 10：22			20日 11：23			21日 00：32			19日 01：43			20日 11：40			
七赤金星			八白土星			九紫火星			一白水星			二黒土星			三碧木星			
月3日	七赤	乙酉	4月1日	三碧	甲寅	3月1日	九紫	甲申	1月29日	五黄	癸丑	1月1日	四緑	乙酉	11月29日	一白	甲寅	1
月4日	八白	丙戌	4月2日	四緑	乙卯	3月2日	一白	乙酉	1月30日	六白	甲寅	1月2日	五黄	丙戌	11月30日	九紫	乙卯	2
月5日	九紫	丁亥	4月3日	五黄	丙辰	3月3日	二黒	丙戌	2月1日	七赤	乙卯	1月3日	六白	丁亥	12月1日	八白	丙辰	3
月6日	一白	戊子	4月4日	六白	丁巳	3月4日	三碧	丁亥	2月2日	八白	丙辰	1月4日	七赤	戊子	12月2日	七赤	丁巳	4
月7日	二黒	己丑	4月5日	七赤	戊午	3月5日	四緑	戊子	2月3日	九紫	丁巳	1月5日	八白	己丑	12月3日	六白	戊午	5
月8日	三碧	庚寅	4月6日	八白	己未	3月6日	五黄	己丑	2月4日	一白	戊午	1月6日	九紫	庚寅	12月4日	五黄	己未	6
月9日	四緑	辛卯	4月7日	九紫	庚申	3月7日	六白	庚寅	2月5日	二黒	己未	1月7日	一白	辛卯	12月5日	四緑	庚申	7
月10日	五黄	壬辰	4月8日	一白	辛酉	3月8日	七赤	辛卯	2月6日	三碧	庚申	1月8日	二黒	壬辰	12月6日	三碧	辛酉	8
月11日	六白	癸巳	4月9日	二黒	壬戌	3月9日	八白	壬辰	2月7日	四緑	辛酉	1月9日	三碧	癸巳	12月7日	二黒	壬戌	9
月12日	七赤	甲午	4月10日	三碧	癸亥	3月10日	九紫	癸巳	2月8日	五黄	壬戌	1月10日	四緑	甲午	12月8日	一白	癸亥	10
月13日	八白	乙未	4月11日	四緑	甲子	3月11日	一白	甲午	2月9日	六白	癸亥	1月11日	五黄	乙未	12月9日	一白	甲子	11
月14日	九紫	丙申	4月12日	五黄	乙丑	3月12日	二黒	乙未	2月10日	七赤	甲子	1月12日	六白	丙申	12月10日	二黒	乙丑	12
月15日	一白	丁酉	4月13日	六白	丙寅	3月13日	三碧	丙申	2月11日	八白	乙丑	1月13日	七赤	丁酉	12月11日	三碧	丙寅	13
月16日	二黒	戊戌	4月14日	七赤	丁卯	3月14日	四緑	丁酉	2月12日	九紫	丙寅	1月14日	八白	戊戌	12月12日	四緑	丁卯	14
月17日	三碧	己亥	4月15日	八白	戊辰	3月15日	五黄	戊戌	2月13日	一白	丁卯	1月15日	九紫	己亥	12月13日	五黄	戊辰	15
月18日	四緑	庚子	4月16日	九紫	己巳	3月16日	六白	己亥	2月14日	二黒	戊辰	1月16日	一白	庚子	12月14日	六白	己巳	16
月19日	五黄	辛丑	4月17日	一白	庚午	3月17日	七赤	庚子	2月15日	三碧	己巳	1月17日	二黒	辛丑	12月15日	七赤	庚午	17
月20日	六白	壬寅	4月18日	二黒	辛未	3月18日	八白	辛丑	2月16日	四緑	庚午	1月18日	三碧	壬寅	12月16日	八白	辛未	18
月21日	七赤	癸卯	4月19日	三碧	壬申	3月19日	九紫	壬寅	2月17日	五黄	辛未	1月19日	四緑	癸卯	12月17日	九紫	壬申	19
月22日	八白	甲辰	4月20日	四緑	癸酉	3月20日	一白	癸卯	2月18日	六白	壬申	1月20日	五黄	甲辰	12月18日	一白	癸酉	20
月23日	九紫	乙巳	4月21日	五黄	甲戌	3月21日	二黒	甲辰	2月19日	七赤	癸酉	1月21日	六白	乙巳	12月19日	二黒	甲戌	21
月24日	一白	丙午	4月22日	六白	乙亥	3月22日	三碧	乙巳	2月20日	八白	甲戌	1月22日	七赤	丙午	12月20日	三碧	乙亥	22
月25日	二黒	丁未	4月23日	七赤	丙子	3月23日	四緑	丙午	2月21日	九紫	乙亥	1月23日	八白	丁未	12月21日	四緑	丙子	23
月26日	三碧	戊申	4月24日	八白	丁丑	3月24日	五黄	丁未	2月22日	一白	丙子	1月24日	九紫	戊申	12月22日	五黄	丁丑	24
月27日	四緑	己酉	4月25日	九紫	戊寅	3月25日	六白	戊申	2月23日	二黒	丁丑	1月25日	一白	己酉	12月23日	六白	戊寅	25
月28日	五黄	庚戌	4月26日	一白	己卯	3月26日	七赤	己酉	2月24日	三碧	戊寅	1月26日	二黒	庚戌	12月24日	七赤	己卯	26
月29日	六白	辛亥	4月27日	二黒	庚辰	3月27日	八白	庚戌	2月25日	四緑	己卯	1月27日	三碧	辛亥	12月25日	八白	庚辰	27
月30日	七赤	壬子	4月28日	三碧	辛巳	3月28日	九紫	辛亥	2月26日	五黄	庚辰	1月28日	四緑	壬子	12月26日	九紫	辛巳	28
6月1日	八白	癸丑	4月29日	四緑	壬午	3月29日	一白	壬子	2月27日	六白	辛巳				12月27日	一白	壬午	29
6月2日	九紫	甲寅	5月1日	五黄	癸未	3月30日	二黒	癸丑	2月28日	七赤	壬午				12月28日	二黒	癸未	30
			5月2日	六白	甲申				2月29日	八白	癸未				12月29日	三碧	甲申	31

令和４年　2022年　壬寅年　五黄土星

	12月壬子			11月辛亥			10月庚戌			9月己酉			8月戊申			7月丁未		
	7日 12：46			7日 19：45			8日 16：21			8日 00：32			7日 21：29			7日 11：38		
	22日 06：48			22日 17：20			23日 19：35			23日 10：03			23日 12：16			23日 05：07		
	一白水星			二黒土星			三碧木星			四緑木星			五黄土星			六白金星		
1	11月8日	九紫	戊子	10月8日	三碧	戊午	9月6日	七赤	丁亥	8月6日	一白	丁巳	7月4日	五黄	丙戌	6月3日	一白	[illegible]
2	11月9日	八白	己丑	10月9日	二黒	己未	9月7日	六白	戊子	8月7日	九紫	戊午	7月5日	四緑	丁亥	6月4日	二黒	[illegible]
3	11月10日	七赤	庚寅	10月10日	一白	庚申	9月8日	五黄	己丑	8月8日	八白	己未	7月6日	三碧	戊子	6月5日	三碧	[illegible]
4	11月11日	六白	辛卯	10月11日	九紫	辛酉	9月9日	四緑	庚寅	8月9日	七赤	庚申	7月7日	二黒	己丑	6月6日	四緑	[illegible]
5	11月12日	五黄	壬辰	10月12日	八白	壬戌	9月10日	三碧	辛卯	8月10日	六白	辛酉	7月8日	一白	庚寅	6月7日	五黄	[illegible]
6	11月13日	四緑	癸巳	10月13日	七赤	癸亥	9月11日	二黒	壬辰	8月11日	五黄	壬戌	7月9日	九紫	辛卯	6月8日	六白	[illegible]
7	11月14日	三碧	甲午	10月14日	六白	甲子	9月12日	一白	癸巳	8月12日	四緑	癸亥	7月10日	八白	壬辰	6月9日	七赤	[illegible]
8	11月15日	二黒	乙未	10月15日	五黄	乙丑	9月13日	九紫	甲午	8月13日	三碧	甲子	7月11日	七赤	癸巳	6月10日	八白	[illegible]
9	11月16日	一白	丙申	10月16日	四緑	丙寅	9月14日	八白	乙未	8月14日	二黒	乙丑	7月12日	六白	甲午	6月11日	九紫	[illegible]
10	11月17日	九紫	丁酉	10月17日	三碧	丁卯	9月15日	七赤	丙申	8月15日	一白	丙寅	7月13日	五黄	乙未	6月12日	九紫	[illegible]
11	11月18日	八白	戊戌	10月18日	二黒	戊辰	9月16日	六白	丁酉	8月16日	九紫	丁卯	7月14日	四緑	丙申	6月13日	八白	[illegible]
12	11月19日	七赤	己亥	10月19日	一白	己巳	9月17日	五黄	戊戌	8月17日	八白	戊辰	7月15日	三碧	丁酉	6月14日	七赤	[illegible]
13	11月20日	六白	庚子	10月20日	九紫	庚午	9月18日	四緑	己亥	8月18日	七赤	己巳	7月16日	二黒	戊戌	6月15日	六白	[illegible]
14	11月21日	五黄	辛丑	10月21日	八白	辛未	9月19日	三碧	庚子	8月19日	六白	庚午	7月17日	一白	己亥	6月16日	五黄	[illegible]
15	11月22日	四緑	壬寅	10月22日	七赤	壬申	9月20日	二黒	辛丑	8月20日	五黄	辛未	7月18日	九紫	庚子	6月17日	四緑	[illegible]
16	11月23日	三碧	癸卯	10月23日	六白	癸酉	9月21日	一白	壬寅	8月21日	四緑	壬申	7月19日	八白	辛丑	6月18日	三碧	[illegible]
17	11月24日	二黒	甲辰	10月24日	五黄	甲戌	9月22日	九紫	癸卯	8月22日	三碧	癸酉	7月20日	七赤	壬寅	6月19日	二黒	[illegible]
18	11月25日	一白	乙巳	10月25日	四緑	乙亥	9月23日	八白	甲辰	8月23日	二黒	甲戌	7月21日	六白	癸卯	6月20日	一白	[illegible]
19	11月26日	九紫	丙午	10月26日	三碧	丙子	9月24日	七赤	乙巳	8月24日	一白	乙亥	7月22日	五黄	甲辰	6月21日	九紫	[illegible]
20	11月27日	八白	丁未	10月27日	二黒	丁丑	9月25日	六白	丙午	8月25日	九紫	丙子	7月23日	四緑	乙巳	6月22日	八白	[illegible]
21	11月28日	七赤	戊申	10月28日	一白	戊寅	9月26日	五黄	丁未	8月26日	八白	丁丑	7月24日	三碧	丙午	6月23日	七赤	[illegible]
22	11月29日	六白	己酉	10月29日	九紫	己卯	9月27日	四緑	戊申	8月27日	七赤	戊寅	7月25日	二黒	丁未	6月24日	六白	[illegible]
23	12月1日	五黄	庚戌	10月30日	八白	庚辰	9月28日	三碧	己酉	8月28日	六白	己卯	7月26日	一白	戊申	6月25日	五黄	[illegible]
24	12月2日	四緑	辛亥	11月1日	七赤	辛巳	9月29日	二黒	庚戌	8月29日	五黄	庚辰	7月27日	九紫	己酉	6月26日	四緑	[illegible]
25	12月3日	三碧	壬子	11月2日	六白	壬午	10月1日	一白	辛亥	8月30日	四緑	辛巳	7月28日	八白	庚戌	6月27日	三碧	[illegible]
26	12月4日	二黒	癸丑	11月3日	五黄	癸未	10月2日	九紫	壬子	9月1日	三碧	壬午	7月29日	七赤	辛亥	6月28日	二黒	[illegible]
27	12月5日	一白	甲寅	11月4日	四緑	甲申	10月3日	八白	癸丑	9月2日	二黒	癸未	8月1日	六白	壬子	6月29日	一白	[illegible]
28	12月6日	九紫	乙卯	11月5日	三碧	乙酉	10月4日	七赤	甲寅	9月3日	一白	甲申	8月2日	五黄	癸丑	6月30日	九紫	[illegible]
29	12月7日	八白	丙辰	11月6日	二黒	丙戌	10月5日	六白	乙卯	9月4日	九紫	乙酉	8月3日	四緑	甲寅	7月1日	八白	[illegible]
30	12月8日	七赤	丁巳	11月7日	一白	丁亥	10月6日	五黄	丙辰	9月5日	八白	丙戌	8月4日	三碧	乙卯	7月2日	七赤	[illegible]
31	12月9日	六白	戊午				10月7日	四緑	丁巳				8月5日	二黒	丙辰	7月3日	六白	[illegible]

6月戊午			5月丁巳			4月丙辰			3月乙卯			2月甲寅			1月癸丑			
6日 07：18			6日 03：18			5日 10：12			6日 05：35			4日 11：43			6日 00：05			
21日 23：58			21日 16：08			20日 17：12			21日 06：23			19日 07：34			20日 17：30			
四緑木星			五黄土星			六白金星			七赤金星			八白土星			九紫火星			
月13日	三碧	庚寅	3月12日	八白	己未	閏2月11日	五黄	己丑	2月10日	一白	戊午	1月11日	九紫	庚寅	12月10日	五黄	己未	1
月14日	四緑	辛卯	3月13日	九紫	庚申	閏2月12日	六白	庚寅	2月11日	二黒	己未	1月12日	一白	辛卯	12月11日	四緑	庚申	2
月15日	五黄	壬辰	3月14日	一白	辛酉	閏2月13日	七赤	辛卯	2月12日	三碧	庚申	1月13日	二黒	壬辰	12月12日	三碧	辛酉	3
月16日	六白	癸巳	3月15日	二黒	壬戌	閏2月14日	八白	壬辰	2月13日	四緑	辛酉	1月14日	三碧	癸巳	12月13日	二黒	壬戌	4
月17日	七赤	甲午	3月16日	三碧	癸亥	閏2月15日	九紫	癸巳	2月14日	五黄	壬戌	1月15日	四緑	甲午	12月14日	一白	癸亥	5
月18日	八白	乙未	3月17日	四緑	甲子	閏2月16日	一白	甲午	2月15日	六白	癸亥	1月16日	五黄	乙未	12月15日	一白	甲子	6
月19日	九紫	丙申	3月18日	五黄	乙丑	閏2月17日	二黒	乙未	2月16日	七赤	甲子	1月17日	六白	丙申	12月16日	二黒	乙丑	7
月20日	一白	丁酉	3月19日	六白	丙寅	閏2月18日	三碧	丙申	2月17日	八白	乙丑	1月18日	七赤	丁酉	12月17日	三碧	丙寅	8
月21日	二黒	戊戌	3月20日	七赤	丁卯	閏2月19日	四緑	丁酉	2月18日	九紫	丙寅	1月19日	八白	戊戌	12月18日	四緑	丁卯	9
月22日	三碧	己亥	3月21日	八白	戊辰	閏2月20日	五黄	戊戌	2月19日	一白	丁卯	1月20日	九紫	己亥	12月19日	五黄	戊辰	10
月23日	四緑	庚子	3月22日	九紫	己巳	閏2月21日	六白	己亥	2月20日	二黒	戊辰	1月21日	一白	庚子	12月20日	六白	己巳	11
月24日	五黄	辛丑	3月23日	一白	庚午	閏2月22日	七赤	庚子	2月21日	三碧	己巳	1月22日	二黒	辛丑	12月21日	七赤	庚午	12
月25日	六白	壬寅	3月24日	二黒	辛未	閏2月23日	八白	辛丑	2月22日	四緑	庚午	1月23日	三碧	壬寅	12月22日	八白	辛未	13
月26日	七赤	癸卯	3月25日	三碧	壬申	閏2月24日	九紫	壬寅	2月23日	五黄	辛未	1月24日	四緑	癸卯	12月23日	九紫	壬申	14
月27日	八白	甲辰	3月26日	四緑	癸酉	閏2月25日	一白	癸卯	2月24日	六白	壬申	1月25日	五黄	甲辰	12月24日	一白	癸酉	15
月28日	九紫	乙巳	3月27日	五黄	甲戌	閏2月26日	二黒	甲辰	2月25日	七赤	癸酉	1月26日	六白	乙巳	12月25日	二黒	甲戌	16
月29日	一白	丙午	3月28日	六白	乙亥	閏2月27日	三碧	乙巳	2月26日	八白	甲戌	1月27日	七赤	丙午	12月26日	三碧	乙亥	17
月1日	二黒	丁未	3月29日	七赤	丙子	閏2月28日	四緑	丙午	2月27日	九紫	乙亥	1月28日	八白	丁未	12月27日	四緑	丙子	18
月2日	三碧	戊申	3月30日	八白	丁丑	閏2月29日	五黄	丁未	2月28日	一白	丙子	1月29日	九紫	戊申	12月28日	五黄	丁丑	19
月3日	四緑	己酉	4月1日	九紫	戊寅	3月1日	六白	戊申	2月29日	二黒	丁丑	2月1日	一白	己酉	12月29日	六白	戊寅	20
月4日	五黄	庚戌	4月2日	一白	己卯	3月2日	七赤	己酉	2月30日	三碧	戊寅	2月2日	二黒	庚戌	12月30日	七赤	己卯	21
月5日	六白	辛亥	4月3日	二黒	庚辰	3月3日	八白	庚戌	閏2月1日	四緑	己卯	2月3日	三碧	辛亥	1月1日	八白	庚辰	22
月6日	七赤	壬子	4月4日	三碧	辛巳	3月4日	九紫	辛亥	閏2月2日	五黄	庚辰	2月4日	四緑	壬子	1月2日	九紫	辛巳	23
月7日	八白	癸丑	4月5日	四緑	壬午	3月5日	一白	壬子	閏2月3日	六白	辛巳	2月5日	五黄	癸丑	1月3日	一白	壬午	24
月8日	九紫	甲寅	4月6日	五黄	癸未	3月6日	二黒	癸丑	閏2月4日	七赤	壬午	2月6日	六白	甲寅	1月4日	二黒	癸未	25
月9日	一白	乙卯	4月7日	六白	甲申	3月7日	三碧	甲寅	閏2月5日	八白	癸未	2月7日	七赤	乙卯	1月5日	三碧	甲申	26
月10日	二黒	丙辰	4月8日	七赤	乙酉	3月8日	四緑	乙卯	閏2月6日	九紫	甲申	2月8日	八白	丙辰	1月6日	四緑	乙酉	27
月11日	三碧	丁巳	4月9日	八白	丙戌	3月9日	五黄	丙辰	閏2月7日	一白	乙酉	2月9日	九紫	丁巳	1月7日	五黄	丙戌	28
月12日	四緑	戊午	4月10日	九紫	丁亥	3月10日	六白	丁巳	閏2月8日	二黒	丙戌				1月8日	六白	丁亥	29
月13日	五黄	己未	4月11日	一白	戊子	3月11日	七赤	戊午	閏2月9日	三碧	丁亥				1月9日	七赤	戊子	30
			4月12日	二黒	己丑				閏2月10日	四緑	戊子				1月10日	八白	己丑	31

令和5年	2023年						癸卯年			四緑木星								
	12月甲子			11月癸亥			10月壬戌			9月辛酉			8月庚申			7月己未		
	7日 18：33			8日 01：35			8日 22：15			8日 06：26			8日 03：22			7日 17：30		
	22日 12：27			22日 23：02			24日 01：20			23日 15：49			23日 18：01			23日 10：50		
	七赤金星			八白土星			九紫火星			一白水星			二黒土星			三碧木星		
1	10月19日	四緑	癸巳	9月18日	七赤	癸亥	8月17日	二黒	壬辰	7月17日	五黄	壬戌	6月15日	九紫	辛卯	5月14日	六白	庚
2	10月20日	三碧	甲午	9月19日	六白	甲子	8月18日	一白	癸巳	7月18日	四緑	癸亥	6月16日	八白	壬辰	5月15日	七赤	辛
3	10月21日	二黒	乙未	9月20日	五黄	乙丑	8月19日	九紫	甲午	7月19日	三碧	甲子	6月17日	七赤	癸巳	5月16日	八白	壬
4	10月22日	一白	丙申	9月21日	四緑	丙寅	8月20日	八白	乙未	7月20日	二黒	乙丑	6月18日	六白	甲午	5月17日	九紫	癸
5	10月23日	九紫	丁酉	9月22日	三碧	丁卯	8月21日	七赤	丙申	7月21日	一白	丙寅	6月19日	五黄	乙未	5月18日	九紫	甲
6	10月24日	八白	戊戌	9月23日	二黒	戊辰	8月22日	六白	丁酉	7月22日	九紫	丁卯	6月20日	四緑	丙申	5月19日	八白	乙
7	10月25日	七赤	己亥	9月24日	一白	己巳	8月23日	五黄	戊戌	7月23日	八白	戊辰	6月21日	三碧	丁酉	5月20日	七赤	丙
8	10月26日	六白	庚子	9月25日	九紫	庚午	8月24日	四緑	己亥	7月24日	七赤	己巳	6月22日	二黒	戊戌	5月21日	六白	丁
9	10月27日	五黄	辛丑	9月26日	八白	辛未	8月25日	三碧	庚子	7月25日	六白	庚午	6月23日	一白	己亥	5月22日	五黄	戊
10	10月28日	四緑	壬寅	9月27日	七赤	壬申	8月26日	二黒	辛丑	7月26日	五黄	辛未	6月24日	九紫	庚子	5月23日	四緑	己
11	10月29日	三碧	癸卯	9月28日	六白	癸酉	8月27日	一白	壬寅	7月27日	四緑	壬申	6月25日	八白	辛丑	5月24日	三碧	庚
12	10月30日	二黒	甲辰	9月29日	五黄	甲戌	8月28日	九紫	癸卯	7月28日	三碧	癸酉	6月26日	七赤	壬寅	5月25日	二黒	辛
13	11月1日	一白	乙巳	10月1日	四緑	乙亥	8月29日	八白	甲辰	7月29日	二黒	甲戌	6月27日	六白	癸卯	5月26日	一白	壬
14	11月2日	九紫	丙午	10月2日	三碧	丙子	8月30日	七赤	乙巳	7月30日	一白	乙亥	6月28日	五黄	甲辰	5月27日	九紫	癸
15	11月3日	八白	丁未	10月3日	二黒	丁丑	9月1日	六白	丙午	8月1日	九紫	丙子	6月29日	四緑	乙巳	5月28日	八白	甲
16	11月4日	七赤	戊申	10月4日	一白	戊寅	9月2日	五黄	丁未	8月2日	八白	丁丑	7月1日	三碧	丙午	5月29日	七赤	乙
17	11月5日	六白	己酉	10月5日	九紫	己卯	9月3日	四緑	戊申	8月3日	七赤	戊寅	7月2日	二黒	丁未	5月30日	六白	丙
18	11月6日	五黄	庚戌	10月6日	八白	庚辰	9月4日	三碧	己酉	8月4日	六白	己卯	7月3日	一白	戊申	6月1日	五黄	丁
19	11月7日	四緑	辛亥	10月7日	七赤	辛巳	9月5日	二黒	庚戌	8月5日	五黄	庚辰	7月4日	九紫	己酉	6月2日	四緑	戊
20	11月8日	三碧	壬子	10月8日	六白	壬午	9月6日	一白	辛亥	8月6日	四緑	辛巳	7月5日	八白	庚戌	6月3日	三碧	己
21	11月9日	二黒	癸丑	10月9日	五黄	癸未	9月7日	九紫	壬子	8月7日	三碧	壬午	7月6日	七赤	辛亥	6月4日	二黒	庚
22	11月10日	一白	甲寅	10月10日	四緑	甲申	9月8日	八白	癸丑	8月8日	二黒	癸未	7月7日	六白	壬子	6月5日	一白	辛
23	11月11日	九紫	乙卯	10月11日	三碧	乙酉	9月9日	七赤	甲寅	8月9日	一白	甲申	7月8日	五黄	癸丑	6月6日	九紫	壬
24	11月12日	八白	丙辰	10月12日	二黒	丙戌	9月10日	六白	乙卯	8月10日	九紫	乙酉	7月9日	四緑	甲寅	6月7日	八白	癸
25	11月13日	七赤	丁巳	10月13日	一白	丁亥	9月11日	五黄	丙辰	8月11日	八白	丙戌	7月10日	三碧	乙卯	6月8日	七赤	甲
26	11月14日	六白	戊午	10月14日	九紫	戊子	9月12日	四緑	丁巳	8月12日	七赤	丁亥	7月11日	二黒	丙辰	6月9日	六白	乙
27	11月15日	五黄	己未	10月15日	八白	己丑	9月13日	三碧	戊午	8月13日	六白	戊子	7月12日	一白	丁巳	6月10日	五黄	丙
28	11月16日	四緑	庚申	10月16日	七赤	庚寅	9月14日	二黒	己未	8月14日	五黄	己丑	7月13日	九紫	戊午	6月11日	四緑	丁
29	11月17日	三碧	辛酉	10月17日	六白	辛卯	9月15日	一白	庚申	8月15日	四緑	庚寅	7月14日	八白	己未	6月12日	三碧	戊
30	11月18日	二黒	壬戌	10月18日	五黄	壬辰	9月16日	九紫	辛酉	8月16日	三碧	辛卯	7月15日	七赤	庚申	6月13日	二黒	己
31	11月19日	一白	癸亥				9月17日	八白	壬戌				7月16日	六白	辛酉	6月14日	一白	庚

6月庚午			5月己巳			4月戊辰			3月丁卯			2月丙寅			1月乙丑			
5日 13：09			5日 09：09			4日 16：01			5日 11：22			4日 17：27			6日 05：49			
21日 05：50			20日 21：59			19日 22：59			20日 12：06			19日 13：13			20日 23：07			
一白水星			二黒土星			三碧木星			四緑木星			五黄土星			六白金星			
25日	九紫	丙申	3月23日	五黄	乙丑	2月23日	二黒	乙未	1月21日	七赤	甲子	12月22日	五黄	乙未	11月20日	一白	甲子	1
26日	一白	丁酉	3月24日	六白	丙寅	2月24日	三碧	丙申	1月22日	八白	乙丑	12月23日	六白	丙申	11月21日	二黒	乙丑	2
27日	二黒	戊戌	3月25日	七赤	丁卯	2月25日	四緑	丁酉	1月23日	九紫	丙寅	12月24日	七赤	丁酉	11月22日	三碧	丙寅	3
28日	三碧	己亥	3月26日	八白	戊辰	2月26日	五黄	戊戌	1月24日	一白	丁卯	12月25日	八白	戊戌	11月23日	四緑	丁卯	4
29日	四緑	庚子	3月27日	九紫	己巳	2月27日	六白	己亥	1月25日	二黒	戊辰	12月26日	九紫	己亥	11月24日	五黄	戊辰	5
月1日	五黄	辛丑	3月28日	一白	庚午	2月28日	七赤	庚子	1月26日	三碧	己巳	12月27日	一白	庚子	11月25日	六白	己巳	6
月2日	六白	壬寅	3月29日	二黒	辛未	2月29日	八白	辛丑	1月27日	四緑	庚午	12月28日	二黒	辛丑	11月26日	七赤	庚午	7
月3日	七赤	癸卯	4月1日	三碧	壬申	2月30日	九紫	壬寅	1月28日	五黄	辛未	12月29日	三碧	壬寅	11月27日	八白	辛未	8
月4日	八白	甲辰	4月2日	四緑	癸酉	3月1日	一白	癸卯	1月29日	六白	壬申	12月30日	四緑	癸卯	11月28日	九紫	壬申	9
月5日	九紫	乙巳	4月3日	五黄	甲戌	3月2日	二黒	甲辰	2月1日	七赤	癸酉	1月1日	五黄	甲辰	11月29日	一白	癸酉	10
月6日	一白	丙午	4月4日	六白	乙亥	3月3日	三碧	乙巳	2月2日	八白	甲戌	1月2日	六白	乙巳	12月1日	二黒	甲戌	11
月7日	二黒	丁未	4月5日	七赤	丙子	3月4日	四緑	丙午	2月3日	九紫	乙亥	1月3日	七赤	丙午	12月2日	三碧	乙亥	12
月8日	三碧	戊申	4月6日	八白	丁丑	3月5日	五黄	丁未	2月4日	一白	丙子	1月4日	八白	丁未	12月3日	四緑	丙子	13
月9日	四緑	己酉	4月7日	九紫	戊寅	3月6日	六白	戊申	2月5日	二黒	丁丑	1月5日	九紫	戊申	12月4日	五黄	丁丑	14
月10日	五黄	庚戌	4月8日	一白	己卯	3月7日	七赤	己酉	2月6日	三碧	戊寅	1月6日	一白	己酉	12月5日	六白	戊寅	15
月11日	六白	辛亥	4月9日	二黒	庚辰	3月8日	八白	庚戌	2月7日	四緑	己卯	1月7日	二黒	庚戌	12月6日	七赤	己卯	16
月12日	七赤	壬子	4月10日	三碧	辛巳	3月9日	九紫	辛亥	2月8日	五黄	庚辰	1月8日	三碧	辛亥	12月7日	八白	庚辰	17
月13日	八白	癸丑	4月11日	四緑	壬午	3月10日	一白	壬子	2月9日	六白	辛巳	1月9日	四緑	壬子	12月8日	九紫	辛巳	18
月14日	九紫	甲寅	4月12日	五黄	癸未	3月11日	二黒	癸丑	2月10日	七赤	壬午	1月10日	五黄	癸丑	12月9日	一白	壬午	19
月15日	一白	乙卯	4月13日	六白	甲申	3月12日	三碧	甲寅	2月11日	八白	癸未	1月11日	六白	甲寅	12月10日	二黒	癸未	20
月16日	二黒	丙辰	4月14日	七赤	乙酉	3月13日	四緑	乙卯	2月12日	九紫	甲申	1月12日	七赤	乙卯	12月11日	三碧	甲申	21
月17日	三碧	丁巳	4月15日	八白	丙戌	3月14日	五黄	丙辰	2月13日	一白	乙酉	1月13日	八白	丙辰	12月12日	四緑	乙酉	22
月18日	四緑	戊午	4月16日	九紫	丁亥	3月15日	六白	丁巳	2月14日	二黒	丙戌	1月14日	九紫	丁巳	12月13日	五黄	丙戌	23
月19日	五黄	己未	4月17日	一白	戊子	3月16日	七赤	戊午	2月15日	三碧	丁亥	1月15日	一白	戊午	12月14日	六白	丁亥	24
月20日	六白	庚申	4月18日	二黒	己丑	3月17日	八白	己未	2月16日	四緑	戊子	1月16日	二黒	己未	12月15日	七赤	戊子	25
月21日	七赤	辛酉	4月19日	三碧	庚寅	3月18日	九紫	庚申	2月17日	五黄	己丑	1月17日	三碧	庚申	12月16日	八白	己丑	26
月22日	八白	壬戌	4月20日	四緑	辛卯	3月19日	一白	辛酉	2月18日	六白	庚寅	1月18日	四緑	辛酉	12月17日	九紫	庚寅	27
月23日	九紫	癸亥	4月21日	五黄	壬辰	3月20日	二黒	壬戌	2月19日	七赤	辛卯	1月19日	五黄	壬戌	12月18日	一白	辛卯	28
月24日	九紫	甲子	4月22日	六白	癸巳	3月21日	三碧	癸亥	2月20日	八白	壬辰	1月20日	六白	癸亥	12月19日	二黒	壬辰	29
月25日	八白	乙丑	4月23日	七赤	甲午	3月22日	四緑	甲子	2月21日	九紫	癸巳				12月20日	三碧	癸巳	30
			4月24日	八白	乙未				2月22日	一白	甲午				12月21日	四緑	甲午	31

令和６年　2024年　甲辰年　三碧木星

	12月丙子			11月乙亥			10月甲戌			9月癸酉			8月壬申			7月辛未		
	7日 00：17			7日 07：20			8日 03：59			7日 12：11			7日 09：09			6日 23：19		
	21日 18：20			22日 04：56			23日 07：14			22日 21：43			22日 23：54			22日 16：44		
	四緑木星			五黄土星			六白金星			七赤金星			八白土星			九紫火星		
1	11月1日	七赤	己亥	10月1日	一白	己巳	8月29日	五黄	戊戌	7月29日	八白	戊辰	6月27日	三碧	丁酉	5月26日	七赤	丙
2	11月2日	六白	庚子	10月2日	九紫	庚午	8月30日	四緑	己亥	7月30日	七赤	己巳	6月28日	二黒	戊戌	5月27日	六白	丁
3	11月3日	五黄	辛丑	10月3日	八白	辛未	9月1日	三碧	庚子	8月1日	六白	庚午	6月29日	一白	己亥	5月28日	五黄	戊
4	11月4日	四緑	壬寅	10月4日	七赤	壬申	9月2日	二黒	辛丑	8月2日	五黄	辛未	7月1日	九紫	庚子	5月29日	四緑	己
5	11月5日	三碧	癸卯	10月5日	六白	癸酉	9月3日	一白	壬寅	8月3日	四緑	壬申	7月2日	八白	辛丑	5月30日	三碧	庚
6	11月6日	二黒	甲辰	10月6日	五黄	甲戌	9月4日	九紫	癸卯	8月4日	三碧	癸酉	7月3日	七赤	壬寅	6月1日	二黒	辛
7	11月7日	一白	乙巳	10月7日	四緑	乙亥	9月5日	八白	甲辰	8月5日	二黒	甲戌	7月4日	六白	癸卯	6月2日	一白	壬
8	11月8日	九紫	丙午	10月8日	三碧	丙子	9月6日	七赤	乙巳	8月6日	一白	乙亥	7月5日	五黄	甲辰	6月3日	九紫	癸
9	11月9日	八白	丁未	10月9日	二黒	丁丑	9月7日	六白	丙午	8月7日	九紫	丙子	7月6日	四緑	乙巳	6月4日	八白	甲
10	11月10日	七赤	戊申	10月10日	一白	戊寅	9月8日	五黄	丁未	8月8日	八白	丁丑	7月7日	三碧	丙午	6月5日	七赤	乙
11	11月11日	六白	己酉	10月11日	九紫	己卯	9月9日	四緑	戊申	8月9日	七赤	戊寅	7月8日	二黒	丁未	6月6日	六白	丙
12	11月12日	五黄	庚戌	10月12日	八白	庚辰	9月10日	三碧	己酉	8月10日	六白	己卯	7月9日	一白	戊申	6月7日	五黄	丁
13	11月13日	四緑	辛亥	10月13日	七赤	辛巳	9月11日	二黒	庚戌	8月11日	五黄	庚辰	7月10日	九紫	己酉	6月8日	四緑	戊
14	11月14日	三碧	壬子	10月14日	六白	壬午	9月12日	一白	辛亥	8月12日	四緑	辛巳	7月11日	八白	庚戌	6月9日	三碧	己
15	11月15日	二黒	癸丑	10月15日	五黄	癸未	9月13日	九紫	壬子	8月13日	三碧	壬午	7月12日	七赤	辛亥	6月10日	二黒	庚
16	11月16日	一白	甲寅	10月16日	四緑	甲申	9月14日	八白	癸丑	8月14日	二黒	癸未	7月13日	六白	壬子	6月11日	一白	辛
17	11月17日	九紫	乙卯	10月17日	三碧	乙酉	9月15日	七赤	甲寅	8月15日	一白	甲申	7月14日	五黄	癸丑	6月12日	九紫	壬
18	11月18日	八白	丙辰	10月18日	二黒	丙戌	9月16日	六白	乙卯	8月16日	九紫	乙酉	7月15日	四緑	甲寅	6月13日	八白	癸
19	11月19日	七赤	丁巳	10月19日	一白	丁亥	9月17日	五黄	丙辰	8月17日	八白	丙戌	7月16日	三碧	乙卯	6月14日	七赤	甲
20	11月20日	六白	戊午	10月20日	九紫	戊子	9月18日	四緑	丁巳	8月18日	七赤	丁亥	7月17日	二黒	丙辰	6月15日	六白	乙
21	11月21日	五黄	己未	10月21日	八白	己丑	9月19日	三碧	戊午	8月19日	六白	戊子	7月18日	一白	丁巳	6月16日	五黄	丙
22	11月22日	四緑	庚申	10月22日	七赤	庚寅	9月20日	二黒	己未	8月20日	五黄	己丑	7月19日	九紫	戊午	6月17日	四緑	丁
23	11月23日	三碧	辛酉	10月23日	六白	辛卯	9月21日	一白	庚申	8月21日	四緑	庚寅	7月20日	八白	己未	6月18日	三碧	戊
24	11月24日	二黒	壬戌	10月24日	五黄	壬辰	9月22日	九紫	辛酉	8月22日	三碧	辛卯	7月21日	七赤	庚申	6月19日	二黒	己
25	11月25日	一白	癸亥	10月25日	四緑	癸巳	9月23日	八白	壬戌	8月23日	二黒	壬辰	7月22日	六白	辛酉	6月20日	一白	庚
26	11月26日	一白	甲子	10月26日	三碧	甲午	9月24日	七赤	癸亥	8月24日	一白	癸巳	7月23日	五黄	壬戌	6月21日	九紫	辛
27	11月27日	二黒	乙丑	10月27日	二黒	乙未	9月25日	六白	甲子	8月25日	九紫	甲午	7月24日	四緑	癸亥	6月22日	八白	壬
28	11月28日	三碧	丙寅	10月28日	一白	丙申	9月26日	五黄	乙丑	8月26日	八白	乙未	7月25日	三碧	甲子	6月23日	七赤	癸
29	11月29日	四緑	丁卯	10月29日	九紫	丁酉	9月27日	四緑	丙寅	8月27日	七赤	丙申	7月26日	二黒	乙丑	6月24日	六白	甲
30	11月30日	五黄	戊辰	10月30日	八白	戊戌	9月28日	三碧	丁卯	8月28日	六白	丁酉	7月27日	一白	丙寅	6月25日	五黄	乙
31	12月1日	六白	己巳				9月29日	二黒	戊辰				7月28日	九紫	丁卯	6月26日	四緑	丙

6月壬午			5月辛巳			4月庚辰			3月己卯			2月戊寅			1月丁丑			
5日 18：56			5日 14：56			4日 21：48			5日 17：07			3日 23：10			5日 11：32			
21日 11：41			21日 03：54			20日 04：55			20日 18：01			18日 19：06			20日 05：00			
七赤金星			八白土星			九紫火星			一白水星			二黒土星			三碧木星			
5月6日	五黄	辛丑	4月4日	一白	庚午	3月4日	七赤	庚子	2月2日	三碧	己巳	1月4日	二黒	辛丑	12月2日	七赤	庚午	1
5月7日	六白	壬寅	4月5日	二黒	辛未	3月5日	八白	辛丑	2月3日	四緑	庚午	1月5日	三碧	壬寅	12月3日	八白	辛未	2
5月8日	七赤	癸卯	4月6日	三碧	壬申	3月6日	九紫	壬寅	2月4日	五黄	辛未	1月6日	四緑	癸卯	12月4日	九紫	壬申	3
5月9日	八白	甲辰	4月7日	四緑	癸酉	3月7日	一白	癸卯	2月5日	六白	壬申	1月7日	五黄	甲辰	12月5日	一白	癸酉	4
5月10日	九紫	乙巳	4月8日	五黄	甲戌	3月8日	二黒	甲辰	2月6日	七赤	癸酉	1月8日	六白	乙巳	12月6日	二黒	甲戌	5
5月11日	一白	丙午	4月9日	六白	乙亥	3月9日	三碧	乙巳	2月7日	八白	甲戌	1月9日	七赤	丙午	12月7日	三碧	乙亥	6
5月12日	二黒	丁未	4月10日	七赤	丙子	3月10日	四緑	丙午	2月8日	九紫	乙亥	1月10日	八白	丁未	12月8日	四緑	丙子	7
5月13日	三碧	戊申	4月11日	八白	丁丑	3月11日	五黄	丁未	2月9日	一白	丙子	1月11日	九紫	戊申	12月9日	五黄	丁丑	8
5月14日	四緑	己酉	4月12日	九紫	戊寅	3月12日	六白	戊申	2月10日	二黒	丁丑	1月12日	一白	己酉	12月10日	六白	戊寅	9
5月15日	五黄	庚戌	4月13日	一白	己卯	3月13日	七赤	己酉	2月11日	三碧	戊寅	1月13日	二黒	庚戌	12月11日	七赤	己卯	10
5月16日	六白	辛亥	4月14日	二黒	庚辰	3月14日	八白	庚戌	2月12日	四緑	己卯	1月14日	三碧	辛亥	12月12日	八白	庚辰	11
5月17日	七赤	壬子	4月15日	三碧	辛巳	3月15日	九紫	辛亥	2月13日	五黄	庚辰	1月15日	四緑	壬子	12月13日	九紫	辛巳	12
5月18日	八白	癸丑	4月16日	四緑	壬午	3月16日	一白	壬子	2月14日	六白	辛巳	1月16日	五黄	癸丑	12月14日	一白	壬午	13
5月19日	九紫	甲寅	4月17日	五黄	癸未	3月17日	二黒	癸丑	2月15日	七赤	壬午	1月17日	六白	甲寅	12月15日	二黒	癸未	14
5月20日	一白	乙卯	4月18日	六白	甲申	3月18日	三碧	甲寅	2月16日	八白	癸未	1月18日	七赤	乙卯	12月16日	三碧	甲申	15
5月21日	二黒	丙辰	4月19日	七赤	乙酉	3月19日	四緑	乙卯	2月17日	九紫	甲申	1月19日	八白	丙辰	12月17日	四緑	乙酉	16
5月22日	三碧	丁巳	4月20日	八白	丙戌	3月20日	五黄	丙辰	2月18日	一白	乙酉	1月20日	九紫	丁巳	12月18日	五黄	丙戌	17
5月23日	四緑	戊午	4月21日	九紫	丁亥	3月21日	六白	丁巳	2月19日	二黒	丙戌	1月21日	一白	戊午	12月19日	六白	丁亥	18
5月24日	五黄	己未	4月22日	一白	戊子	3月22日	七赤	戊午	2月20日	三碧	丁亥	1月22日	二黒	己未	12月20日	七赤	戊子	19
5月25日	六白	庚申	4月23日	二黒	己丑	3月23日	八白	己未	2月21日	四緑	戊子	1月23日	三碧	庚申	12月21日	八白	己丑	20
5月26日	七赤	辛酉	4月24日	三碧	庚寅	3月24日	九紫	庚申	2月22日	五黄	己丑	1月24日	四緑	辛酉	12月22日	九紫	庚寅	21
5月27日	八白	壬戌	4月25日	四緑	辛卯	3月25日	一白	辛酉	2月23日	六白	庚寅	1月25日	五黄	壬戌	12月23日	一白	辛卯	22
5月28日	九紫	癸亥	4月26日	五黄	壬辰	3月26日	二黒	壬戌	2月24日	七赤	辛卯	1月26日	六白	癸亥	12月24日	二黒	壬辰	23
5月29日	九紫	甲子	4月27日	六白	癸巳	3月27日	三碧	癸亥	2月25日	八白	壬辰	1月27日	七赤	甲子	12月25日	三碧	癸巳	24
6月1日	八白	乙丑	4月28日	七赤	甲午	3月28日	四緑	甲子	2月26日	九紫	癸巳	1月28日	八白	乙丑	12月26日	四緑	甲午	25
6月2日	七赤	丙寅	4月29日	八白	乙未	3月29日	五黄	乙丑	2月27日	一白	甲午	1月29日	九紫	丙寅	12月27日	五黄	乙未	26
6月3日	六白	丁卯	5月1日	九紫	丙申	3月30日	六白	丙寅	2月28日	二黒	乙未	1月30日	一白	丁卯	12月28日	六白	丙申	27
6月4日	五黄	戊辰	5月2日	一白	丁酉	4月1日	七赤	丁卯	2月29日	三碧	丙申	2月1日	二黒	戊辰	12月29日	七赤	丁酉	28
6月5日	四緑	己巳	5月3日	二黒	戊戌	4月2日	八白	戊辰	3月1日	四緑	丁酉				1月1日	八白	戊戌	29
6月6日	三碧	庚午	5月4日	三碧	己亥	4月3日	九紫	己巳	3月2日	五黄	戊戌				1月2日	九紫	己亥	30
			5月5日	四緑	庚子				3月3日	六白	己亥				1月3日	一白	庚子	31

令和７年　2025年　乙巳年　二黒土星

	12月戊子			11月丁亥			10月丙戌			9月乙酉			8月甲申			7月癸未		
	7日 06：04			7日 13：04			8日 09：41			7日 17：52			7日 14：51			7日 05：04		
	22日 00：02			22日 10：35			23日 12：51			23日 03：19			23日 05：33			22日 22：29		
	一白水星			二黒土星			三碧木星			四緑木星			五黄土星			六白金星		
1	10月12日	二黒	甲辰	9月12日	五黄	甲戌	8月10日	九紫	癸卯	7月10日	三碧	癸酉	閏6月8日	七赤	壬寅	6月7日	二黒	辛
2	10月13日	一白	乙巳	9月13日	四緑	乙亥	8月11日	八白	甲辰	7月11日	二黒	甲戌	閏6月9日	六白	癸卯	6月8日	一白	壬
3	10月14日	九紫	丙午	9月14日	三碧	丙子	8月12日	七赤	乙巳	7月12日	一白	乙亥	閏6月10日	五黄	甲辰	6月9日	九紫	癸
4	10月15日	八白	丁未	9月15日	二黒	丁丑	8月13日	六白	丙午	7月13日	九紫	丙子	閏6月11日	四緑	乙巳	6月10日	八白	甲
5	10月16日	七赤	戊申	9月16日	一白	戊寅	8月14日	五黄	丁未	7月14日	八白	丁丑	閏6月12日	三碧	丙午	6月11日	七赤	乙
6	10月17日	六白	己酉	9月17日	九紫	己卯	8月15日	四緑	戊申	7月15日	七赤	戊寅	閏6月13日	二黒	丁未	6月12日	六白	丙
7	10月18日	五黄	庚戌	9月18日	八白	庚辰	8月16日	三碧	己酉	7月16日	六白	己卯	閏6月14日	一白	戊申	6月13日	五黄	丁
8	10月19日	四緑	辛亥	9月19日	七赤	辛巳	8月17日	二黒	庚戌	7月17日	五黄	庚辰	閏6月15日	九紫	己酉	6月14日	四緑	戊
9	10月20日	三碧	壬子	9月20日	六白	壬午	8月18日	一白	辛亥	7月18日	四緑	辛巳	閏6月16日	八白	庚戌	6月15日	三碧	己
10	10月21日	二黒	癸丑	9月21日	五黄	癸未	8月19日	九紫	壬子	7月19日	三碧	壬午	閏6月17日	七赤	辛亥	6月16日	二黒	庚
11	10月22日	一白	甲寅	9月22日	四緑	甲申	8月20日	八白	癸丑	7月20日	二黒	癸未	閏6月18日	六白	壬子	6月17日	一白	辛
12	10月23日	九紫	乙卯	9月23日	三碧	乙酉	8月21日	七赤	甲寅	7月21日	一白	甲申	閏6月19日	五黄	癸丑	6月18日	九紫	壬
13	10月24日	八白	丙辰	9月24日	二黒	丙戌	8月22日	六白	乙卯	7月22日	九紫	乙酉	閏6月20日	四緑	甲寅	6月19日	八白	癸
14	10月25日	七赤	丁巳	9月25日	一白	丁亥	8月23日	五黄	丙辰	7月23日	八白	丙戌	閏6月21日	三碧	乙卯	6月20日	七赤	甲
15	10月26日	六白	戊午	9月26日	九紫	戊子	8月24日	四緑	丁巳	7月24日	七赤	丁亥	閏6月22日	二黒	丙辰	6月21日	六白	乙
16	10月27日	五黄	己未	9月27日	八白	己丑	8月25日	三碧	戊午	7月25日	六白	戊子	閏6月23日	一白	丁巳	6月22日	五黄	丙
17	10月28日	四緑	庚申	9月28日	七赤	庚寅	8月26日	二黒	己未	7月26日	五黄	己丑	閏6月24日	九紫	戊午	6月23日	四緑	丁
18	10月29日	三碧	辛酉	9月29日	六白	辛卯	8月27日	一白	庚申	7月27日	四緑	庚寅	閏6月25日	八白	己未	6月24日	三碧	戊
19	10月30日	二黒	壬戌	9月30日	五黄	壬辰	8月28日	九紫	辛酉	7月28日	三碧	辛卯	閏6月26日	七赤	庚申	6月25日	二黒	己
20	11月1日	一白	癸亥	10月1日	四緑	癸巳	8月29日	八白	壬戌	7月29日	二黒	壬辰	閏6月27日	六白	辛酉	6月26日	一白	庚
21	11月2日	一白	甲子	10月2日	三碧	甲午	9月1日	七赤	癸亥	7月30日	一白	癸巳	閏6月28日	五黄	壬戌	6月27日	九紫	辛
22	11月3日	二黒	乙丑	10月3日	二黒	乙未	9月2日	六白	甲子	8月1日	九紫	甲午	閏6月29日	四緑	癸亥	6月28日	八白	壬
23	11月4日	三碧	丙寅	10月4日	一白	丙申	9月3日	五黄	乙丑	8月2日	八白	乙未	7月1日	三碧	甲子	6月29日	七赤	癸
24	11月5日	四緑	丁卯	10月5日	九紫	丁酉	9月4日	四緑	丙寅	8月3日	七赤	丙申	7月2日	二黒	乙丑	6月30日	六白	甲
25	11月6日	五黄	戊辰	10月6日	八白	戊戌	9月5日	三碧	丁卯	8月4日	六白	丁酉	7月3日	一白	丙寅	閏6月1日	五黄	乙
26	11月7日	六白	己巳	10月7日	七赤	己亥	9月6日	二黒	戊辰	8月5日	五黄	戊戌	7月4日	九紫	丁卯	閏6月2日	四緑	丙
27	11月8日	七赤	庚午	10月8日	六白	庚子	9月7日	一白	己巳	8月6日	四緑	己亥	7月5日	八白	戊辰	閏6月3日	三碧	丁
28	11月9日	八白	辛未	10月9日	五黄	辛丑	9月8日	九紫	庚午	8月7日	三碧	庚子	7月6日	七赤	己巳	閏6月4日	二黒	戊
29	11月10日	九紫	壬申	10月10日	四緑	壬寅	9月9日	八白	辛未	8月8日	二黒	辛丑	7月7日	六白	庚午	閏6月5日	一白	己
30	11月11日	一白	癸酉	10月11日	三碧	癸卯	9月10日	七赤	壬申	8月9日	一白	壬寅	7月8日	五黄	辛未	閏6月6日	九紫	庚
31	11月12日	二黒	甲戌				9月11日	六白	癸酉				7月9日	四緑	壬申	閏6月7日	八白	辛

6月甲午			5月癸巳			4月壬辰			3月辛卯			2月庚寅			1月己丑			
6日 00：47			5日 20：48			5日 03：40			5日 22：59			4日 05：02			5日 17：23			
21日 17：23			21日 09：36			20日 10：38			20日 23：46			19日 00：52			20日 10：44			
四緑木星			五黄土星			六白金星			七赤金星			八白土星			九紫火星			
月16日	一白	丙午	3月15日	六白	乙亥	2月14日	三碧	乙巳	1月13日	八白	甲戌	12月14日	七赤	丙午	11月13日	三碧	乙亥	1
月17日	二黒	丁未	3月16日	七赤	丙子	2月15日	四緑	丙午	1月14日	九紫	乙亥	12月15日	八白	丁未	11月14日	四緑	丙子	2
月18日	三碧	戊申	3月17日	八白	丁丑	2月16日	五黄	丁未	1月15日	一白	丙子	12月16日	九紫	戊申	11月15日	五黄	丁丑	3
月19日	四緑	己酉	3月18日	九紫	戊寅	2月17日	六白	戊申	1月16日	二黒	丁丑	12月17日	一白	己酉	11月16日	六白	戊寅	4
月20日	五黄	庚戌	3月19日	一白	己卯	2月18日	七赤	己酉	1月17日	三碧	戊寅	12月18日	二黒	庚戌	11月17日	七赤	己卯	5
月21日	六白	辛亥	3月20日	二黒	庚辰	2月19日	八白	庚戌	1月18日	四緑	己卯	12月19日	三碧	辛亥	11月18日	八白	庚辰	6
月22日	七赤	壬子	3月21日	三碧	辛巳	2月20日	九紫	辛亥	1月19日	五黄	庚辰	12月20日	四緑	壬子	11月19日	九紫	辛巳	7
月23日	八白	癸丑	3月22日	四緑	壬午	2月21日	一白	壬子	1月20日	六白	辛巳	12月21日	五黄	癸丑	11月20日	一白	壬午	8
月24日	九紫	甲寅	3月23日	五黄	癸未	2月22日	二黒	癸丑	1月21日	七赤	壬午	12月22日	六白	甲寅	11月21日	二黒	癸未	9
月25日	一白	乙卯	3月24日	六白	甲申	2月23日	三碧	甲寅	1月22日	八白	癸未	12月23日	七赤	乙卯	11月22日	三碧	甲申	10
月26日	二黒	丙辰	3月25日	七赤	乙酉	2月24日	四緑	乙卯	1月23日	九紫	甲申	12月24日	八白	丙辰	11月23日	四緑	乙酉	11
月27日	三碧	丁巳	3月26日	八白	丙戌	2月25日	五黄	丙辰	1月24日	一白	乙酉	12月25日	九紫	丁巳	11月24日	五黄	丙戌	12
月28日	四緑	戊午	3月27日	九紫	丁亥	2月26日	六白	丁巳	1月25日	二黒	丙戌	12月26日	一白	戊午	11月25日	六白	丁亥	13
月29日	五黄	己未	3月28日	一白	戊子	2月27日	七赤	戊午	1月26日	三碧	丁亥	12月27日	二黒	己未	11月26日	七赤	戊子	14
5月1日	六白	庚申	3月29日	二黒	己丑	2月28日	八白	己未	1月27日	四緑	戊子	12月28日	三碧	庚申	11月27日	八白	己丑	15
5月2日	七赤	辛酉	3月30日	三碧	庚寅	2月29日	九紫	庚申	1月28日	五黄	己丑	12月29日	四緑	辛酉	11月28日	九紫	庚寅	16
5月3日	八白	壬戌	4月1日	四緑	辛卯	3月1日	一白	辛酉	1月29日	六白	庚寅	1月1日	五黄	壬戌	11月29日	一白	辛卯	17
5月4日	九紫	癸亥	4月2日	五黄	壬辰	3月2日	二黒	壬戌	1月30日	七赤	辛卯	1月2日	六白	癸亥	11月30日	二黒	壬辰	18
5月5日	九紫	甲子	4月3日	六白	癸巳	3月3日	三碧	癸亥	2月1日	八白	壬辰	1月3日	七赤	甲子	12月1日	三碧	癸巳	19
5月6日	八白	乙丑	4月4日	七赤	甲午	3月4日	四緑	甲子	2月2日	九紫	癸巳	1月4日	八白	乙丑	12月2日	四緑	甲午	20
5月7日	七赤	丙寅	4月5日	八白	乙未	3月5日	五黄	乙丑	2月3日	一白	甲午	1月5日	九紫	丙寅	12月3日	五黄	乙未	21
5月8日	六白	丁卯	4月6日	九紫	丙申	3月6日	六白	丙寅	2月4日	二黒	乙未	1月6日	一白	丁卯	12月4日	六白	丙申	22
5月9日	五黄	戊辰	4月7日	一白	丁酉	3月7日	七赤	丁卯	2月5日	三碧	丙申	1月7日	二黒	戊辰	12月5日	七赤	丁酉	23
月10日	四緑	己巳	4月8日	二黒	戊戌	3月8日	八白	戊辰	2月6日	四緑	丁酉	1月8日	三碧	己巳	12月6日	八白	戊戌	24
月11日	三碧	庚午	4月9日	三碧	己亥	3月9日	九紫	己巳	2月7日	五黄	戊戌	1月9日	四緑	庚午	12月7日	九紫	己亥	25
月12日	二黒	辛未	4月10日	四緑	庚子	3月10日	一白	庚午	2月8日	六白	己亥	1月10日	五黄	辛未	12月8日	一白	庚子	26
月13日	一白	壬申	4月11日	五黄	辛丑	3月11日	二黒	辛未	2月9日	七赤	庚子	1月11日	六白	壬申	12月9日	二黒	辛丑	27
月14日	九紫	癸酉	4月12日	六白	壬寅	3月12日	三碧	壬申	2月10日	八白	辛丑	1月12日	七赤	癸酉	12月10日	三碧	壬寅	28
月15日	八白	甲戌	4月13日	七赤	癸卯	3月13日	四緑	癸酉	2月11日	九紫	壬寅				12月11日	四緑	癸卯	29
月16日	七赤	乙亥	4月14日	八白	甲辰	3月14日	五黄	甲戌	2月12日	一白	癸卯				12月12日	五黄	甲辰	30
			4月15日	九紫	乙巳				2月13日	二黒	甲辰				12月13日	六白	乙巳	31

令和8年　2026年　丙午年　一白水星

	12月庚子			11月己亥			10月戊戌			9月丁酉			8月丙申			7月乙未		
	7日 11：52			7日 18：51			8日 15：29			7日 23：41			7日 20：42			7日 10：56		
	22日 05：49			22日 16：22			23日 18：37			23日 09：05			23日 11：19			23日 04：12		
	七赤金星			八白土星			九紫火星			一白水星			二黒土星			三碧木星		
1	10月23日	六白	己酉	9月22日	九紫	己卯	8月21日	四緑	戊申	7月20日	七赤	戊寅	6月19日	二黒	丁未	5月17日	六白	丙
2	10月24日	五黄	庚戌	9月23日	八白	庚辰	8月22日	三碧	己酉	7月21日	六白	己卯	6月20日	一白	戊申	5月18日	五黄	丁
3	10月25日	四緑	辛亥	9月24日	七赤	辛巳	8月23日	二黒	庚戌	7月22日	五黄	庚辰	6月21日	九紫	己酉	5月19日	四緑	戊
4	10月26日	三碧	壬子	9月25日	六白	壬午	8月24日	一白	辛亥	7月23日	四緑	辛巳	6月22日	八白	庚戌	5月20日	三碧	己
5	10月27日	二黒	癸丑	9月26日	五黄	癸未	8月25日	九紫	壬子	7月24日	三碧	壬午	6月23日	七赤	辛亥	5月21日	二黒	庚
6	10月28日	一白	甲寅	9月27日	四緑	甲申	8月26日	八白	癸丑	7月25日	二黒	癸未	6月24日	六白	壬子	5月22日	一白	辛
7	10月29日	九紫	乙卯	9月28日	三碧	乙酉	8月27日	七赤	甲寅	7月26日	一白	甲申	6月25日	五黄	癸丑	5月23日	九紫	壬
8	10月30日	八白	丙辰	9月29日	二黒	丙戌	8月28日	六白	乙卯	7月27日	九紫	乙酉	6月26日	四緑	甲寅	5月24日	八白	癸
9	11月1日	七赤	丁巳	10月1日	一白	丁亥	8月29日	五黄	丙辰	7月28日	八白	丙戌	6月27日	三碧	乙卯	5月25日	七赤	甲
10	11月2日	六白	戊午	10月2日	九紫	戊子	8月30日	四緑	丁巳	7月29日	七赤	丁亥	6月28日	二黒	丙辰	5月26日	六白	乙
11	11月3日	五黄	己未	10月3日	八白	己丑	9月1日	三碧	戊午	8月1日	六白	戊子	6月29日	一白	丁巳	5月27日	五黄	丙
12	11月4日	四緑	庚申	10月4日	七赤	庚寅	9月2日	二黒	己未	8月2日	五黄	己丑	6月30日	九紫	戊午	5月28日	四緑	丁
13	11月5日	三碧	辛酉	10月5日	六白	辛卯	9月3日	一白	庚申	8月3日	四緑	庚寅	7月1日	八白	己未	5月29日	三碧	戊
14	11月6日	二黒	壬戌	10月6日	五黄	壬辰	9月4日	九紫	辛酉	8月4日	三碧	辛卯	7月2日	七赤	庚申	6月1日	二黒	己
15	11月7日	一白	癸亥	10月7日	四緑	癸巳	9月5日	八白	壬戌	8月5日	二黒	壬辰	7月3日	六白	辛酉	6月2日	一白	庚
16	11月8日	一白	甲子	10月8日	三碧	甲午	9月6日	七赤	癸亥	8月6日	一白	癸巳	7月4日	五黄	壬戌	6月3日	九紫	辛
17	11月9日	二黒	乙丑	10月9日	二黒	乙未	9月7日	六白	甲子	8月7日	九紫	甲午	7月5日	四緑	癸亥	6月4日	八白	壬
18	11月10日	三碧	丙寅	10月10日	一白	丙申	9月8日	五黄	乙丑	8月8日	八白	乙未	7月6日	三碧	甲子	6月5日	七赤	癸
19	11月11日	四緑	丁卯	10月11日	九紫	丁酉	9月9日	四緑	丙寅	8月9日	七赤	丙申	7月7日	二黒	乙丑	6月6日	六白	甲
20	11月12日	五黄	戊辰	10月12日	八白	戊戌	9月10日	三碧	丁卯	8月10日	六白	丁酉	7月8日	一白	丙寅	6月7日	五黄	乙
21	11月13日	六白	己巳	10月13日	七赤	己亥	9月11日	二黒	戊辰	8月11日	五黄	戊戌	7月9日	九紫	丁卯	6月8日	四緑	丙
22	11月14日	七赤	庚午	10月14日	六白	庚子	9月12日	一白	己巳	8月12日	四緑	己亥	7月10日	八白	戊辰	6月9日	三碧	丁
23	11月15日	八白	辛未	10月15日	五黄	辛丑	9月13日	九紫	庚午	8月13日	三碧	庚子	7月11日	七赤	己巳	6月10日	二黒	戊
24	11月16日	九紫	壬申	10月16日	四緑	壬寅	9月14日	八白	辛未	8月14日	二黒	辛丑	7月12日	六白	庚午	6月11日	一白	己
25	11月17日	一白	癸酉	10月17日	三碧	癸卯	9月15日	七赤	壬申	8月15日	一白	壬寅	7月13日	五黄	辛未	6月12日	九紫	庚
26	11月18日	二黒	甲戌	10月18日	二黒	甲辰	9月16日	六白	癸酉	8月16日	九紫	癸卯	7月14日	四緑	壬申	6月13日	八白	辛
27	11月19日	三碧	乙亥	10月19日	一白	乙巳	9月17日	五黄	甲戌	8月17日	八白	甲辰	7月15日	三碧	癸酉	6月14日	七赤	壬
28	11月20日	四緑	丙子	10月20日	九紫	丙午	9月18日	四緑	乙亥	8月18日	七赤	乙巳	7月16日	二黒	甲戌	6月15日	六白	癸
29	11月21日	五黄	丁丑	10月21日	八白	丁未	9月19日	三碧	丙子	8月19日	六白	丙午	7月17日	一白	乙亥	6月16日	五黄	甲
30	11月22日	六白	戊寅	10月22日	七赤	戊申	9月20日	二黒	丁丑	8月20日	五黄	丁未	7月18日	九紫	丙子	6月17日	四緑	乙
31	11月23日	七赤	己卯				9月21日	一白	戊寅				7月19日	八白	丁丑	6月18日	三碧	丙

6月丙午			5月乙巳			4月甲辰			3月癸卯			2月壬寅			1月辛丑			
6日 06：24			6日 02：24			5日 09：17			6日 04：40			4日 10：46			5日 23：09			
21日 23：09			21日 15：17			20日 16：17			21日 05：25			19日 06：34			20日 16：29			
一白水星			二黒土星			三碧木星			四緑木星			五黄土星			六白金星			
4月27日	六白	辛亥	3月25日	二黒	庚辰	2月25日	八白	庚戌	1月23日	四緑	己卯	12月25日	三碧	辛亥	11月24日	八白	庚辰	1
4月28日	七赤	壬子	3月26日	三碧	辛巳	2月26日	九紫	辛亥	1月24日	五黄	庚辰	12月26日	四緑	壬子	11月25日	九紫	辛巳	2
4月29日	八白	癸丑	3月27日	四緑	壬午	2月27日	一白	壬子	1月25日	六白	辛巳	12月27日	五黄	癸丑	11月26日	一白	壬午	3
4月30日	九紫	甲寅	3月28日	五黄	癸未	2月28日	二黒	癸丑	1月26日	七赤	壬午	12月28日	六白	甲寅	11月27日	二黒	癸未	4
5月1日	一白	乙卯	3月29日	六白	甲申	2月29日	三碧	甲寅	1月27日	八白	癸未	12月29日	七赤	乙卯	11月28日	三碧	甲申	5
5月2日	二黒	丙辰	4月1日	七赤	乙酉	2月30日	四緑	乙卯	1月28日	九紫	甲申	12月30日	八白	丙辰	11月29日	四緑	乙酉	6
5月3日	三碧	丁巳	4月2日	八白	丙戌	3月1日	五黄	丙辰	1月29日	一白	乙酉	1月1日	九紫	丁巳	11月30日	五黄	丙戌	7
5月4日	四緑	戊午	4月3日	九紫	丁亥	3月2日	六白	丁巳	2月1日	二黒	丙戌	1月2日	一白	戊午	12月1日	六白	丁亥	8
5月5日	五黄	己未	4月4日	一白	戊子	3月3日	七赤	戊午	2月2日	三碧	丁亥	1月3日	二黒	己未	12月2日	七赤	戊子	9
5月6日	六白	庚申	4月5日	二黒	己丑	3月4日	八白	己未	2月3日	四緑	戊子	1月4日	三碧	庚申	12月3日	八白	己丑	10
5月7日	七赤	辛酉	4月6日	三碧	庚寅	3月5日	九紫	庚申	2月4日	五黄	己丑	1月5日	四緑	辛酉	12月4日	九紫	庚寅	11
5月8日	八白	壬戌	4月7日	四緑	辛卯	3月6日	一白	辛酉	2月5日	六白	庚寅	1月6日	五黄	壬戌	12月5日	一白	辛卯	12
5月9日	九紫	癸亥	4月8日	五黄	壬辰	3月7日	二黒	壬戌	2月6日	七赤	辛卯	1月7日	六白	癸亥	12月6日	二黒	壬辰	13
5月10日	九紫	甲子	4月9日	六白	癸巳	3月8日	三碧	癸亥	2月7日	八白	壬辰	1月8日	七赤	甲子	12月7日	三碧	癸巳	14
5月11日	八白	乙丑	4月10日	七赤	甲午	3月9日	四緑	甲子	2月8日	九紫	癸巳	1月9日	八白	乙丑	12月8日	四緑	甲午	15
5月12日	七赤	丙寅	4月11日	八白	乙未	3月10日	五黄	乙丑	2月9日	一白	甲午	1月10日	九紫	丙寅	12月9日	五黄	乙未	16
5月13日	六白	丁卯	4月12日	九紫	丙申	3月11日	六白	丙寅	2月10日	二黒	乙未	1月11日	一白	丁卯	12月10日	六白	丙申	17
5月14日	五黄	戊辰	4月13日	一白	丁酉	3月12日	七赤	丁卯	2月11日	三碧	丙申	1月12日	二黒	戊辰	12月11日	七赤	丁酉	18
5月15日	四緑	己巳	4月14日	二黒	戊戌	3月13日	八白	戊辰	2月12日	四緑	丁酉	1月13日	三碧	己巳	12月12日	八白	戊戌	19
5月16日	三碧	庚午	4月15日	三碧	己亥	3月14日	九紫	己巳	2月13日	五黄	戊戌	1月14日	四緑	庚午	12月13日	九紫	己亥	20
5月17日	二黒	辛未	4月16日	四緑	庚子	3月15日	一白	庚午	2月14日	六白	己亥	1月15日	五黄	辛未	12月14日	一白	庚子	21
5月18日	一白	壬申	4月17日	五黄	辛丑	3月16日	二黒	辛未	2月15日	七赤	庚子	1月16日	六白	壬申	12月15日	二黒	辛丑	22
5月19日	九紫	癸酉	4月18日	六白	壬寅	3月17日	三碧	壬申	2月16日	八白	辛丑	1月17日	七赤	癸酉	12月16日	三碧	壬寅	23
5月20日	八白	甲戌	4月19日	七赤	癸卯	3月18日	四緑	癸酉	2月17日	九紫	壬寅	1月18日	八白	甲戌	12月17日	四緑	癸卯	24
5月21日	七赤	乙亥	4月20日	八白	甲辰	3月19日	五黄	甲戌	2月18日	一白	癸卯	1月19日	九紫	乙亥	12月18日	五黄	甲辰	25
5月22日	六白	丙子	4月21日	九紫	乙巳	3月20日	六白	乙亥	2月19日	二黒	甲辰	1月20日	一白	丙子	12月19日	六白	乙巳	26
5月23日	五黄	丁丑	4月22日	一白	丙午	3月21日	七赤	丙子	2月20日	三碧	乙巳	1月21日	二黒	丁丑	12月20日	七赤	丙午	27
5月24日	四緑	戊寅	4月23日	二黒	丁未	3月22日	八白	丁丑	2月21日	四緑	丙午	1月22日	三碧	戊寅	12月21日	八白	丁未	28
5月25日	三碧	己卯	4月24日	三碧	戊申	3月23日	九紫	戊寅	2月22日	五黄	丁未				12月22日	九紫	戊申	29
5月26日	二黒	庚辰	4月25日	四緑	己酉	3月24日	一白	己卯	2月23日	六白	戊申				12月23日	一白	己酉	30
			4月26日	五黄	庚戌				2月24日	七赤	己酉				12月24日	二黒	庚戌	31

令和９年	2027年					丁未年			九紫火星									
	12月壬子			11月辛亥			10月庚戌			9月己酉			8月戊申			7月丁未		
	7日 17：37			8日 00：37			8日 21：17			8日 05：29			8日 02：27			7日 16：36		
	22日 11：41			22日 22：15			24日 00：32			23日 15：02			23日 17：14			23日 10：04		
	四緑木星			五黄土星			六白金星			七赤金星			八白土星			九紫火星		
1	11月4日	一白	甲寅	10月4日	四緑	甲申	9月2日	八白	癸丑	8月1日	二黒	癸未	6月29日	六白	壬子	5月27日	一白	辛
2	11月5日	九紫	乙卯	10月5日	三碧	乙酉	9月3日	七赤	甲寅	8月2日	一白	甲申	7月1日	五黄	癸丑	5月28日	九紫	壬
3	11月6日	八白	丙辰	10月6日	二黒	丙戌	9月4日	六白	乙卯	8月3日	九紫	乙酉	7月2日	四緑	甲寅	5月29日	八白	癸
4	11月7日	七赤	丁巳	10月7日	一白	丁亥	9月5日	五黄	丙辰	8月4日	八白	丙戌	7月3日	三碧	乙卯	6月1日	七赤	甲
5	11月8日	六白	戊午	10月8日	九紫	戊子	9月6日	四緑	丁巳	8月5日	七赤	丁亥	7月4日	二黒	丙辰	6月2日	六白	乙
6	11月9日	五黄	己未	10月9日	八白	己丑	9月7日	三碧	戊午	8月6日	六白	戊子	7月5日	一白	丁巳	6月3日	五黄	丙
7	11月10日	四緑	庚申	10月10日	七赤	庚寅	9月8日	二黒	己未	8月7日	五黄	己丑	7月6日	九紫	戊午	6月4日	四緑	丁
8	11月11日	三碧	辛酉	10月11日	六白	辛卯	9月9日	一白	庚申	8月8日	四緑	庚寅	7月7日	八白	己未	6月5日	三碧	戊
9	11月12日	二黒	壬戌	10月12日	五黄	壬辰	9月10日	九紫	辛酉	8月9日	三碧	辛卯	7月8日	七赤	庚申	6月6日	二黒	己
10	11月13日	一白	癸亥	10月13日	四緑	癸巳	9月11日	八白	壬戌	8月10日	二黒	壬辰	7月9日	六白	辛酉	6月7日	一白	庚
11	11月14日	一白	甲子	10月14日	三碧	甲午	9月12日	七赤	癸亥	8月11日	一白	癸巳	7月10日	五黄	壬戌	6月8日	九紫	辛
12	11月15日	二黒	乙丑	10月15日	二黒	乙未	9月13日	六白	甲子	8月12日	九紫	甲午	7月11日	四緑	癸亥	6月9日	八白	壬
13	11月16日	三碧	丙寅	10月16日	一白	丙申	9月14日	五黄	乙丑	8月13日	八白	乙未	7月12日	三碧	甲子	6月10日	七赤	癸
14	11月17日	四緑	丁卯	10月17日	九紫	丁酉	9月15日	四緑	丙寅	8月14日	七赤	丙申	7月13日	二黒	乙丑	6月11日	六白	甲
15	11月18日	五黄	戊辰	10月18日	八白	戊戌	9月16日	三碧	丁卯	8月15日	六白	丁酉	7月14日	一白	丙寅	6月12日	五黄	乙
16	11月19日	六白	己巳	10月19日	七赤	己亥	9月17日	二黒	戊辰	8月16日	五黄	戊戌	7月15日	九紫	丁卯	6月13日	四緑	丙
17	11月20日	七赤	庚午	10月20日	六白	庚子	9月18日	一白	己巳	8月17日	四緑	己亥	7月16日	八白	戊辰	6月14日	三碧	丁
18	11月21日	八白	辛未	10月21日	五黄	辛丑	9月19日	九紫	庚午	8月18日	三碧	庚子	7月17日	七赤	己巳	6月15日	二黒	戊
19	11月22日	九紫	壬申	10月22日	四緑	壬寅	9月20日	八白	辛未	8月19日	二黒	辛丑	7月18日	六白	庚午	6月16日	一白	己
20	11月23日	一白	癸酉	10月23日	三碧	癸卯	9月21日	七赤	壬申	8月20日	一白	壬寅	7月19日	五黄	辛未	6月17日	九紫	庚
21	11月24日	二黒	甲戌	10月24日	二黒	甲辰	9月22日	六白	癸酉	8月21日	九紫	癸卯	7月20日	四緑	壬申	6月18日	八白	辛
22	11月25日	三碧	乙亥	10月25日	一白	乙巳	9月23日	五黄	甲戌	8月22日	八白	甲辰	7月21日	三碧	癸酉	6月19日	七赤	壬
23	11月26日	四緑	丙子	10月26日	九紫	丙午	9月24日	四緑	乙亥	8月23日	七赤	乙巳	7月22日	二黒	甲戌	6月20日	六白	癸
24	11月27日	五黄	丁丑	10月27日	八白	丁未	9月25日	三碧	丙子	8月24日	六白	丙午	7月23日	一白	乙亥	6月21日	五黄	甲
25	11月28日	六白	戊寅	10月28日	七赤	戊申	9月26日	二黒	丁丑	8月25日	五黄	丁未	7月24日	九紫	丙子	6月22日	四緑	乙
26	11月29日	七赤	己卯	10月29日	六白	己酉	9月27日	一白	戊寅	8月26日	四緑	戊申	7月25日	八白	丁丑	6月23日	三碧	丙
27	11月30日	八白	庚辰	10月30日	五黄	庚戌	9月28日	九紫	己卯	8月27日	三碧	己酉	7月26日	七赤	戊寅	6月24日	二黒	丁
28	12月1日	九紫	辛巳	11月1日	四緑	辛亥	9月29日	八白	庚辰	8月28日	二黒	庚戌	7月27日	六白	己卯	6月25日	一白	戊
29	12月2日	一白	壬午	11月2日	三碧	壬子	10月1日	七赤	辛巳	8月29日	一白	辛亥	7月28日	五黄	庚辰	6月26日	九紫	己
30	12月3日	二黒	癸未	11月3日	二黒	癸丑	10月2日	六白	壬午	9月1日	九紫	壬子	7月29日	四緑	辛巳	6月27日	八白	庚
31	12月4日	三碧	甲申				10月3日	五黄	癸未				7月30日	三碧	壬午	6月28日	七赤	辛

6月戊午			5月丁巳			4月丙辰			3月乙卯			2月甲寅			1月癸丑			
5日 12：14			5日 08：10			4日 15：02			5日 10：25			4日 16：31			6日 04：54			
21日 05：01			20日 21：08			19日 22：08			20日 11：17			19日 12：26			20日 22：22			
七赤金星			八白土星			九紫火星			一白水星			二黒土星			三碧木星			
5月9日	三碧	丁巳	4月7日	八白	丙戌	3月7日	五黄	丙辰	2月6日	一白	乙酉	1月6日	八白	丙辰	12月5日	四緑	乙酉	1
5月10日	四緑	戊午	4月8日	九紫	丁亥	3月8日	六白	丁巳	2月7日	二黒	丙戌	1月7日	九紫	丁巳	12月6日	五黄	丙戌	2
5月11日	五黄	己未	4月9日	一白	戊子	3月9日	七赤	戊午	2月8日	三碧	丁亥	1月8日	一白	戊午	12月7日	六白	丁亥	3
5月12日	六白	庚申	4月10日	二黒	己丑	3月10日	八白	己未	2月9日	四緑	戊子	1月9日	二黒	己未	12月8日	七赤	戊子	4
5月13日	七赤	辛酉	4月11日	三碧	庚寅	3月11日	九紫	庚申	2月10日	五黄	己丑	1月10日	三碧	庚申	12月9日	八白	己丑	5
5月14日	八白	壬戌	4月12日	四緑	辛卯	3月12日	一白	辛酉	2月11日	六白	庚寅	1月11日	四緑	辛酉	12月10日	九紫	庚寅	6
5月15日	九紫	癸亥	4月13日	五黄	壬辰	3月13日	二黒	壬戌	2月12日	七赤	辛卯	1月12日	五黄	壬戌	12月11日	一白	辛卯	7
5月16日	九紫	甲子	4月14日	六白	癸巳	3月14日	三碧	癸亥	2月13日	八白	壬辰	1月13日	六白	癸亥	12月12日	二黒	壬辰	8
5月17日	八白	乙丑	4月15日	七赤	甲午	3月15日	四緑	甲子	2月14日	九紫	癸巳	1月14日	七赤	甲子	12月13日	三碧	癸巳	9
5月18日	七赤	丙寅	4月16日	八白	乙未	3月16日	五黄	乙丑	2月15日	一白	甲午	1月15日	八白	乙丑	12月14日	四緑	甲午	10
5月19日	六白	丁卯	4月17日	九紫	丙申	3月17日	六白	丙寅	2月16日	二黒	乙未	1月16日	九紫	丙寅	12月15日	五黄	乙未	11
5月20日	五黄	戊辰	4月18日	一白	丁酉	3月18日	七赤	丁卯	2月17日	三碧	丙申	1月17日	一白	丁卯	12月16日	六白	丙申	12
5月21日	四緑	己巳	4月19日	二黒	戊戌	3月19日	八白	戊辰	2月18日	四緑	丁酉	1月18日	二黒	戊辰	12月17日	七赤	丁酉	13
5月22日	三碧	庚午	4月20日	三碧	己亥	3月20日	九紫	己巳	2月19日	五黄	戊戌	1月19日	三碧	己巳	12月18日	八白	戊戌	14
5月23日	二黒	辛未	4月21日	四緑	庚子	3月21日	一白	庚午	2月20日	六白	己亥	1月20日	四緑	庚午	12月19日	九紫	己亥	15
5月24日	一白	壬申	4月22日	五黄	辛丑	3月22日	二黒	辛未	2月21日	七赤	庚子	1月21日	五黄	辛未	12月20日	一白	庚子	16
5月25日	九紫	癸酉	4月23日	六白	壬寅	3月23日	三碧	壬申	2月22日	八白	辛丑	1月22日	六白	壬申	12月21日	二黒	辛丑	17
5月26日	八白	甲戌	4月24日	七赤	癸卯	3月24日	四緑	癸酉	2月23日	九紫	壬寅	1月23日	七赤	癸酉	12月22日	三碧	壬寅	18
5月27日	七赤	乙亥	4月25日	八白	甲辰	3月25日	五黄	甲戌	2月24日	一白	癸卯	1月24日	八白	甲戌	12月23日	四緑	癸卯	19
5月28日	六白	丙子	4月26日	九紫	乙巳	3月26日	六白	乙亥	2月25日	二黒	甲辰	1月25日	九紫	乙亥	12月24日	五黄	甲辰	20
5月29日	五黄	丁丑	4月27日	一白	丙午	3月27日	七赤	丙子	2月26日	三碧	乙巳	1月26日	一白	丙子	12月25日	六白	乙巳	21
5月30日	四緑	戊寅	4月28日	二黒	丁未	3月28日	八白	丁丑	2月27日	四緑	丙午	1月27日	二黒	丁丑	12月26日	七赤	丙午	22
閏5月1日	三碧	己卯	4月29日	三碧	戊申	3月29日	九紫	戊寅	2月28日	五黄	丁未	1月28日	三碧	戊寅	12月27日	八白	丁未	23
閏5月2日	二黒	庚辰	5月1日	四緑	己酉	3月30日	一白	己卯	2月29日	六白	戊申	1月29日	四緑	己卯	12月28日	九紫	戊申	24
閏5月3日	一白	辛巳	5月2日	五黄	庚戌	4月1日	二黒	庚辰	2月30日	七赤	己酉	2月1日	五黄	庚辰	12月29日	一白	己酉	25
閏5月4日	九紫	壬午	5月3日	六白	辛亥	4月2日	三碧	辛巳	3月1日	八白	庚戌	2月2日	六白	辛巳	12月30日	二黒	庚戌	26
閏5月5日	八白	癸未	5月4日	七赤	壬子	4月3日	四緑	壬午	3月2日	九紫	辛亥	2月3日	七赤	壬午	1月1日	三碧	辛亥	27
閏5月6日	七赤	甲申	5月5日	八白	癸丑	4月4日	五黄	癸未	3月3日	一白	壬子	2月4日	八白	癸未	1月2日	四緑	壬子	28
閏5月7日	六白	乙酉	5月6日	九紫	甲寅	4月5日	六白	甲申	3月4日	二黒	癸丑	2月5日	九紫	甲申	1月3日	五黄	癸丑	29
閏5月8日	五黄	丙戌	5月7日	一白	乙卯	4月6日	七赤	乙酉	3月5日	三碧	甲寅				1月4日	六白	甲寅	30
			5月8日	二黒	丙辰				3月6日	四緑	乙卯				1月5日	七赤	乙卯	31

令和10年	2028年			戊申年			八白土星											
	12月甲子			11月癸亥			10月壬戌			9月辛酉			8月庚申			7月己未		
	6日 23：24			7日 06：26			8日 03：08			7日 11：22			7日 08：21			6日 22：30		
	21日 17：19			22日 03：53			23日 06：12			22日 20：45			22日 23：01			22日 15：54		
	一白水星			二黒土星			三碧木星			四緑木星			五黄土星			六白金星		
1	10月16日	四緑	庚申	9月15日	七赤	庚寅	8月13日	二黒	己未	7月13日	五黄	己丑	6月11日	九紫	戊午	閏5月9日	四緑	丁
2	10月17日	三碧	辛酉	9月16日	六白	辛卯	8月14日	一白	庚申	7月14日	四緑	庚寅	6月12日	八白	己未	閏5月10日	三碧	戊
3	10月18日	二黒	壬戌	9月17日	五黄	壬辰	8月15日	九紫	辛酉	7月15日	三碧	辛卯	6月13日	七赤	庚申	閏5月11日	二黒	己
4	10月19日	一白	癸亥	9月18日	四緑	癸巳	8月16日	八白	壬戌	7月16日	二黒	壬辰	6月14日	六白	辛酉	閏5月12日	一白	庚
5	10月20日	一白	甲子	9月19日	三碧	甲午	8月17日	七赤	癸亥	7月17日	一白	癸巳	6月15日	五黄	壬戌	閏5月13日	九紫	辛
6	10月21日	二黒	乙丑	9月20日	二黒	乙未	8月18日	六白	甲子	7月18日	九紫	甲午	6月16日	四緑	癸亥	閏5月14日	八白	壬
7	10月22日	三碧	丙寅	9月21日	一白	丙申	8月19日	五黄	乙丑	7月19日	八白	乙未	6月17日	三碧	甲子	閏5月15日	七赤	癸
8	10月23日	四緑	丁卯	9月22日	九紫	丁酉	8月20日	四緑	丙寅	7月20日	七赤	丙申	6月18日	二黒	乙丑	閏5月16日	六白	甲
9	10月24日	五黄	戊辰	9月23日	八白	戊戌	8月21日	三碧	丁卯	7月21日	六白	丁酉	6月19日	一白	丙寅	閏5月17日	五黄	乙
10	10月25日	六白	己巳	9月24日	七赤	己亥	8月22日	二黒	戊辰	7月22日	五黄	戊戌	6月20日	九紫	丁卯	閏5月18日	四緑	丙
11	10月26日	七赤	庚午	9月25日	六白	庚子	8月23日	一白	己巳	7月23日	四緑	己亥	6月21日	八白	戊辰	閏5月19日	三碧	丁
12	10月27日	八白	辛未	9月26日	五黄	辛丑	8月24日	九紫	庚午	7月24日	三碧	庚子	6月22日	七赤	己巳	閏5月20日	二黒	戊
13	10月28日	九紫	壬申	9月27日	四緑	壬寅	8月25日	八白	辛未	7月25日	二黒	辛丑	6月23日	六白	庚午	閏5月21日	一白	己
14	10月29日	一白	癸酉	9月28日	三碧	癸卯	8月26日	七赤	壬申	7月26日	一白	壬寅	6月24日	五黄	辛未	閏5月22日	九紫	庚
15	10月30日	二黒	甲戌	9月29日	二黒	甲辰	8月27日	六白	癸酉	7月27日	九紫	癸卯	6月25日	四緑	壬申	閏5月23日	八白	辛
16	11月1日	三碧	乙亥	10月1日	一白	乙巳	8月28日	五黄	甲戌	7月28日	八白	甲辰	6月26日	三碧	癸酉	閏5月24日	七赤	壬
17	11月2日	四緑	丙子	10月2日	九紫	丙午	8月29日	四緑	乙亥	7月29日	七赤	乙巳	6月27日	二黒	甲戌	閏5月25日	六白	癸
18	11月3日	五黄	丁丑	10月3日	八白	丁未	9月1日	三碧	丙子	7月30日	六白	丙午	6月28日	一白	乙亥	閏5月26日	五黄	甲
19	11月4日	六白	戊寅	10月4日	七赤	戊申	9月2日	二黒	丁丑	8月1日	五黄	丁未	6月29日	九紫	丙子	閏5月27日	四緑	乙
20	11月5日	七赤	己卯	10月5日	六白	己酉	9月3日	一白	戊寅	8月2日	四緑	戊申	7月1日	八白	丁丑	閏5月28日	三碧	丙
21	11月6日	八白	庚辰	10月6日	五黄	庚戌	9月4日	九紫	己卯	8月3日	三碧	己酉	7月2日	七赤	戊寅	閏5月29日	二黒	丁
22	11月7日	九紫	辛巳	10月7日	四緑	辛亥	9月5日	八白	庚辰	8月4日	二黒	庚戌	7月3日	六白	己卯	6月1日	一白	戊
23	11月8日	一白	壬午	10月8日	三碧	壬子	9月6日	七赤	辛巳	8月5日	一白	辛亥	7月4日	五黄	庚辰	6月2日	九紫	己
24	11月9日	二黒	癸未	10月9日	二黒	癸丑	9月7日	六白	壬午	8月6日	九紫	壬子	7月5日	四緑	辛巳	6月3日	八白	庚
25	11月10日	三碧	甲申	10月10日	一白	甲寅	9月8日	五黄	癸未	8月7日	八白	癸丑	7月6日	三碧	壬午	6月4日	七赤	辛
26	11月11日	四緑	乙酉	10月11日	九紫	乙卯	9月9日	四緑	甲申	8月8日	七赤	甲寅	7月7日	二黒	癸未	6月5日	六白	壬
27	11月12日	五黄	丙戌	10月12日	八白	丙辰	9月10日	三碧	乙酉	8月9日	六白	乙卯	7月8日	一白	甲申	6月6日	五黄	癸
28	11月13日	六白	丁亥	10月13日	七赤	丁巳	9月11日	二黒	丙戌	8月10日	五黄	丙辰	7月9日	九紫	乙酉	6月7日	四緑	甲
29	11月14日	七赤	戊子	10月14日	六白	戊午	9月12日	一白	丁亥	8月11日	四緑	丁巳	7月10日	八白	丙戌	6月8日	三碧	乙
30	11月15日	八白	己丑	10月15日	五黄	己未	9月13日	九紫	戊子	8月12日	三碧	戊午	7月11日	七赤	丁亥	6月9日	二黒	丙
31	11月16日	九紫	庚寅				9月14日	八白	己丑				7月12日	六白	戊子	6月10日	一白	丁

【著者紹介】

鷲尾 明蘊（わしお めいうん）

断易研究会主宰。

愛 佳央梨（あき かおり）

鷲尾 明蘊氏に師事し、三十年の鑑定キャリアを持つ。現在、東京池袋に占い館を二店舗出店し各種イベント出演、各占術も研究する傍ら東京池袋、世田谷にて断易教室を開講。後進の指導にも力を入れている。

占い館 愛（池袋西口 北店）
〒171-0021
東京都豊島区西池袋 1-29-14 オリエント池袋 309 号室
TEL 03-6421-2040
URL：http://uranaikan.biz/
E mail AKIKAORI309@MAIL.RU

占い館 愛（東口店）
〒170-0014
東京都豊島区東池袋 1-36-7 アルテール池袋 417 号室
TEL 03-5960-5578
URL：https://uranaikan2.biz/

愛 佳央梨 鷲尾流断易教室
池袋教室
〒171-0021
東京都豊島区西池袋 1-29-14 オリエント池袋 309 号室
TEL 03-6421-2040

世田谷教室（東海林秀樹）
URL：https://shojihideki.com/
TEL 080-4467-3173

断易文法　天玄賦通解

２０１９年６月９日　初刷発行
定　価――本体４、５００円＋税
著　者――鷲尾　明蘊
　　　　　愛　佳央梨
発行者――斎藤　勝己
発行所――株式会社東洋書院
〒１６０－０００３　東京都新宿区四谷本塩町１５－８－８F
電　話　０３－３３５３－７５７９
ＦＡＸ　０３－３３５８－７４５８
http://www.toyoshoin.com
印刷所――株式会社平河工業社
製本所――株式会社難波製本

ISBN978-4-88594-530-4